LA JURISPRUDENCE SÉNÉGALAISE EN MATIÈRE IMMOBILIÈRE

DEUXIÈME ÉDITION

Cheikh Abdou Wakhab NDIAYE

LA JURISPRUDENCE SÉNÉGALAISE EN MATIÈRE IMMOBILIÈRE

DEUXIÈME ÉDITION

L'Harmattan
Sénégal

Du même auteur

DROIT DES SOCIÉTÉS DE CAPITAUX (2E ÉD)
2e édition, revue, corrigée et augmentée
L'harmattan 24 décembre 2021, 488 pages

DROIT DES ENTREPRISES INDIVIDUELLES (DROIT COMMERCIAL GÉNÉRAL)
2ÈME ÉDITION L'harmattan 9 décembre 2020, 420 pages

DROIT SÉNÉGALAIS DES CONTRATS IMMOBILIERS
Deuxième édition L'harmattan 27 juillet 2020, 402 pages

LE TRANSFERT ÉLECTRONIQUE DE FONDS
Le transfert rapide d'argent et la monnaie électronique L'harmattan 2 octobre 2018, 154 pages

10 VDN, Sicap Amitié 3, Lotissement Cité Police, DAKAR

senharmattan@gmail.com
senlibrairie@gmail.com

ISBN : 978-2-14-032971-5
EAN : 9782140329715

à C. M. F. NDIAYE et S. F. NDIAYE

« Les lois positives ne sauraient jamais entièrement remplacer l'usage de la raison naturelle dans les affaires de la vie. Les besoins de la société sont si variés, la communication des hommes est si active, leurs intérêts sont si multipliés, et leurs rapports si étendus, qu'il est impossible au législateur de pourvoir à tout... La justice est la première dette de la souveraineté ; c'est pour acquitter cette dette sacrée que les tribunaux sont établis. Mais les tribunaux ne rempliraient pas le but de leur établissement, si, sous prétexte du silence, de l'obscurité ou de l'insuffisance de la loi ils refusaient de juger. (...) C'est au magistrat et au jurisconsulte, pénétrés de l'esprit général des lois, à en diriger l'application »[1].

[1] J.-É.-M. PORTALIS, Discours préliminaire du premier projet de Code civil, 1801.

PREFACE

C'est avec beaucoup de plaisir que j'ai accepté de préfacer cet ouvrage magnifique du Professeur Cheikh Abdou Wakhab NDIAYE qui n'en est pas à son premier essai dans la doctrine sénégalaise.

Déjà, plusieurs ouvrages dans les domaines très variés du droit sont à son actif allant du droit commercial aux aspects juridiques de l'économie numérique en passant par le droit immobilier, son domaine de prédilection.

Mais, il faut le reconnaitre, dans la mosaïque juridique du droit sénégalais, le droit immobilier demeure l'une des matières les plus ésotériques, car étant au confluent de diverses considérations d'ordre sécuritaire, administratif, historique, social, politique et économique. Il s'agit d'une matière qui transpire toute la complexité du droit foncier sénégalais.

Ce droit, quoique l'on puisse dire, reste un domaine d'une très grande sensibilité où le législateur affute sa plume pour la clarté de ses règles, l'assouplit pour gérer les contorsions sociales et historiques et veille sur la pertinence des normes pour ne pas courir le risque de déconstruction d'une nation savamment bâtie au prix de diverses concessions et de compromis.

C'est dans ce contexte qu'il convient de mesurer tout l'intérêt de l'œuvre du Professeur Cheikh Abdou Wakhab Ndiaye qui ose pénétrer dans cette forêt juridique pour dégager des sentiers éclairés pour tous ceux qui veulent découvrir la spécificité de cette matière, la cohérence d'ensemble du dispositif législatif et réglementaire à travers le contentieux que génèrent les conflits entre justiciables.

De mon expérience de plusieurs années d'exercice de la fonction de juge des saisies immobilières, je mesure à sa juste valeur l'immense connaissance de l'auteur des textes qui gouvernent les transactions immobilières, mais surtout sa parfaite maitrise des principes, règles et philosophie qui régissent le foncier et l'immobilier au Sénégal.

Nul doute que ses acquis d'expériences capitalisés dans la pratique notariale lui ont conféré toute cette aisance du praticien pour expliquer les sources et les points juridiques de discorde entre colitigants et apprécier avec l'œil du sachant la pertinence des solutions préconisées par les juges.

Du point de vue méthodologique, le lecteur appréciera le bel effort de l'auteur pour l'installer dans un confort intellectuel à travers la dynamique didactique du séquençage des présentations : les références de l'arrêt suivies des mots-clés de la décision, de la solution du litige étayée par la reproduction intégrale du texte de la décision éclairée par des observations soigneusement numérotées en ses paragraphes.

L'usager se délectera des juteux développements sur le « complément de jurisprudence » qui lui permettent de savourer l'évolution de la construction jurisprudentielle dans l'élan de la continuité ou des virages et revirements de la Haute Cour.

L'ouvrage est en cela vivement recommandé aux étudiants qui y découvriront des éléments de langage en matière immobilière et une méthode de commentaire à travers la manière pertinente de l'auteur de conduire sa pensée. Aux professionnels des activités immobilières, l'ouvrage sera un bréviaire qui permettra d'améliorer la pratique de leur Art et de s'inscrire dans une dynamique préventive du conflit. Quant aux magistrats officiant comme juge ou procureur dans le traitement du contentieux immobilier, ce livre servira de miroir et de phare pour se repérer en vision rétrospective et prospective.

Au final, je ne saurai conclure sans magnifier, à travers cette préface, la manifestation vivace de la relation dynamique et fructueuse entre la justice et l'université.

En effet, quelle que soit la force de l'impérium du juge qui aurait suffi pour conférer autorité à sa décision, sa véritable légitimité ne pourrait être que renforcée avec le concours éclairant des professeurs de droit qui, par leur plume, leurs commentaires et observations rendent plus accessibles et digestes les décisions classées au rang de minutes au Temple de Thémis.

Mamadou DIAKHATE

Directeur général du Centre de Formation Judiciaire (CFJ)

Arrêt n° 1
Sénégal, Cour suprême, Chambre civile et commerciale, 07 juillet 2016, 50

Immeuble – Vente d'immeuble immatricule en violation d'une promesse de vente – Mutation au nom de l'acquéreur – Annulation – Conditions – Fraude du vendeur et mauvaise foi de l'acheteur

LA BANQUE Y c/ LA SCI Z ET AUTRES

Solution :

Selon l'article 381 du code des obligations civiles et commerciales, l'acquisition du droit réel résulte de la mention au titre foncier et confère au nouveau titulaire un droit définitif et inattaquable dont l'étendue est déterminée juridiquement et matériellement par les énonciations du titre foncier.

Dès lors, seule la fraude du vendeur de l'immeuble et la mauvaise foi de l'acquéreur permettent d'écarter l'application de l'article 381 du COCC, lorsque la mutation a été faite. Viole ce texte l'arrêt qui ordonne au Conservateur de la Propriété foncière de procéder, à sa seule vue, à la mutation du titre foncier au profit du bénéficiaire d'une promesse de vente en application de l'adage la fraude corrompt tout après avoir relevé que l'immeuble avait été vendu à un tiers qui l'a muté à son nom.

Texte :

La Cour suprême,

Ouï Monsieur Souleymane KANE, Conseiller, en son rapport ;

Ouï Monsieur Oumar DIEYE, Avocat général, en ses conclusions tendant au rejet du pourvoi ;

Vu la loi organique n° 2008-35 du 8 août 2008 sur la Cour suprême ;

Vu la connexité, joint les pourvois n° J 265/RG/15 et n° J 267/RG/15 ;

Après en avoir délibéré conformément à la loi ;

Sur la recevabilité du pourvoi, contestée par la défense :

Attendu que M. N a fait valoir que tous les points de droit litigieux entre les parties ont été jugés par l'arrêt n° 63 du 18 novembre 2009 de la Cour suprême qui a rejeté le pourvoi formé contre l'arrêt de la cour d'appel du 18 mars 2008 ayant tranché la question de la propriété et toutes les contestations relatives au droit à la mutation entre les parties, de sorte que cette décision étant passée « en force de chose jugée », il ne reste plus rien à juger ;

Mais attendu que les pourvois soumis à la Cour sont formés contre une décision rendue entre les mêmes parties, mais sur un objet différend de la première affaire ayant abouti à l'arrêt sus évoqué ;

D'où il suit qu'ils sont recevables ;

Sur la déchéance du pourvoi, soulevée par la SCI Z :

Attendu que la SCI Z a soutenu que les pourvois de la Banque Y et de la SA EDB sont déchus, en ce d'une part, la Banque Y a signifié son pourvoi non pas à domicile réel de la défenderesse au pourvoi, la SCI Z, mais à son domicile élu, au cabinet d'avocats la SCP D&D, et d'autre part, le pourvoi de la SA EDB n'a jamais été signifié ;

Mais attendu que d'une part, l'examen des actes de signification révèle que la Banque Y a signifié son pourvoi à la SCI Z en l'étude de l'avocat qu'elle a constitué en appel lequel, ayant déposé pour elle un mémoire en réponse, est présumé avoir été maintenu comme mandataire ;

Que d'autre part, même si la Banque Y a signifié à M. N son pourvoi en mairie, sans l'aviser par lettre recommandée du dépôt ainsi fait, ce dernier a été informé et a pu déposer son mémoire à temps ;

Qu'il s'ensuit que la déchéance du pourvoi n'est pas encourue ;

Attendu, selon l'arrêt attaqué, que par acte notarié des 4 et 10 juillet 2001, M. N a conclu avec la SCI Z une promesse de vente sur un terrain immatriculé ;

Qu'ayant reçu sommation, le 26 novembre 2004, par la SCI Z, de parfaire la vente, M. N qui avait vendu entre temps le terrain à la SA EDB qui avait procédé à l'inscription de la mutation du titre au livre foncier et obtenu un prêt de la Banque Y, en contrepartie d'une inscription d'hypothèque, lui a signifié son refus de le faire, en lui offrant de lui restituer la somme déjà perçue ;

Que sur assignation de la SCI Z, la cour d'appel de Dakar a condamné M. N à parfaire la vente et ordonné au Conservateur de procéder aux formalités de mutation au vu de l'acte notarié, par une décision du 18 décembre 2008, devenue irrévocable à la suite de l'arrêt de la Cour suprême ayant rejeté le pourvoi ;

Que n'ayant pas pu obtenir la mutation, la SCI a assigné M. N, le Conservateur de la propriété foncière de Rufisque, la SA EDB et la Banque Y pour obtenir un jugement valant vente qui ordonne au Conservateur, à sa vue, de procéder à la mutation du titre foncier ;

Sur le premier moyen du pourvoi de la Banque Y, pris en sa première branche :

Vu l'article 381 du COCC ;

Attendu que selon ce texte, l'acquisition du droit réel résultant de la mention au titre foncier confère au nouveau titulaire un droit définitif et inattaquable dont l'étendue est déterminée juridiquement et matériellement par les énonciations du titre foncier ;

Attendu que pour dire qu'il vaut vente, et ordonner au Conservateur de la Propriété foncière de procéder, à sa seule vue, à la mutation du titre foncier au profit de la SCI Z, l'arrêt relève qu'outre l'adage la fraude corrompt tout, le fait pour M.N d'avoir cédé ledit titre foncier à la SA EDB, après avoir promis de le vendre à la SCI Z et refusé de parfaire cette promesse malgré les injonctions de la justice, rendent inapplicables les dispositions de l'article 381 du COCC ;

Qu'il en déduit que les inscriptions opérées en fraude sur le livre foncier ainsi que l'hypothèque inscrite au nom de la Banque Y ne sont pas opposables à la SCI Z acquéreur ;

Qu'en statuant ainsi, alors que seule la fraude du vendeur de l'immeuble et la mauvaise foi de l'acquéreur permettent d'écarter l'application de l'article 381 du COCC lorsque la mutation a déjà été faite, la cour d'appel a violé la loi ;

Par ces motifs, et sans qu'il soit nécessaire d'examiner les autres moyens des deux pourvois :

Casse et annule en toutes ses dispositions l'arrêt n° 224 rendu le 29 décembre 2014 par la cour d'appel de Dakar ;

Remet en conséquence la cause et les parties dans l'état où elles se trouvaient avant ledit arrêt et pour être fait droit les renvoie devant la cour d'appel de Thiès ;

Observations :

1.-L'acquisition d'un droit réel immobilier en droit sénégalais se fait par l'inscription du droit au livre foncier. Les droits réels immobiliers n'existent, ne se conservent et ne produisent effet à l'égard des tiers qu'autant qu'ils ont été publié[2]. Cela est une conséquence du système foncier sénégalais. Le pays de la «téranga» a fait l'option du système du livre foncier.

A l'exception de l'Algérie, tous les régimes fonciers de l'Afrique sous domination française et de Madagascar, ont progressivement, en matière immobilière, adopté durant la colonisation le système du

---

[2] Art. 20 de la Loi n° 2011-07 du 30 mars 2011 portant régime de la Propriété foncière, J.O. N° 6607 du SAMEDI 13 AOUT 2011. Aux termes des dispositions de l'article 19 de la précitée, sont notamment susceptibles d'inscription aux livres fonciers :
a) Les droits réels immobiliers suivants :
1) la propriété des biens immeubles ;
2) l'usufruit des mêmes biens ;
3) les droits d'usage et d'habitation ;
4) l'emphytéose ;
5) le droit de superficie ;
6) les servitudes et services fonciers ;
7) les privilèges et hypothèques.
b) Les actions qui tendent à revendiquer ces droits réels.

livre foncier en s'inspirant de la législation prussienne de 1872 et surtout de l'Act Torrens.

Le droit germanique semble être à l'origine du système des livres fonciers. En effet, « au moyen âge, en Allemagne, il existait déjà des registres fonciers dans les villes libres. Ils étaient tenus par immeuble ; les mutations entre vifs et par décès, les partages et les hypothèques devaient y être inscrits d'après les titres ou les jugements. Les tribunaux tenaient les livres et contrôlaient la régularité des actes à inscrire »[3]. La force probante qui manquait à ces inscriptions sera solutionnée par la loi prussienne du 5 mai 1872. Le livre foncier prussien repose sur le cadastre. Il contient la description juridique du sol, le cadastre en est la description matérielle. La loi de 1872 consacre les quatre (4) principes qui sont à la base des livres fonciers : le principe de la publicité, le principe de la force probante, le principe de la légalité et le principe de la spécialité.

En ce qui concerne l'Act Torrens, il a été promulgué en 1861 pour l'Australie du sud[4]. C'est le système de la force probante absolue. Dans ce système, toutes les opérations sont concentrées en un seul bureau qui est situé dans la capitale. L'immatriculation est administrative et, ses effets, absolus.

Bien plus, les mutations de propriété ou la constitution d'autres droits ont des effets aussi absolus. Ce système s'articule autour de trois principes de base :

- ✓ Le principe du rideau qui rend inutile toute investigation relative à l'histoire juridique d'un titre de propriété ;
- ✓ Le principe du miroir ou d'incontestabilité du titre qui permet à toute personne de bonne foi de s'y fier ;
- ✓ Le principe de l'assurance qui permet de limiter le préjudice subi par une personne dont le droit de propriété se trouve définitivement éteint à la suite de l'inscription, au registre foncier,

---

[3] Gu.-A. KOUASSIGAN, L'homme et la terre – Droits fonciers coutumiers et droit de propriété en Afrique occidentale, ORSTOM 1966, p. 34.

[4] Sur l'historique du système Torrens, cf. Rapport du 26e congrès des notaires d'Afrique, éd.
GRADES, 2016, p. 51

du titre d'un acquérant de bonne foi qui porte sur le même immeuble[5].

C'est en raison de sa portée non négligeable quant à la sécurisation foncière que le système Torrens a inspiré le système de livre foncier.

Le régime du livre foncier a été introduit au Sénégal par un décret du 20juillet 1900[6]. Cependant, les dispositions de ce décret n'ont pratiquement jamais été appliquées. Le véritable début de l'immatriculation en AOF date du décret du 24 juillet 1906 portant organisation du régime de la propriété dans les colonies et territoires relevant du gouvernement général de l'AOF. Le décret de 1932 est venu modifier ce décret et a instauré définitivement le système de l'immatriculation des terres et des livres fonciers[7]. Il a installé dans les colonies la notion de terre, un bien, mais aussi, de propriété individuelle[8].

2.- Le principe de l'inexistence de droit réel sans inscription est le fondement du régime, il assure la conservation des avantages acquis de l'immatriculation et garantit la sécurité des transactions à venir[9].

Il résulte de ce principe que tous les droits réels révélés par l'immatriculation sont inscrits aux livres fonciers où toute personne intéressée peut en prendre connaissance.

Au surplus, toutes les modifications qui affectent ces droits réels doivent être également publiées aux livres fonciers pour être opposables aux tiers.

---

[5] Voir, Rapport du 26e congrès des notaires d'Afrique, éd. GRADES, 2016, p. 52.

[6] En France, nous avons le système de la publicité foncière, sauf pour Alsace Moselle. Ce système consacre le principe de l'enregistrement des actes. Les transferts, constitution ou extinction de droits réels immobiliers dépendent de la seule volonté des parties. Le système de publicité foncière a un effet déclaratif par opposition aux systèmes dits « constitutifs », les systèmes du livre foncier. La différence est ici de nature. Alors que le premier dissocie les effets attachés au transfert de propriété de ceux de sa publication, les seconds tendent à subordonner l'un à l'autre.

[7] v. exposé des motifs de la loi n° 2011-07 du 30 mars 2011 portant régime de la Propriété foncière, précitée. Cette loi abroge et remplace le 26 juillet 1932.

[8] Sur la question, C. A. W. NDIAYE, Droit sénégalais des contrats immobiliers, L'Harmattan, 2017, p. 11 et s.

[9] v. exposé des motifs de la loi n° 2011-07 du 30 mars 2011 portant régime de la Propriété foncière, précitée.

En d'autres termes, un droit réel n'existe que tout autant qu'il a été rendu public et il existe tout le temps qu'il reste inscrit.

Le régime de l'immatriculation foncière proscrit les causes occultes d'acquisition ou d'extinction de droits réels sur les immeubles immatriculés. C'est ainsi qu'il n'admet pas la prescription comme mode d'acquisition ou de libération de droits réels ou charges grevant les immeubles immatriculés. Toutefois, la prescription acquisitive est reconnue à l'Etat et à l'Etat seul en ce qui concerne les immeubles abandonnés pendant trente années consécutives par les leurs occupants légitimes.

3.- A bon droit, l'arrêt du 07 juillet 2016 rappel que l'inscription accorde le droit réel. Cependant, est-ce que, comme le soutien le juge, il est « définitif et inattaquable » ? La position de la haute juridiction épouse celle du COCC qu'elle cite en référence. Toutefois, elle n'est pas conforme au droit sénégalais.

L'inscription d'un droit réel n'accorde pas un droit définitif et inattaquable. L'article 381 COCC confond l'inscription et l'immatriculation. En effet, comme en dispose l'article 6 de la loi n° 2011-07 du 30 mars 2011 portant régime de la Propriété foncière, c'est l'immatriculation qui est définitive. En d'autres termes, aucun immeuble immatriculé ne peut être soustrait au régime ainsi adopté pour être placé à nouveau sous l'empire de celui auquel il était soumis antérieurement[10]. Le titre foncier est définitif et inattaquable, il constitue le point de départ unique de tous les droits réels existant sur l'immeuble au moment de l'immatriculation[11].Les personnes dont les droits auraient été lésés par suite d'une immatriculation ne peuvent se pourvoir que par voie d'action personnelle en indemnité.

La Cour suprême,

Après en avoir délibéré conformément à la loi ;

Attendu, selon l'arrêt (Dakar, 1" juillet 2019, n° 182), qu'après avoir été déclaré héritier unique de sa mère Aa C, par jugement d'hérédité n° 15 du 03 février 1953, El Ab Y B a

---

[10] Sur la procédure d'immatriculation, art. 34 et s. de la loi n° 2011-07 du 30 mars 2011 portant régime de la Propriété foncière, précitée ; C. A. W. NDIAYE, Droit sénégalais des contrats immobiliers, précité, p. 13 et s.

[11] Art. 42 de la loi n° 2011-07 du 30 mars 2011 portant régime de la Propriété foncière, précitée.

fait immatriculer à son nom, sous les numéros 272/DP, 444/DP, 1075/R et 1248/R, les terrains que sa mère possédait en vertu du droit coutumier ; qu'ayant formé tierce opposition à ce jugement d'hérédité, ses sœurs Thiané, Awa et Ae B ont été reconnues, elles aussi, héritières de Aa C et ont obtenu, du juge des référés, l'inscription de leurs noms sur lesdits titres fonciers ; que par assignation du 10 juin 2016, les héritiers d'El Ab Y B ont saisi le tribunal de grande instance de Dakar aux fins de déclarer leur père unique propriétaire des-immeubles litigieux et d'ordonner aux conservateurs de procéder à la radiation des noms de Thiané, Awa et Ae B ; Sur le premier moyen, pris en ses deux branches, et le second moyen réunis, tirés de la violation des articles 121 et 123 du décret du 26 juillet 1932 portant réorganisation du régime de la propriété foncière en Afrique occidentale française :

Vu lesdits textes, alors applicables ;

Attendu, selon le premier de ces textes, que le titre foncier est définitif et inattaquable ; qu'il constitue le point de départ unique de tous les droits réels existant sur l'immeuble au moment de l'immatriculation ; que selon le second, les personnes dont les droits auraient été lésés par suite d'une immatriculation ne peuvent se pourvoir par voie d'action réelle, mais seulement, en cas de dol, par voie d'action personnelle en indemnité ;

Attendu que, pour rejeter la demande de radiation de l'inscription de Thiané, Awa et Ae B sur les titres fonciers n° 272/DP, n° 444/DP, n°1075/R et n° 1248/R, l'arrêt relève que El Ab Y B, muni d'un jugement d'hérédité lui conférant la qualité d'héritier unique et du certificat administratif délivré sur le fondement des mentions contenues dans ledit jugement, avait fait immatriculer, exclusivement à son nom, les terrains précités, puis retient que cette fraude, commise par El Ab Y B et sans laquelle la création des titres à son nom exclusif ne serait pas possible, visait à écarter ses propres sœurs qui ont droit à la qualité de propriétaire eu égard à leur statut d'héritières ;

Qu'en statuant ainsi, alors qu'en cas d'immatriculation, le titulaire dispose sur le titre foncier d'un droit définitif et inattaquable, et que la seule action réservée dans cette hypothèse est l'action en indemnisation, la cour d'Appel a méconnu le sens et la portée des dispositions susvisées ;

Par ces motifs :

Casse et annule l'arrêt n° 182 du 1" juillet 2019 rendu par la cour d'Appel de Dakar ;

Renvoie les parties et la cause devant la cour d'Appel de Thiès ;

Condamne les héritiers de A B, les héritiers de Ac B et les héritiers de Ae B aux dépens ;

Dit que le présent arrêt sera imprimé, qu'il sera transcrit sur les registres de la cour d'Appel de Dakar, en marge ou à la suite de la décision attaquée.

CS, ch. civ. com., arrêt n° *88 du 02 Décembre 2020, Les héritiers d'EL Ab Y B c/ Les héritiers de A B ET AUTRES.*

Cette décision traduit toute la confusion installée dans la pratique de la haute juridiction sénégalaise.

Aux termes de l'article 159 du décret foncier du 26 juillet 1932, alors applicable à la cause, les personnes dont les droits auraient été lésés par une inscription peuvent en demander la modification ou l'annulation, mais ces modifications ou annulations, sauf dans le cas où elles sont la conséquence d'une réserve mentionnée au titre foncier, ne peuvent préjudicier aux tiers de bonne foi.

N'a pas satisfait aux exigences de ce texte l'arrêt qui annule l'acte de vente du bien immeuble successoral après avoir constaté que l'acquéreur avait inscrit ses droits à la Conservation foncière et sans établir la mauvaise foi de l'acquéreur et l'existence d'une réserve mentionnée par les héritiers au titre foncier.

Cour suprême, arrêt n° 89 du 16 novembre 2016, LES HÉRITIERS DE X Y ET B c/ LES HÉRITIERS D'Z C ET AUTRES.

La quintessence de l'article 159 du décret de 1932 se retrouve dans les articles 26 à 31 de la loi N°2011-07 portant régime de la Propriété foncière, aujourd'hui applicable.

On immatricule un immeuble, on inscrit un droit.

L'immatriculation est définitive signifie qu'aucun immeuble immatriculé ne peut être soustrait au régime ainsi adopté pour être placé à nouveau sous l'empire de celui auquel il était soumis antérieurement. D'un autre côté, le fait qu'elle soit inattaquable traduit une volonté de sécuriser le titre foncier par son intangibilité tant matérielle que juridique.

Selon les articles 42 et 44 de la loi n° 2011-07 du 30 mars 2011 portant régime de la propriété foncière, le titre foncier est définitif et inattaquable, il constitue le point de départ unique de tous les droits réels existant sur l'immeuble au moment de l'immatriculation et les personnes dont les droits auraient été lésés par suite d'une immatriculation ne peuvent se pourvoir que par voie d'action personnelle en indemnité.

Est irrecevable, le recours en annulation tendant à remettre en cause l'inscription au livre foncier de l'assiette foncière sur laquelle les requérants prétendent disposer des droits en vertu d'une délibération.

Cour suprême, arrêt n° 53 du 09 décembre 2021, Héritiers de feue M. B. c/ Etat du Sénégal (Agent judiciaire de l'Etat, DGID, Conservation de la propriété et des droits fonciers de Pikine, Bulletin des arrêts de la Cour suprême n° 23-24, 2021, p. 180 et.

Dans l'affaire à l'origine de la décision du 02 Décembre 2020, il n'était pas question, comme semble malheureusement le penser la Cour suprême, de revenir sur l'immatriculation. Le contentieux portait sur l'inscription d'un droit.

Contrairement à l'immatriculation, il est possible de revenir sur l'inscription d'un droit. Dans le respect du droit des tiers de bonne foi, une mutation peut être radiée[12]. La loi de 2011 qui organise la propriété foncière réglemente dans ses articles 26 à 32 les hypothèses et conditions dans lesquelles il est autorisé de revenir sur l'inscription. En considérant qu'en l'espèce « seule la fraude du

[12] Une lecture *a contrario* de l'article 388 COCC semble conforter une telle thèse : « conformément au régime de l'immatriculation foncière, sont irrecevables ou inopposables aux tiers, ou doivent être réservés expressément au contrat et publiées au titre foncier, les actions susceptibles d'enlever à l'acquéreur partiellement ou pour le tout le bénéfice de la mutation intervenue à son profit ».

vendeur de l'immeuble et la mauvaise foi de l'acquéreur permettent d'écarter l'application de l'article 381 du COCC, lorsque la mutation a été faite », la Cour suprême semble être d'avis que l'inscription d'un droit réel n'est pas définitive et inattaquable.

4.- La fraude permet de revenir sur une inscription car elle corrompt tout. Cependant, comme le soulève le juge, il s'agit d'une condition nécessaire mais pas suffisante. Les tiers sont protégés. « Les actions tendant à la revendication d'immeubles, basées sur des causes non susceptibles d'énonciation aux contrats d'aliénation et notamment sur l'inobservation des conditions essentielles à la validité, l'atteinte portée aux droits des créanciers ou à ceux du mineur, l'incapacité absolue ou relative de disposer ou de recevoir par testament ou donation, l'interdiction légale d'acheter ou de vendre frappant certaines personnes ou s'appliquant à certains objets, le retrait d'indivision, sont sans effet à l'égard des tiers de bonne foi, ayant publié leurs titres avant l'acte introductif d'instance »[13]. Mieux, si, malgré sa promesse, le promettant a vendu la chose à un tiers, le bénéficiaire peut lui réclamer des dommages et intérêts ; il ne peut poursuivre l'annulation du contrat contre le tiers acquéreur que s'il établit la mauvaise foi de ce dernier au moment de l'acquisition[14].

En l'espèce, le vendeur à fraudé car était déjà, par la promesse de vente, engagé avec un autre. Mais, l'absence de preuve de la mauvaise foi de son cocontractant a sauvé le contrat. La fraude et la mauvaise foi sont deux conditions complémentaires pour l'annulation du contrat de vente et, par ricochet, la radiation de l'inscription. La SCI Z ne pourra alors prétendre qu'à des dommages et intérêts. Pourra ainsi se poser un questionnement sur l'efficacité d'une telle sanction.

Aujourd'hui que l'analyse économique du droit a fini de montrer que la violation efficace du contrat est une réalité du monde des affaires, la sanction devrait être beaucoup plus énergique. En effet, le contractant peut refuser d'exécuter un contrat car sachant que malgré le paiement de dommage et intérêt, la violation lui sera

---

[13] Art. 30 de la loi n° 2011-07 du 30 mars 2011 portant régime de la Propriété foncière, précitée.
[14] Art. 326 COCC.

profitable. Cette situation qui justifie le débat sur les dommages et intérêts punitifs mérite réflexion.

5. L'arrêt n'apporte pas de précision sur la nature de la promesse. En droit sénégalais, celle-ci est unilatérale ou synallagmatique[15]. Si dans la première situation elle est créatrice d'un droit d'option, dans la deuxième, elle oblige à la perfection du contrat[16] lorsque l'objet est un immeuble[17]. Il est donc permis de penser qu'en l'espèce il s'agissait d'une promesse synallagmatique de vente.

Puisque la promesse synallagmatique fait peser sur les parties l'obligation de parfaire la vente, le vendeur doit mettre la copie du titre foncier ou le certificat d'inscription à la disposition de l'acquéreur afin d'y faire inscrire la mutation du droit[18]. En cas d'inexécution de cette obligation, l'acquéreur peut faire ordonner par justice la remise de ce document entre ses mains et la mention au titre foncier de la mutation intervenue[19].

Le retard dans la formalisation de la vente peut justifier une astreinte par jour de retard[20] car c'est un élément du transfert de la propriété qui s'analyse en une obligation de donner. En effet, la perfection du contrat exigée avec l'inscription à la Conservation de la propriété foncière a pour finalité le transfert du droit. Cette formalité traduit alors, pour le vendeur, l'exercice de son obligation de transférer la propriété du bien. Dès lors que l'acheteur de l'immeuble a versé le prix convenu, le vendeur devient alors débiteur d'une obligation de donner et sera alors tenu à en assurer la délivrance selon les dispositions particulières à la propriété foncière et aux immeubles immatriculés[21]. En effet, selon les dispositions

---

[15] Art. 321 COCC.

[16] Sur la question, C. A. W. NDIAYE, Droit sénégalais des contrats immobiliers, précité, p. 81 et s.

[17] Aux termes des dispositions de l'article 323 COCC, la promesse synallagmatique est une vente parfaite lorsque le contrat peut être passé librement.

[18] Sur les effets de la violation de la promesse unilatérale de vente, C. A. W. NDIAYE, Droit sénégalais des contrats immobiliers, précité, p. 97 et s. Aussi, C. A. W. NDIAYE, Droit des entreprises individuelles, L'Harmattan, 2018.

[19] Art. 386 COCC.

[20] Cs, ch. civ. et com., arrêt n° 56 du 19 mars 2008, S. BALACOUNE c/ B. NDIAYE et L. LAHLO, disponible sur www.juricaf.org.

[21] « A, à bon droit, ordonné la perfection d'une vente d'immeuble, une Cour d'Appel qui, après avoir énoncé que l'article 382 du Code des obligations civiles et commerciales n'impose nullement que l'avant contrat soit passé devant notaire, a constaté, d'une part,

combinées des articles 3, 4 et 5 du COCC, le débiteur d'une obligation de donner est tenu d'assurer la délivrance de la chose, selon les règles d'exécution des obligations, les dispositions propres aux contrats spéciaux et les dispositions particulières à la propriété foncière. Contrairement à une Cour d'appel qui retenait que « la promesse de contrat ne fait peser sur la tête des parties qu'une obligation de faire et ne saurait, à elle seule, entrainer le transfert de la propriété des immeubles promis à la vente ; que l'inexécution de l'obligation du promettant doit être sanctionné par l'allocation de dommages et intérêts au bénéficiaire de l'offre », la Cour suprême[22], à bon droit, considère « qu'en statuant ainsi, alors que la diligence à effectuer porte sur une obligation de donner, la Cour d'appel a violé » les articles 3, 4 et 5 du COCC[23]. Il appartiendra au juge de requérir le Conservateur en vue de l'inscription[24].

L'allégation d'une contestation sérieuse ne peut empêcher le juge des référés d'ordonner au Conservateur de la

---

que le vendeur a accepté que soit établie sous forme d'acte sous seing privé la cession de l'immeuble et mis en rapport l'acheteur avec son notaire pour la régularisation de la vente et, d'autre part, que l'acheteur s'est acquitté de son obligation en payant le prix convenu »,Cs, ch. civ. et com., arrêt n° 63 du 18 juillet 2012, SOCIÉTÉ CIVILE IMMOBILIÈRE GÉNÉRALE FONCIÈRE c/ BABA DIAO et MAÎTRES PAPA ISMAÏLA KA ET ALIOUNE KA, disponible sur www.juricaf.org.

[22] Cs., ch. civ. et com., arrêt n° 19 du 16 janvier 2008, société EXPRESS TRANSIT c/ La Compagnie Bancaire de l'Afrique Occidentale, disponible sur www.juricaf.org. Dans cette affaire, par lettres du 1er février 1991 et, un protocole d'accord signé courant mai 1991, la BIAO (devenue CBAO) avait accepté de céder les titres fonciers 81/DP et 3049/DG à la société Express transit, moyennant le versement, au comptant, du prix de cession fixé à 47 502 000 Fcfa. Par lettre du 10 octobre 1991, Express Transit, ayant adressé quatre chèques certifiés, d'un montant total de 47 502 000 Fcfa à la BIAO, celle-ci les lui à retournés par lettre du 22 octobre 1991. Elle lui fait comprendre que les termes de leur accord n'étaient plus d'actualité puisqu'était convenu un règlement immédiat du prix qu'elle n'a pas effectué et qu'après une longue attente, elle a fait faire, par expert, l'évaluation des immeubles pour les vendre au prix coutant mais, néanmoins, qu'elle était toujours disposée à recevoir, de sa part, une offre raisonnable. Express Transit, après avoir dressé procès-verbal d'offres réelles du montant des chèques et inscrit une pré-notation sur les titres fonciers sus référencés, a assigné la BIAO en perfectionnement de la vente.

[23] Une évolution semble être notée dans la jurisprudence de la Cour suprême, cf. complément de jurisprudence, n° 10-5.

[24] Cs, ch. civ. et com., arrêt n° 19 du 16 janvier 2008, précité ; Cs, ch. Civ. et com., arrêt n° 22 du 17 février 2021, GIE Camping du Lac Rose c/ Coopérative d'Habitat de la SENELEC Bel Air, inédit

Propriété foncière de procéder à l'inscription d'une vente, lorsque le vendeur a refusé de le faire malgré plusieurs décisions de justice l'ayant condamné à parfaire la vente[25].

6.- En l'espèce, la promesse a été faite par acte notarié. Le débat s'est posé par rapport à la vente immobilière sur la question des actes qui devaient être passés devant notaire. De façon plus précise, la question était de savoir si, outre le contrat définitif de vente d'immeuble, les avant-contrats devaient être passés devant notaire. Au début, la jurisprudence considérait que « … tant la promesse de vente que le contrat définitif ayant pour objet la vente d'un immeuble immatriculé au livre foncier doivent être établis obligatoirement par un notaire »[26]. Mais un revirement jurisprudentiel semble être opéré. Depuis 2012, la jurisprudence considère qu'«aucune forme particulière n'est exigée pour la validité de la promesse synallagmatique de contrat ou avant contrat qu'il faut distinguer du contrat »[27]. Désormais, seul le contrat définitif de vente immobilière doit être sous la forme authentique[28].

7.- Compte tenu de l'objectif qui justifie l'intervention du notaire dans les transactions immobilières, la pertinence de cette solution fait

---

[25] Cs, ch. Civ. et com., arrêt n° 22 du 17 février 2021, précité.

[26] CS, 2ème civ. et com., 04 juin 1993, Arrêt n° 107, EDJA n° 24, janv. - mars 1995, note A. Cissé ; Cs, ch. civ. et com., 16 janvier 2008, arrêt n° 21, Youssou Seck c/SNR, Bull n° 16. Dans le même sens, Cs., ch. civ. et com., 05 déc. 2007, arrêt n° 121, Amadou Lamine Kébé c/Mayoro Mbaye, Bull n° 15, année judiciaire 2006-2007 : « … tant la promesse de vente que le contrat définitif ayant pour objet la vente d'un immeuble immatriculé au livre foncier doivent être établis obligatoirement par un notaire ». V., A. Faye, « Le transfert de propriété dans la vente de l'immeuble en droit sénégalais », PUSS, Droit sénégalais, n° 8/2009. V. aussi B. DIALLO, Promesse sous seings privés de vente d'immeuble immatriculé ne vaut ?, Observations sur C.S. Sénégal n° 79 du 16 juillet 2008, Aliou Bathily c/ Abdoul Diallo, Revue Droit et Ville, n° 71, 2011, p. 175-197.

[27] CS, ch. Réunies, arrêt n° 11 du 19 juin 2012, CBAO c/La SET ; CA Dakar, 11 avril 2011, A. WADE c/ El. K. SECK, arrêt n° 296, Bulletin des arrêts rendus par la Cour d'Appel de Dakar en matière civile et commerciale, 2013, vol. 1, p.127.Pouvant être sous seing privé, les avant-contrats peuvent aussi être consensuels. Dans une telle situation le risque résidera cependant dans leur efficacité. En effet, aux termes de l'article 14 COCC, il doit être passé acte devant notaire ou sous signatures privées de toute convention dont l'objet excède 20.000 francs.

[28] Cour suprême, arrêt n° 20 du 19 février 2020, infra, Arrêt n° 27. Pour plus de développement, C. A. W. NDIAYE, Droit sénégalais des contrats immobiliers, précité, p. 101 et s.

débat[29].Tout de même, elle ne peut pas porter atteinte à la sécurité juridique recherchée. L'intervention du notaire n'est pas totalement écartée. Pour parfaire leur vente, les parties devront le saisir. En effet, comme en dispose l'article 47 de la loi de 2011 portant régime de la propriété foncière[30], en vue de l'inscription, la convention doit être constatée par acte authentique.

Par ailleurs, lorsque l'avant-contrat est fait par un écrit qui n'est pas un acte authentique, l'acquéreur peut bénéficier d'un délai de réflexion. Tout acte sous seing privé ayant pour objet l'acquisition ou la construction d'un immeuble neuf d'habitation, la souscription de parts donnant vocation à l'attribution en jouissance ou en propriété d'immeubles neufs d'habitation, les contrats préliminaires de vente d'immeubles à construire ou de location-accession à la propriété immobilière, ne devient définitif qu'au terme d'un délai de sept jours pendant lequel l'acquéreur non professionnel a la faculté de se rétracter, chaque fois que la loi ne lui donne pas un délai plus long pour exercer cette faculté[31]. L'acte est adressé par lettre recommandée avec demande d'avis de réception à l'acquéreur. Le délai commence à courir à compter de la réception de cette lettre par l'acquéreur. En outre, ce dernier pourra exercer sa faculté de rétractation dans les 7 jours par lettre recommandée avec demande d'avis de réception.

8.-Pouvant être sous seing privé, les avant-contrats peuvent aussi être consensuels. Dans une telle situation le risque résidera cependant dans leur efficacité. En effet, aux termes de l'article 14 COCC, il doit être passé acte devant notaire ou sous signatures privées de toute convention dont l'objet excède 20.000 francs. Cet

---

[29] cf. M. ND. MBAYE, Les transactions immobilières au Sénégal, in De l'esprit du droit africain, Mélanges POUGOUE P. G., Wolters Kluwers, 2013, p. 541 et s.

[30] « Tous faits, conventions ou sentences, ayant pour objet de constituer, transmettre, déclarer, modifier ou éteindre un droit réel immobilier, d'en changer le titulaire ou les conditions d'existence, tous baux d'immeubles excédant trois années, toute quittance ou cession d'une somme équivalente à plus d'une année de loyer ou fermages non échus doivent, en vue de l'inscription, être constatés par acte authentique sauf dérogations législatives. Les règles de forme édictées à l'alinéa précédent ne s'appliquent pas, à la condition que lesdits faits, conventions ou sentences soient constatés par écrit dans les formes déterminées par la loi, aux actes passés par l'Etat et les autres personnes publiques ».

[31] Art. L137 Code la construction.

article qui pose la règle de la préconstitution de la preuve écrite peut ainsi constituer un frein à l'exécution de l'avant-contrat en cas de contestation de la part de l'une des parties. Toutefois, il reçoit exception toutes les fois qu'il n'a pas été possible au créancier de se procurer ou de produire une preuve écrite de la convention ; c'est l'hypothèse de l'impossibilité matérielle ou morale de se préconstituer un écrit[32]. Outre ces situations d'impossibilité, les témoignages et présomptions sont également recevables, lorsqu'il existe un commencement de preuve par écrit.

9.-La liberté par rapport à la forme ne concerne pas la procuration. L'article 49 COCC dispose que lorsque la loi exige, pour la conclusion d'un contrat, des formes particulières, le pouvoir de passer ce contrat doit être donné au représentant dans la même forme. Ainsi, en matière de vente immobilière, même si désormais la promesse peut être sous seing privé, la procuration pour vendre ou acheter doit être un acte authentique.

10.- Complément

Doctrine :

1. Cheikh Abdou Wakhab NDIAYE, « Retour sur quelques incongruités du droit sénégalais à propos du système du livre foncier », Revue Droit et ville (Toulouse), 2022/1 (n°93), p. 381 et s.
2. Cheikh Abdou Wakhab NDIAYE, « La loi sur le domaine national, au-delà des critiques », Mélanges offerts au professeur Isaac Yankhoba NDIAYE, L'Harmattan, 2021, p. 787 et s.

Jurisprudence :

10.1.- Sur l'avant-contrat

✓ « A, à bon droit, ordonné la perfection d'une vente d'immeuble, une Cour d'Appel qui, après avoir énoncé que l'article 382 du Code des obligations civiles et commerciales, n'impose nullement que l'avant contrat soit passé devant notaire, a constaté,

---

[32] Sur la question, voir A. A. DIOUF, Etude critique de l'impossibilité morale dans la preuve des actes juridiques en Afrique noire francophone, R.I.D.C. 2-2013.

d'une part, que le vendeur a accepté que soit établie sous forme d'acte sous seing privé la cession de l'immeuble et mis en rapport l'acheteur avec son notaire pour la régularisation de la vente et, d'autre part, que l'acheteur s'est acquitté de son obligation en payant le prix convenu »[33].

✓ « Le propriétaire d'un immeuble qui a promis de le vendre et qui a reçu le prix convenu n'a plus qualité pour délivrer congé au bénéficiaire de la promesse qui occupe les lieux. Il doit parfaire la vente et délivrer l'immeuble vendu »[34].

✓ **Arrêt de revirement**

Sénégal, Cour suprême, Chambres réunies, 19 juin 2012, 11

Texte :

Cour suprême

Chambres réunies

ARRET N°11 DU 19 JUIN 2012

LA COMPAGNIE X c/ LA SOCIETE Z

IMMEUBLE – IMMEUBLE IMMATRICULE – PROMESSE DE VENTE SOUS SEING PRIVE – EXIGENCE DE LA FORME NOTARIEE – DEFAUT –PERFECTION DE LA VENTE (POSSIBILITE)

Les dispositions des articles 321, 322, 323, 382 et 383 du code des obligations civiles et commerciales n'exigent aucune forme particulière pour la validité de la promesse synallagmatique de contrat ou avant contrat qu'il faut distinguer du contrat, lequel, lorsqu'il s'agit d'un immeuble immatriculé, doit être passé, à peine de nullité absolue, par devant notaire, sauf dispositions législatives ou réglementaires contraires; la promesse synallagmatique de contrat oblige les parties à parfaire le contrat.

A fait l'exacte application de la loi, la cour d'appel qui ordonne la perfection de la vente d'un immeuble immatriculé au motif que l'engagement du propriétaire de le céder à une personne et la levée

---

[33] CS, chambre civile et commerciale, SCI Générale foncière c/ B. DIAO et Me. P. I. KA et A. KA, arrêt n° 63 du 18 juillet 2012, juricaf.org.

[34] CS,Chambre civile et commerciale, M. S. M. C. c/ O. F., arrêt n° 114 du 24 août 2005, juricaf.org.

de l'option par cette dernière constituent une promesse synallagmatique de contrat qui oblige les parties à parfaire le contrat.

La Cour suprême,

Vu la loi organique n° 92-25 du 30 mai 1992 sur la Cour de cassation ;

Vu la loi organique n° 2008-35 du 8 août 2008 sur la Cour suprême ;

Vu les mémoires produits en demande et en défense ;

Après en avoir délibéré conformément à la loi,

Attendu que par arrêt n° 03 du 2 janvier 2008, la chambre civile et commerciale statuant sur le pourvoi formé par la Compagnie X contre l'arrêt n° 21 du 15 janvier 2004 de la cour d'appel de Dakar a, sur le fondement de l'article 38 de la loi organique n° 92-25 du 30 mai 1992, ordonné la saisine des chambres réunies ;

Attendu qu'après cassation de l'arrêt n° 229 du 12 mai 2000, un second arrêt rendu entre les mêmes parties procédant en la même qualité dans la même affaire est attaqué par le même moyen que précédemment tiré de la violation de l'article 382 du code des obligations civiles et commerciales (COCC) ;

Sur le moyen unique, tiré de la violation des articles 379, 382 et 383 du COCC, qui fait grief à l'arrêt attaqué d'ordonner la perfection de la vente aux motifs que « aux termes de l'article 382 du COCC, l'engagement de la Compagnie X de céder les titres fonciers 81/DP et 3409/DG à la Société Z et la levée de l'option par cette dernière constituent une promesse synallagmatique de contrat et s'analysent en avant contrat ; qu'il ressort de ces dispositions que le contrat de vente d'immeuble immatriculé ne se forme qu'au moment de sa passation devant un notaire ; que par ailleurs l'article 382 n'exige aucune forme pour la validité de la promesse synallagmatique de vente… », alors qu'une distinction entre le régime juridique de l'avant contrat et celui du contrat de vente est en totale contradiction avec les textes et que la Cour de cassation a déjà jugé que la promesse synallagmatique de contrat portant sur un immeuble immatriculé devait être notariée ;

Mais attendu que, contrairement à la jurisprudence invoquée par le moyen, les dispositions des articles 321, 322, 323, 382 et 383 du

COCC n'exigent aucune forme particulière pour la validité de la promesse synallagmatique de contrat ou avant contrat qu'il faut distinguer du contrat, lequel, lorsqu'il s'agit d'un immeuble immatriculé, doit être passé, à peine de nullité absolue, par devant notaire sauf dispositions législatives ou réglementaires contraires; que la promesse synallagmatique de contrat oblige les parties à parfaire le contrat ;

Et attendu qu'en ordonnant la perfection de la vente, après avoir relevé que « l'engagement de la Compagnie X de céder les TF N° 81/DP et 3409/DG à la Société Z et la levée de l'option par cette dernière constituent une promesse synallagmatique de contrat qui oblige les parties à parfaire le contrat », la cour d'appel, loin de violer les textes visés au moyen, en a fait l'exacte application ;

Par ces motifs :

Statuant toutes chambres réunies,

Rejette le pourvoi formé par la Compagnie X contre l'arrêt n° 21 rendu le 15 janvier 2004 par la cour d'appel de Dakar ;

Condamne la Compagnie X aux dépens ;

✓ Excède ses pouvoirs, la Cour d'appel qui condamne le propriétaire d'un immeuble immatriculé et son notaire à parfaire la vente de l'immeuble sans établir l'existence à la fois d'une promesse de vente entre la propriétaire et le prétendu bénéficiaire et d'un mandat conféré au notaire pour conclure un tel acte[35].

10.2-Sur l'annulation de l'inscription :

---

[35] CS, chambre civile et commerciale, S. B. c/ B. Nd. et L. L., arrêt n° 56 du 19 mars 2008, juricaf.org : « Attendu que, pour confirmer l'ordonnance du juge des référés, ayant fait injonction à Samuel BALACOUNE et à Mme Latifa LAHLO à formaliser la vente de l'immeuble objet du titre foncier n° 487/SL, la Cour d'appel a retenu que « le notaire reconnaît avoir reçu de Babacar NDIAYE la somme de 30 000 000 de francs ; ... Il résulte du reste du reçu établi le 29 avril 2005 par le notaire la mention « pour prix de vente par Mme Latifa LAHLO au profit de Babacar NDIAYE et que l'immeuble appartient exclusivement à Mme Latifa LAHLO ... la vente faite à Mme SENGHOR n'est pas prouvée ; ... en conséquence c'est à bon droit que le juge des référés a fait application des articles 249 et 250 du code de procédure civile » ; Attendu qu'en se déterminant ainsi, alors que l'existence aussi bien d'une promesse de vente, liant la propriétaire de l'immeuble au prétendu bénéficiaire, que d'un mandat conféré à Samuel BALACOUNE était sérieusement contestée, la Cour d'appel a excédé ses pouvoirs et violé les textes susvisés ».

✓ Selon l'article 159 du décret du 26 juillet 1932 portant réorganisation du régime de la propriété foncière[36], est valable la vente immobilière consentie par un propriétaire ou un héritier apparent à des tiers qui ont traité de bonne foi.

Viole ce texte une Cour d'appel qui, pour annuler une vente, a retenu que peu importe que les acquéreurs eussent été de bonne ou de mauvaise foi au moment de l'acquisition[37].

✓ Il résulte des articles 10, 258, 383 du COCC et 159 du décret du 26 juillet 1932 que, d'une part, l'acquisition du droit réel résulte de la mention au titre foncier du nom du nouveau titulaire du droit qui acquiert de ce fait sur l'immeuble un droit définitif et inattaquable dont l'étendue est déterminée juridiquement par les énonciations du titre foncier et, d'autre part, les modifications ou annulations de l'inscription au titre foncier, sauf dans les cas où elles sont la conséquence d'une réserve mentionnée au titre foncier, ne peuvent préjudicier au tiers de bonne foi.

Viole ces textes la Cour d'Appel qui, après avoir constaté que la vente passée par devant notaire a été inscrite au livre foncier, a retenu que c'est à bon droit que le premier juge a décidé que l'acte de vente passé, sur la base d'un faux jugement d'hérédité, par un prétendu héritier, devait être annulé et l'inscription radiée[38].

✓ « Attendu qu'il résulte de la combinaison des articles 159 et 160 du décret du 26 juillet 1932 portant réorganisation du régime de la propriété foncière en Afrique occidentale française que toutes les personnes dont les droits auraient été lésés par une inscription peuvent en demander la modification ou l'annulation et, avant de porter cette demande devant le tribunal, elles peuvent faire procéder à une mention préventive, dite prénotation, sur le titre foncier sur autorisation du juge des requêtes ;

Et attendu que l'arrêt relève que Hachem YAZBACK se prévaut d'une convention qu'il aurait passée avec la SGBS et qui, à terme,

---

[36] Devenu article 71 de la loi de 2011 portant régime de la propriété foncière.

[37] CS, F. S. ET B. S. c/ Héritiers de feu Y. D., M. D, A. G., F. D. et conservateur de la propriété foncière de Dakar, arrêt n° 31 du 04 mai 2011, juricaf.org.

[38] CS, chambre civile et commerciale, S. L. c/ S. D. et autres, arrêt n° 28 du 17 juin 2009, juricaf.org.

devait conduire au transfert à son profit du droit de propriété portant sur l'immeuble litigieux ;

Que de ces énonciations, la Cour d'appel en a exactement déduit que l'inscription dont la mainlevée est demandée a précisément pour objet la préservation de ses droits en attendant l'issue de procédures dont il n'est pas contesté que le juge du fond est déjà saisi »[39].

Aux termes des dispositions de l'article 72 de la loi n° 2011-07 du 30 mars 2011 portant régime de la Propriété foncière[40], toute demande tendant à obtenir la modification ou l'annulation d'une inscription peut faire l'objet d'une mention sommaire préventive, dite prénotation sur le titre foncier, avant d'être portée devant le tribunal régional. Cette prénotation doit être autorisée par ordonnance du Président du Tribunal, rendue sur requête, à charge de lui en référer. La prénotation faite, la validité des inscriptions ultérieures est subordonnée à la décision judiciaire.

A défaut de prénotation, le jugement n'a d'effet à l'égard des tiers que du jour où il est inscrit.

10.3- Sur la forme de la procuration, v. arrêt n° 2.

10.4- Sur la responsabilité du notaire, v. arrêt n° 23.

10.5- Sur les fondements de l'intervention du juge dans la perfection de la vente : alors qu'elle a eu à retenir que, dans le cadre de la perfection d'une vente suite à une promesse de contrat, « la diligence à effectuer porte sur une obligation de donner[41] », la Cour suprême préfère dans un arrêt du 17 février 2021 la nature d'obligation de faire[42]. Quelle est la nature de l'obligation qui pèse sur le promettant ?

---

[39] CS, LA SOCIÉTÉ SOKAMOUSSE c/ H. Y., arrêt n° 20 du21 février 2007, juricaf.org : l'arrêt attaqué a rejeté la demande de mainlevée de la prénotation inscrite sur le TF 83/DP formulée par la SOKAMOUSSE, alors que l'ordonnance autorisant l'inscription et la réalisation effective de cette inscription sont postérieures à la publication de la vente à elle consentie par la SGBS et à la mention de son nom au livre foncier, de sorte qu'elle avait déjà acquis sur l'immeuble un droit définitif et inattaquable.

[40]J.O. N° 6607 du SAMEDI 13 AOUT 2011.

[41] Cs, ch. civ. et com., arrêt n° 19 du 16 janvier 2008, précité.

[42] Cs, ch. Civ. et com., arrêt n° 22 du 17 février 2021, GIE Camping du Lac Rose c/ Coopérative d'Habitat de la SENELEC Bel Air, inédit : selon l'arrêt attaqué (Dakar, 24 avril 2019, n° 111), rendu en référé, par un arrêt irrévocable du 25 février 2016, la Cour d'Appel de Dakar a ordonné au GIE Camping du Lac rose (le GIE) de parfaire,

Le contrat de vente peut être précédé d'une promesse de vente, synallagmatique ou unilatérale[43].

La promesse synallagmatique est une vente parfaite lorsque le contrat peut être passé librement. Dans le cas contraire, elle oblige les parties à parfaire le contrat en accomplissant les formalités nécessaires à sa formation[44].

L'article 323 COCC pose cependant un régime général[45]. En effet, en matière immobilière, la promesse synallagmatique ne vaut pas vente mais oblige l'une et l'autre partie à parfaire le contrat en faisant procéder à l'inscription du transfert du droit à la Conservation de la propriété foncière[46]. Il n'est donc pas question, dans ce domaine, d'un *accomplissant des formalités nécessaires à la formation de la vente*.

La promesse synallagmatique de vente d'un immeuble installe la perfection sur le terrain de l'exécution du contrat. En effet, l'inscription au livre foncier opère transfert de la propriété. Sur le fondement de l'article 382 COCC, l'obligation de parfaire la vente se traduit alors pour le vendeur en une exécution de son obligation de donner.

C'est sous ce sillage qu'il faudrait aussi lire l'article 386 COCC : « *Le vendeur doit mettre la copie du titre foncier ou le certificat d'inscription à la disposition de l'acquéreur afin d'y faire inscrire la mutation du droit. En cas d'inexécution de cette obligation, l'acquéreur fait ordonner par justice la remise de ce document entre ses mains et la mention au titre foncier de la mutation intervenue* ».

Et si le vendeur refuse de s'exécuter, « de procéder aux formalités de mutation malgré les décisions de justice »[47] ?

---

par devant notaire, la vente de l'immeuble immatriculé 3191/R, objet de la promesse de vente, par acte sous seings privés du 28 avril 2005, au profit de la Coopérative d'Habitat de la SENELEC Bel Air (la coopérative). Prétendant que le GIE refusait de s'exécuter, la coopérative l'a assigné, avec le Conservateur de la Propriété foncière de Rufisque (le conservateur), en perfection de vente.

[43] Art. 321 COCC.

[44] Art. 323 COCC.

[45] Les contrats relatifs à des immeubles immatriculés sont soumis aux dispositions spéciales du chapitre 3 du livre 1er de la deuxième partie du COCC.

[46] Art. 382 al. 2 COCC.

[47] C'est le cas dans l'affaire Cs, ch. Civ. et com., arrêt n° 22 du 17 février 2021, précité.

Pour la Cour suprême, une décision de justice peut ordonner au conservateur de procéder aux formalités de mutation[48]. Le fondement devrait cependant être recherché au niveau de l'article 195 al. 2 COCC plutôt que 195 al. 3 COCC[49].

> *Article 195 al. 2 COCC : « Le juge peut également ordonner l'exécution d'une obligation de donner par le débiteur ou par un tiers aux frais du débiteur ».*

Et s'il était question d'une *promesse unilatérale de vente* ? L'absence de dispositions spécifiques au niveau des articles 379 à 391 COCC réserve la compétence aux articles 324 à 326 COCC.

La promesse de vente est parfaite dès l'échange des consentements et la vente est conclue au moment où l'acquéreur lève l'option. Si, malgré sa promesse, le promettant a vendu la chose à un tiers, le bénéficiaire peut lui réclamer des dommages et intérêts ; il ne peut poursuivre l'annulation du contrat contre le tiers acquéreur que s'il établit la mauvaise foi de ce dernier au moment de l'acquisition.

---

[48] Cs, ch. Civ. et com., arrêt n° 22 du 17 février 2021, précité ; Cs, ch. civ. et com., arrêt n° 19 du 16 janvier 2008, précité.

[49] Dans l'arrêt n° 22 du 17 février 2021, la Cour s'est appuyée sur 195 al. 3 COCC du fait de sa qualification d'obligation de faire à la charge du vendeur.

Arrêt n°2
Sénégal, Cour suprême, Chambre civile et commerciale, 15 juillet 2015, 87

Forme de la procuration dans les transactions immobilières

Demandeurs : *WALTER JOSEPH NUSS*
Défendeurs : *THIERRY LEDEME*

Solution :

Selon l'article 49 du COCC, lorsque la loi exige, pour la conclusion d'un contrat, des formes particulières, le pouvoir de passer ce contrat doit être donné au représentant dans la même forme.

Ne donne pas de base légale à sa décision la cour d'appel qui annule une procuration donnée en vue de la vente d'un immeuble sans rechercher si l'immeuble est immatriculé

Texte :

La Cour suprême,

Vu la loi organique n° 2008-35 du 8 août 2008 sur la Cour suprême ;

Après en avoir délibéré conformément à la loi ;

Attendu, selon l'arrêt attaqué (Dakar, 19 mai 2014 n° 75), que par un acte du 9 mai 2011, M. Thierry Ledeme s'est engagé à acquérir auprès de M. Walter Joseph Nuss, le droit au bail et les peines et soins édifiés sur le lot n° 9 du lotissement de la résidence la palmeraie à Mbour (région de Thiès) ; que le 29 février 2012, M. Ledeme a assigné M. NUSS en annulation de la procuration et de la promesse de vente et en restitution de l'acompte versé ;

Sur le premier moyen :

Attendu qu'il est fait grief à l'arrêt de rejeter l'exception d'incompétence, au motif qu'il s'agit d'une procédure faite en matière réelle immobilière, en conséquence, les dispositions de l'article 34 alinéa 6 du code de procédure civile qui prévoient que la juridiction compétente pour statuer est celle du lieu où se trouve l'immeuble litigieux doivent être appliquées, alors, selon le moyen que :

1°) il s'agit d'une matière purement civile puisque le contentieux ne porte pas sur un immeuble litigieux mais sur la validité de documents et sur une somme d'argent ;

2°) le requérant n'est pas domicilié au Sénégal et cela n'est pas été contesté, que la cour d'appel devait faire application des dispositions de l'article 39-7, en constatant l'incompétence du tribunal de Thiès qui n'est pas le tribunal du lieu de résidence habituelle du requérant ;

Mais attendu que la cour d'appel ayant relevé que les prétentions du demandeur étaient l'annulation d'une procuration donnée en vue de la vente d'un immeuble situé à Thiès et celle de la promesse de vente, en a exactement déduit que le tribunal régional de cette ville était compétent pour connaître de l'action ;

D'où il suit que le moyen est mal fondé ;

Mais sur le second moyen :

Vu l'article 49 du COCC ;

Attendu que selon ce texte, lorsque la loi exige, pour la conclusion d'un contrat, des formes particulières, le pouvoir de passer ce contrat doit être donné au représentant dans la même forme ;

Attendu que pour annuler la procuration et la promesse de vente, l'arrêt se borne à dire qu'il est constant qu'il a été donné procuration à l'intimé, par acte sous seing privé, de vendre l'immeuble formant le lot n° 9 sis à Mbour ;

Qu'en se déterminant ainsi, sans rechercher si cet immeuble est immatriculé, la cour d'appel n'a pas donné de base légale à sa décision ;

Par ces motifs :

Casse et annule en toutes ses dispositions l'arrêt n° 75 rendu le 19 mai 2014 par la cour d'appel de Dakar ;

Remet en conséquence la cause et les parties dans l'état où elles se trouvaient avant ledit arrêt et pour être fait droit, les renvoie devant la cour d'appel de Thiès ;

Condamne Thierry Ledeme aux dépens ;

Observations :

1.-En principe, on s'engage en son propre nom pour soi-même. Le consentement émane des parties aux contrats et les engage. Il est toutefois possible de s'engager pour ses héritiers et ayants cause. Par ailleurs, une partie au contrat peut ne pas vouloir ou ne pas pouvoir être présente lors de la conclusion du contrat. Dans ce cas, une autre personne pourra contracter en son nom par la technique de la représentation. C'est le mécanisme par lequel une personne, le représentant, agit en lieu et place d'une autre, le représenté. Le représentant va conclure un contrat pour le compte du représenté. Le représentant peut être habilité à agir au nom du représenté, soit par un contrat (c'est la représentation d'origine conventionnelle, exemple du contrat de mandat), soit par la loi (la représentation légale : c'est le cas du tuteur), soit par une décision judiciaire (un époux habilité en justice pour représenter son conjoint qui est hors d'état de manifester sa volonté).

Avec la représentation, on consent par personnes interposées, mais tout se passe comme si le représenté avait lui-même accompli l'acte. Physiquement c'est le représentant qui est là mais juridiquement il est transparent c'est le représenté qui est présent. Il y a deux hypothèses de représentation. D'une part, nous avons la représentation parfaite où le représentant fait savoir au cocontractant qu'il agit au nom et pour le compte d'autrui. Dans ce cas, les effets de l'acte passé par lui se produisent directement sur la tête du représenté. D'autre part, le représentant ne révèle pas qu'il agit au nom d'autrui, c'est l'hypothèse de la représentation imparfaite. Le représentant sera alors personnellement engagé par le contrat mais devra ensuite en transmettre la charge et les bénéfices au représenté[50].

Nb : Le contrat de commission.

Le contrat de commission s'apparente au contrat de mandat de par la représentation. Cependant, il s'en distingue du fait que le commissionnaire traite avec le tiers en son nom personnel. Le commissionnaire est un professionnel qui, moyennant le versement d'une commission, se charge de conclure tout acte juridique en son propre nom, mais pour le compte du commettant qui lui en donne mandat[51]. C'est donc une représentation imparfaite qui apporte ainsi une dérogation aux règles de la représentation classique. En effet, aux termes des dispositions de l'article 50 du COCC sur les rapports du représentant et du tiers contractant, au moment de la conclusion du contrat, le représentant doit faire connaître au tiers contractant qu'il agit pour autrui et justifier de ses pouvoirs[52].

Le commissionnaire agit en utilisant son nom patronymique, son nom commercial ou sa dénomination sociale[53].Dès lors que le commissionnaire a agi en son nom propre, il importe peu que l'acquéreur ait eu connaissance de l'identité du commettant[54].

---

[50] Pour plus de développement, C. A. W. NDIAYE, Droit sénégalais des contrats immobiliers, L'Harmattan, 2017, p. 103 et s.

[51] Art. 192 AUDCG.

[52] Une représentation imparfaite peut aussi être notée en matière de portage et dans le cadre de la société en participation.

[53] P.-G. POUGOUÉ *et al.*, « Intermédiaires de commerce », in *Encyclopédie du droit OHADA, P.-G. POUGOUE (dir.), Lamy, 2011*, p. 1054.

[54] Droit français, Cass. com., 7 mai 1962, Bull. civ. IV, n° 240.

A l'égard du tiers contractant, tout se passe comme si le commissionnaire agissait pour son propre compte. Tous les effets des actes qu'il effectue se produisent dans sa personne[55]. En outre, la jurisprudence française refuse, à raison, au commettant d'agir directement contre le tiers contractant, et inversement[56].

Le commissionnaire est ainsi personnellement engagé. Cependant, lorsque la commission est translative de propriété, le patrimoine du commissionnaire n'est que le relais dans lequel la propriété du bien transmis ne s'arrête pas[57].

2.- L'article 49 COCC dispose, comme le souligne la Cour suprême, que lorsque la loi exige, pour la conclusion d'un contrat, des formes particulières, le pouvoir de passer ce contrat doit être donné au représentant dans la même forme. Ainsi, en matière de vente immobilière, même si désormais la promesse peut être sous seing privé[58], la procuration pour vendre ou acheter doit être un acte authentique. Cependant, en considérant que « ne donne pas de base légale à sa décision la cour d'appel qui annule une procuration donnée en vue de la vente d'un immeuble sans rechercher si l'immeuble est immatriculé », la haute juridique ne fait-elle pas une mauvaise lecture de la réglementation ? En d'autres termes, l'exigence de « rechercher si l'immeuble est immatriculé » pour déterminer la forme de la procuration n'est-elle pas maladroite ?

3.-Pour des raisons de sécurité juridique, le contrat définitif transférant un droit réel sur un immeuble est un contrat solennel. Il doit être passé devant notaire[59] et contenir impérativement certaines mentions[60]. L'exigence d'un acte notarié concerne ainsi les transactions portant sur des droits réels immobiliers. S'il est vrai que

---

[55] Droit français, Cass. civ., 14 juin 1892, DP 1892, 1, 500.

[56] Cass. civ., 20 juillet 1871, DP 1871, I, 232.

[57] Pour plus de développements, C. A. W. NDIAYE, Droit des entreprises individuelles, L'Harmattan, 2018, p. 79 et s.

[58]V. arrêt n° 1.

[59] Cette exigence n'est pas une nouveauté. Pendant la période coloniale, elle résultait du décret du 24 juillet 1906 et conforté par celui de 1932.

[60] Art. 383 COCC : « Le contrat doit, à peine de nullité absolue, être passé par devant un notaire territorialement compétent sauf dispositions législatives ou réglementaires contraires ».

ces droits ne peuvent porter que sur des immeubles immatriculés[61], est-ce que pour autant la forme authentique est exigée à chaque fois qu'un immeuble immatriculé est en jeu ? Une réponse négative s'impose. Comme en l'espèce, l'immeuble immatriculé peut être le support de droits personnels. En effet, l'acte de cession en date du 9 mai 2011 portait sur le droit au bail et les peines et soins.

4.-Le droit au bail est le droit dont bénéficie le locataire d'utiliser les locaux pendant une certaine durée. C'est un élément mobilier, incorporel et facultatif du fonds de commerce[62]. C'est une somme d'argent que le cessionnaire (acheteur du fonds de commerce) s'engage à verser au cédant (vendeur du fonds de commerce), en contrepartie de tous les droits protégés par le régime du bail à usage professionnel[63]. Le droit au bail n'est donc pas un droit réel immobilier. Il n'est pas à confondre avec l'emphytéose qui résulte du bail emphytéotique.

5.- Et si c'est l'immeuble qui devait être cédé ? La pertinence d'une telle interrogation découle de l'exigence de vérification faite par la Cour suprême. Une telle vente aurait un objet illicite. En droit sénégalais, les immeubles qui ne sont pas immatriculés ne sont pas dans le commerce juridique. Ils sont du domaine public de l'Etat, domaine dont la consistance est inaliénable, ou du domaine national[64].

6.- Dans l'affaire ayant justifié l'arrêt du 15 juillet 2015, c'est parce qu'il n'était pas question d'une transaction portant sur des droits réels immobiliers que la forme authentique ne pouvait alors être exigée pour le contrat, encore moins pour la procuration. Est valable la cession des peines et soins édifiés sur une parcelle de terrain à usage d'habitation dont le titre foncier appartient à l'État par son attributaire par acte sous seing privé[65]. En outre, l'obligation de solliciter une autorisation préalable pour la cession de

---

[61] Art. 380 et 381 COCC ; C. A. W. NDIAYE, Droit sénégalais des contrats immobiliers, précité, p. 17 et s, 57 et s.

[62] C. A. W. NDIAYE, Droit des entreprises individuelles, L'Harmattan, 2018, n° 276.

[63] C. A. W. NDIAYE, Droit des entreprises individuelles, précité, n° 164.

[64] Sur les immeubles du domaine national, v. arrêt n° 3.

[65] CA Dakar, chambre civile et commerciale, 06 août 2010, Nd. A. DIAGNE c/ L. J. FERRAMOSCA, arrêt n° 629, Bulletin des arrêts rendus par la Cour d'Appel de Dakar en matière civile et commerciale, 2011, vol. n° 1, p. 114.

l'emphytéose devrait être écartée pour les mêmes raisons. En effet, L'Etat peut insérer dans le contrat de bail emphytéotique une disposition soumettant à autorisation la constitution d'hypothèque, la réalisation de nouveaux investissements ainsi que la cession du droit au bail ou la location de tout ou partie de l'immeuble.

Complément : *Il est fréquent de retrouver dans les baux emphytéotiques conclus par l'Etat, dans la rubrique « Interdictions diverses », qu'il est interdit au preneur « de sous-louer ou de céder ladite parcelle en totalité ou en partie, sans une autorisation préalable du Directeur compétent ».*

La cession des peines et soins édifiés sur une parcelle de terrain dont le titre foncier appartient à l'État soulève, par ailleurs, le problème de la consistance du droit cédé en cas de cession de l'emphytéose ou d'hypothèque. Une vigilance du notaire est requise au risque d'engager sa responsabilité.

Le silence du cédant devrait aussi pouvoir justifier l'annulation du contrat de cession sur le terrain du dol pour réticence.

7.- Par ailleurs, en matière immobilière, une procuration pour conclure une promesse de vente doit-elle être authentique ? Sur la question, depuis le revirement jurisprudentiel de 2012, « aucune forme particulière n'est exigée pour la validité de la promesse synallagmatique de contrat ou avant contrat qu'il faut distinguer du contrat »[66]. Ainsi, qu'elle ait pour objet des droits réels immobiliers ou non, les parties ne sont pas tenues de la faire sous forme authentique. Ainsi, conformément à l'article 49 COCC, la procuration pour un tel contrat subit aussi ce régime.

---

[66] CS, ch. Réunies, arrêt n° 11 du 19 juin 2012, CBAO c/La SET ; CA Dakar, 11 avril 2011, A. WADE c/ El. K. SECK, arrêt n° 296, Bulletin des arrêts rendus par la Cour d'Appel de Dakar en matière civile et commerciale, 2013, vol. 1, p.127.Pouvant être sous seing privé, les avant-contrats peuvent aussi être consensuels. Dans une telle situation le risque résidera cependant dans leur efficacité. En effet, aux termes de l'article 14 COCC, il doit être passé acte devant notaire ou sous signatures privées de toute convention dont l'objet excède 20.000 francs. V. aussi arrêt n° 1.

8.- Complément de jurisprudence :

8.1.-Sur la procuration :

✓ La remise d'une procuration écrite au mandataire fait preuve du mandat entre les parties et à l'égard des tiers (article 461 COCC).

✓ Selon l'article 460 alinéa 2 du COCC, le mandataire ne peut, sans pouvoir spécial, passer des actes de disposition sous réserve des actes conservatoires ou interruptifs de délai. Méconnaît le sens et la portée dudit texte, une Cour d'Appel qui a ordonné au notaire d'accomplir les formalités relatives à la vente d'un titre foncier, en l'absence du pouvoir spécial du vendeur de faire des actes de disposition sur ce titre[67]. voir, pour le droit commercial, art. 178 al. 3 AUDCG : « l'intermédiaire ne peut, sans un pouvoir spécial, engager une procédure judiciaire, transiger, compromettre, souscrire des engagements de change, aliéner ou grever des immeubles, ni consentir de donation. ».

✓ « Une procuration reçue pour recueillir la succession du défunt et recevoir, au nom des héritiers, toutes sommes en valeur, ne peut permettre au mandataire de consentir une transaction éteignant l'action des héritiers car la transaction est un acte de disposition dans son principe »[68].

✓ « Selon les articles 49 et 383 du code des obligations civiles et commerciales, le pouvoir de représenter une personne en matière de vente immobilière doit être passé par devant un notaire territorialement compétent.

Viole ce texte, une Cour d'appel qui, pour valider une vente en cette matière, a retenu que « … la procuration notariée… concerne le mandat de vendre l'immeuble » et que « … le représentant de l'acquéreur n'était point tenu de justifier d'un mandat notarié »[69].

---

[67] Art. 460 al. 2 COCC. CA Dakar, 13 février 2012, M. KAMA c/ Héritiers P. B. KAMA, arrêt n° 41, Bulletin des arrêts rendus par la Cour d'Appel de Dakar en matière civile et commerciale, 2013, vol. 1, p.108 ; Cs, Ch. civ. com., arrêt n° 66 du 18 juillet 2012, B. SECK c/ S. S. LY et A. SAMBA, disponible sur www.juricaf.org.

[68] C. Cass., chambre civile et commerciale, 17 mai 1995, D. TALL et autres c/ Héritiers M. MAR et autres, arrêt n° 67, Recueil des arrêts de la Cour de cassation, année 1993-1998, Editions GIRAF, 2001, p. 202

[69] CS, chambre civile et commerciale, Héritiers O. MB. c/ LA SAIM-Indépendance, arrêt n° 53 du 02 juin 2010, juricaf.org.

✓ « Fait une exacte application de l'article 460 alinéa 2 du COCC, l'arrêt qui a relevé que la procuration notariée par laquelle une partie a donné pouvoir à une autre, à titre d'exemples, de donner en garantie tout bien, de régir et administrer activement et passivement tous biens présents et à venir du constituant, notamment en ce qui concerne un titre foncier déterminé, est un mandat spécial l'habilitant à faire des actes de disposition sur ledit immeuble »[70].

8.2.- **Sur l'acte notarié** :

✓ « En vertu de l'article 131 du décret du 21 juillet 1932 et des articles 383 et 258 du COCC, d'une part, tous faits, conventions ou sentences ayant pour objet de constituer, transmettre, déclarer, modifier ou éteindre un droit immobilier, d'en changer le titulaire ou les conditions d'existence, tous baux d'immeubles excédant 03 ans, toutes quittances ou cessions d'une somme équivalent à plus d'une année de loyer ou fermage non échue doivent, au vu de l'inscription, être constatée par acte authentique et, d'autre part, le contrat doit à peine de nullité absolue être passé par devant notaire territorialement compétent sauf dispositions législatives ou réglementaires contraires.

Viole les dispositions susvisées, une Cour d'Appel qui, ayant constaté que la transaction portait sur une parcelle à détacher d'un titre foncier, a distingué entre le titre original et ses démembrements pour écarter leur application »[71].

Sur les promesses de vente, v. arrêt n° 1.

---

[70] C. cass., ch. civ. et com., arrêt n° 61 du 18 février 2004, T. MBOUP c/ I. GUEYE, disponible surwww.juricaf.org.

[71] CS, chambre civile et commerciale, C. D. c/ Mb. K., arrêt n° 31 du 01 juillet 2009, juricaf.org.

Arrêt n° 3
Sénégal, Cour suprême, chambre civile et commerciale, 21 août 2013, 69

Domaine national – affectation d'un terrain – décès du titulaire – effet – extinction de l'affectation – réaffectation aux héritiers – conditions – détermination.

DANGOTE INDUSTRIES SA c/ HÉRITIERS FEU SERIGNE SALIOU MBACKÉ

Solution :

Aux termes de l'article R2 du Code forestier, « constitue le domaine forestier de l'État l'ensemble des zones classées, les réserves sylvo-pastorales, les périmètres de reboisement et de restauration, les parcs nationaux, les réserves naturelles intégrales et les réserves spéciales », et, au sens des articles 1 de la loi n° 64-46 du 17 juin 1964 relative au domaine national, 19, 20 et 22 du décret n° 64-573 du 30 juillet 1964 fixant les conditions d'application de la loi sur le domaine national, 16 du décret n° 66-858 du 7 novembre 1966 portant application de l'article 5 de la loi sur le domaine national, 5 et suivants du décret n° 72-1288 du 27 octobre 1972 relatif aux conditions d'affectation et de désaffectation des terres du domaine national, comprises dans les communautés rurales modifié par les décrets n° 80-1051 du 14 octobre 1980 et 86-445 du 10 avril 1986, 26 alinéa 3 de la loi n° 96-07 du 22 mars 1996 portant transfert des compétences aux régions, aux communes et aux communautés rurales, les forêts déclassées, lorsqu'elles ne sont pas intégrées au domaine public et ne sont pas immatriculées, relèvent du domaine national dont elles doivent suivre le régime juridique quant à leurs modalités d'affectation et de désaffectation.

Selon ces textes, l'affectation des terres du domaine national est personnelle et s'éteint avec le décès de l'affectataire, mais une nouvelle affectation au profit de ses héritiers est possible sur leur demande.

Encourt la cassation l'arrêt qui déclare des héritiers bénéficiaires d'un droit d'exploitation d'une forêt déclassée alors qu'aucune décision d'affectation n'a été prise à leur profit.

Texte :

LA COUR SUPRÊME,

Vu la loi organique n° 2008-35 du 8 août 2008 sur la Cour suprême ;

Après en avoir délibéré conformément à la loi ;

Attendu que les héritiers de feu Serigne Saliou MBACKÉ ont conclu, sur le fondement de l'article 38 de la loi organique susvisée, à la déchéance du pourvoi formé par la société DANGOTE Industries au motif que celle-ci n'a pas signifié sa requête accompagnée d'une expédition de l'arrêt attaqué ;

Attendu que la requête a été signifiée accompagnée d'une copie de l'arrêt attaqué et que la sincérité de cette copie et sa conformité à l'original ne sont pas contestées ;

D'où il suit que la déchéance n'est pas encourue ;

Sur le premier moyen et le deuxième moyen en sa troisième branche annexés au présent arrêt ;

Vu les articles R2 du Code forestier, 1 de la loi n° 64-46 du 17 juin 1964 relative au domaine national, 19, 20 et 22 du décret d'application de la loi sur le domaine national ;

Attendu, aux termes de l'article R2 du Code forestier, que « constitue le domaine forestier de l'État l'ensemble des zones classées, les réserves sylvo-pastorales, les périmètres de reboisement et de restauration, les parcs nationaux, les réserves naturelles intégrales et les réserves spéciales » et qu'au sens de l'article 1 de la loi n° 64-46 du 17 juin 1964 relative au domaine national, les forêts déclassées, lorsqu'elles ne sont pas intégrées au domaine public et ne sont pas immatriculées, relèvent du domaine national dont elles doivent suivre le régime juridique quant à leurs modalités d'affectation et de désaffectation ainsi que disposent les articles 19, 20 et 22 du décret n° 64-573 du 30 juillet 1964 fixant les conditions d'application de la loi sur le domaine national, 16 du décret n° 66-858 du 7 novembre 1966 portant application de l'article 5 de la loi sur le domaine national, 5 et suivants du décret n° 72-1288 du 27 octobre 1972 relatif aux conditions d'affectation et de désaffectation des terres du domaine national comprises dans les communautés rurales modifié par les décrets n° 80-1051 du 14 octobre 1980 et 86-

445 du 10 avril 1986, 26 alinéa 3 de la loi n° 96-07 du 22 mars 1996 portant transfert des compétences aux régions, aux communes et aux communautés rurales ; qu'ainsi, l'affectation de telles terres est personnelle et s'éteint avec le décès de l'affectataire, mais une nouvelle affectation au profit de ses héritiers est possible sur leur demande ;

Attendu, selon l'arrêt infirmatif attaqué, que les héritiers de Serigne Saliou MBACKÉ, ayant constaté que la société DANGOTE Industries SA a empiété de plus de 124 hectares sur les terres désaffectées au profit de leur auteur, l'ont assignée en expulsion, en paiement d'indemnité d'occupation et de dommages-intérêts ;

Attendu que pour ordonner l'expulsion de la société DANGOTE Industries sous astreinte définitive d'un million de francs (1 000 000 FCFA) par jour de retard, la Cour d'Appel, après avoir relevé que celle-ci « occupe irrégulièrement une partie des terres ne faisant pas partie de la superficie qui lui a été affectée par décret du 12 décembre 2008 », a, faisant référence à divers articles du Code forestier de 1993 et de son décret d'application du 11 avril 1995, énoncé que, selon ce Code, « le classement ou le déclassement est prononcé par décret et, en cas de déclassement, ce décret fixe, s'il y a lieu, les conditions précises d'exploitation par les bénéficiaires, en fonction du plan d'aménagement de la zone concernée ; qu'il s'ensuit que le déclassement confère un droit d'exploitation, suivant un plan d'aménagement aux bénéficiaires et que, par conséquent, les héritiers de Serigne Saliou MBACKÉ, bénéficiaires du droit d'exploitation de cette forêt déclassée à leur profit, ont bel et bien le droit de s'opposer à tout trouble sur les droits ainsi conférés » ;

Qu'en statuant comme elle a fait alors qu'aucune décision d'affectation n'a été prise au profit des héritiers de Serigne Saliou MBACKÉ, la Cour d'Appel a violé les textes susvisés ;

PAR CES MOTIFS ;

Et sans qu'il y ait lieu de statuer sur le deuxième moyen en ses première et deuxième branches, sur les troisième, quatrième, cinquième et sixième moyens ;

Casse et annule, dans toutes ses dispositions, l'arrêt n° 276 rendu le 17 juillet 2012, entre les parties, par la Cour d'Appel de Dakar ;

Remet, en conséquence, la cause et les parties au même et semblable état où elles étaient avant ledit arrêt et, pour être fait droit, les renvoie devant la Cour d'Appel de Dakar ;

Condamne les héritiers de feu Serigne Saliou MBACKÉ aux dépens ;

ANNEXE

Moyens annexés au présent arrêt

Premier moyen : défaut de base légale

Ce moyen s'articule sur deux branches :

Première branche : La loi 93-06 du 4 février 1993 portant Code forestier et son décret d'application du 11 avril 1995 ont été abrogés et ne sont donc pas applicables à la cause.

La Cour d'Appel s'est fondée sur les dispositions de la loi 93-06 du 4 février 1993 portant Code forestier ainsi que sur son décret d'application en date du 11 avril 1995 pour retenir que ces textes sont les seuls applicables à la cause. Cette confusion ainsi que les conséquences qu'elle a entraînées dans le raisonnement de la Cour ont abouti au dispositif du présent pourvoi.

Cette confusion a également conduit la Cour à substituer les dispositions pertinentes de la loi portant Code du domaine de l'État et celles de la loi sur le domaine national par les dispositions inapplicables du Code forestier de 1993 et de son décret d'application.

La conséquence première de cette confusion est que toute la motivation développée pour prononcer l'expulsion de la société requérante manque de base légale parce que bâtie sur des terres inappropriées et de surcroît inapplicables puisque abrogés bien avant le prononcé de l'arrêt.

Il est en effet évident que la loi 93-06 du 4 février 1993 portant Code forestier ainsi que sur son décret d'application en date du 11 avril 1995 ont été abrogés et remplacés par la loi 98-03 du 8 janvier 1998 et le décret 98-164 du 20 février 1998.

C'est donc sur le fondement d'une loi abrogée, qui n'a donc vocation à régir l'espèce, que l'arrêt d'appel a fondé sa motivation.

Ce qui constitue assurément un défaut de base légale, conformément à une jurisprudence constante.

Mais à supposer que les requis soient tentés de soutenir que le Code forestier devrait s'appliquer à l'espèce, il n'en demeurera pas moins que le raisonnement du juge d'appel serait entaché d'un défaut de base légale.

En vérité, et ainsi qu'il a été exposé dans les développements qui précèdent, l'application du Code forestier n'est pas exclue per se à l'espèce. Ce Code s'applique bel et bien aux forêts, qu'elles soient classées ou non.

Par contre, c'est l'étendue de son application à l'espèce que le juge d'appel n'a pas pu circonscrire de façon séquentielle. La vérité est que l'arrêt querellé a méconnu que l'effet principal du déclassement est qu'il opère un changement du statut foncier de la forêt classée.

Le site attribué à l'auteur des requis a cessé d'être régi exclusivement par le Code forestier le jour de la signature du décret qui a prononcé son déclassement.

Ce changement de statut découle du fait que, n'étant plus une forêt pour avoir été déclassé, le site en question ne peut plus dès lors être régi par les dispositions du Code forestier.

De même, ayant perdu son statut du fait de son déclassement et alors qu'il n'était pas immatriculé, il devient ainsi une terre du domaine national.

Dans ces conditions, le principe appliqué par le juge d'appel et selon lequel « le particulier déroge au général » a été invoqué à tort dans la mesure où il l'a été à une séquence où « le particulier », à savoir le Code forestier, du fait du décret de déclassement sus énoncé, n'avait plus vocation à régir le site litigieux.

C'est en vérité la loi portant Code du domaine de l'État et la loi sur le domaine national qui ont vocation à s'appliquer à cette séquence postérieure au décret de déclassement.

Au demeurant, une lecture même superficielle de l'article R2 du Code forestier de 1998 permet de conclure que, pour n'avoir pas été immatriculé ni avant, ni après le déclassement, le site attribué à l'auteur des requis appartient bel et bien au domaine national.

Ce texte dispose en effet que « Les droits d'exploitation des terres et forêts à vocation forestière du domaine national appartiennent à l'État ».

Or, il est indiscutable que le site litigieux n'a jamais été immatriculé, ni avant, ni après son déclassement.

Dès lors, même si le raisonnement selon lequel il est régi par les dispositions du Code forestier est consacré, la conclusion à laquelle devrait aboutir tel raisonnement serait celle qui découle de l'article R2 sus énoncé à savoir que les terres à vocation forestière non immatriculés appartiennent au domaine national.

Au regard de ce qui précède, il est avéré que le défaut de base légale est manifeste.

Manifeste en ce que le juge d'appel a omis d'effectuer deux vérifications essentielles :

- Celle de savoir si la loi de 1993 qu'il a invoquée pour motiver sa décision était toujours en vigueur au moment où elle a rendu son arrêt. Cette vérification lui aurait permis d'éviter une erreur manifeste d'appréciation sur la loi applicable et de fonder sa motivation sur une loi abrogée.

- Celle de savoir si postérieurement à son déclassement, le site classé continue de garder son statut de forêt et d'être régi par les dispositions du Code forestier, ou alors si postérieurement au déclassement qui a changé son statut juridique, il doit être régi par les dispositions légales applicables à son nouveau statut.

Cette double défaillance, ainsi que les conséquences qu'elle a engendrées, sont constitutives de défaut de base légale.

Deuxième branche : l'arrêt n'a pas motivé sa décision de reconnaître aux requis les droits revendiqués sur le site attribué à leur auteur

L'arrêt attaqué s'est fondé sur le Code forestier de 1993 pour reconnaître aux requis des droits successoraux sur le site attribué à leur auteur.

Ce Code de même que son décret d'application ont été non seulement abrogés, mais, plus grave, l'arrêt querellé n'a pas indiqué sur quelle disposition dudit Code et dudit décret il a fondé cette conclusion.

Cette défaillance ne permet pas à la Cour de céans de vérifier d'une part quelle disposition a fondé la décision du juge d'appel, et d'autre part, si cette motivation respecte ou enfreint la disposition en question.

Cette défaillance est assurément constitutive de défaut de base légale et entraîne la cassation de l'arrêt attaqué.

Deuxième moyen : troisième branche : violation des articles des articles 19, 20 et 22 du décret n° 64-573 du 30 juillet 1964 fixant les conditions d'application de la loi n° 64-46 du 17 juin 1964 relatif au domaine national

Il a été amplement démontré que le site déclassé n'était pas immatriculé antérieurement à son déclassement. De même, postérieurement audit déclassement, aucune mesure n'a été prise pour l'immatriculer. Cette situation entraîne trois conséquences :

- La première est que le site reste et demeure un terrain du domaine national, avec toutes les conséquences de droit.

- La seconde conséquence qui résulte de cet état de fait et de droit est que celui qui en a été attributaire n'y détient aucun droit réel immobilier. Il lui est seulement permis de l'occuper et d'en jouir à titre précaire et révocable.

- La troisième est que les terres en question ne sont pas transmissibles par voie successorale et ne peuvent donc être revendiquées à ce titre par des héritiers.

Il est constant que les requis n'ont formulé aucune demande allant dans le sens d'une quelconque autorisation d'occupation des terres attribuées intuitu personae à leur auteur.

Mieux, ils n'ont à ce jour produit une quelconque preuve attestant qu'ils ont mis en valeur les terres en question, lesquels étaient vierges de toute occupation et de toute mise en valeur au moment prétendu de l'empiètement.

Il est donc indiscutable que les revendications posées ne peuvent être consacrées dans la mesure où ils estiment les fonder sur un droit que ni de jure, ni de facto ils ne peuvent avoir.

C'est fort de ce constat que le premier juge avait estimé et à bon droit que leurs demandes ne pouvaient prospérer puisque mal fondées en droit.

En affirmant que les requis ont acquis par voie de succession les droits conférés à leur auteur sur le site alors que les dispositions des articles 19, 20 et 22 du décret n° 64-573 portant application de la loi sur le domaine national s'opposent formellement à un tel procédé, l'arrêt d'appel a enfreint lesdites dispositions et encourt la censure pour ce motif.

Observations :

1.- Le droit des particuliers sur le domaine :

N'étant pas propriétaire des terres[72] du domaine national[73], l'Etat ne peut pas s'en servir comme il l'entend, a fortiori l'utilisateur du domaine national, l'usager.

Le domaine national est innervé par quatre (4) grands principes :

1. la gratuité de l'accès à la terre ;
2. l'absence de propriété de la terre ;
3. des conditions d'affectation et de désaffectation strictement règlementées ;
4. l'administration des terres dans la grande majorité par les collectivités locales[74].

Dans sa philosophie générale, c'est une loi du présent mais aussi de l'avenir.

L'article 4 de la loi n° 64-46 sur le domaine national répartit les terres du domaine national en quatre zones selon leurs vocations respectives :

Les zones urbaines : Les zones urbaines sont constituées par les terres du domaine national situées sur le territoire des communes. (Les terres étaient gérées par la communauté rurale devenue par la

[72] Aux termes des dispositions de l'article 2 de la loi n° 64-46 du 17 juin 1964 relative au domaine national (modifiée par la loi n°72-25 du 19 avril 1972 relative aux communautés rurales), « l'Etat détient les terres du domaine national en vue d'assurer leur utilisation et leur mise en valeur rationnelle… ». L'Etat est donc un simple détenteur ; v. C. A. W. NDIAYE, Droit sénégalais des contrats immobiliers, L'Harmattan, 2017, p. 58 et s.

[73] Sur le domaine national, C. A. W. NDIAYE, Droit sénégalais des contrats immobiliers, précité, p. 18 et s.

[74] A. DIEYE, La loi sur le domaine national a 45 ans : mérites, manœuvres et malheurs du législateur, Revue EDJA n° 84, 2010, p. 9.

suite la commune) les décisions ne sont exécutoires qu'après approbation du gouverneur.

Les zones classées : Les zones classées sont constituées par les zones à vocation forestière ou les zones de protection. Cependant, les zones à vocation forestière sont désormais classées par le Code forestier dans le domaine de l'État pour ce qui est du droit de les exploiter[75].

Les zones de terroirs : La zone des terroirs correspond aux terres qui sont régulièrement exploitées pour l'habitat rural, la culture ou l'élevage. Le terroir comprend autant que possible les terres de culture, de jachère, de pâturage.

Elles connaissent la même gestion que les terres de la zone urbaine.

Les zones pionnières : Les zones pionnières correspondent aux autres terres.

1.1. Concernant les terres à vocation agricole situées dans les zones urbaines[76], un permis d'exploiter peut être accordé à toute

---

[75] Loi 98-03 du 08 janvier 1998 portant Code forestier et le décret 98-164 du 20 février 1998.
Le domaine forestier de l'État est constitué par l'ensemble des zones classées comprenant les forêts classées, les réserves sylvo-pastorales, les périmètres de reboisement et de restauration, les parcs nationaux, les réserves naturelles intégrales et les réserves spéciales.
L'État a, sur le domaine forestier, le monopole des droits d'exploitation. En dehors de son domaine forestier, ces droits sont transférés aux collectivités locales.
Des parties du domaine forestier peuvent être incorporées au domaine privé de l'État après immatriculation en son nom.

[76] L'article 4 de la loi n° 64-46 sur le domaine national répartit les terres du domaine national en quatre zones selon leurs vocations respectives :
Les zones urbaines : Les zones urbaines sont constituées par les terres du domaine national situées sur le territoire des communes. Aux termes des dispositions de l'article 1er du Décret n° 66-858 du 07 novembre 1966 portant application de l'article 5 de la loi n° 64-46 du 17 juin 1964 relative au domaine national et fixant les conditions de l'administration des terres du domaine national à vocation agricole dans les zones urbaines, à l'intérieur des zones urbaines, des sections rurales peuvent être créées par décret dans les secteurs non urbanisés et qui ne doivent pas faire l'objet d'une urbanisation dans un délai rapproché.
Les zones classées : Les zones classées sont constituées par les zones à vocation forestière ou les zones de protection. Cependant, les zones à vocation forestière sont désormais classées par le Code forestier dans le domaine de l'État pour ce qui est du droit de les exploiter.

personne domiciliée dans la commune qui en fait la demande et s'engage à exploiter personnellement à des fins agricoles la parcelle de terre considérée[77]. Pour les terres situées dans les zones autres que celles regroupées en sections rurales, un permis d'exploiter est délivrer de plein droit aux personnes domiciliés sur le territoire de la commune qui exploitaient personnellement à des fins agricoles ces terres à la date d'entrée en vigueur de la loi de 1964 et qui non pas cessé d'exploiter personnellement depuis cette date. Le permis peut aussi être accordé à toute personne de nationalité sénégalaise remplissant les conditions pour l'affectation des terres des sections rurales[78].

Dans les régions de Dakar, Thiès et Saint-Louis, le permis est accordé par le Gouverneur. Par contre, il est l'œuvre du préfet dans les autres régions.

Le permis d'exploiter est personnel et ne peut faire l'objet d'aucune transaction à titre onéreux ou gratuit. Il devient caduc au décès du bénéficiaire[79] ou en cas d'immatriculation au nom de l'Etat des terrains qu'il concerne[80]. Le Gouverneur ou le Préfet, selon le cas, peut retirer le permis à la demande du bénéficiaire mais aussi lorsque ce dernier cesse d'avoir sa résidence principale dans la commune ou n'exploite plus personnellement la terre.

Il est à noter que la réaffectation d'une terre, pour quelque motif que ce soit (caducité ou retrait), fait obligation au nouvel affectataire de verser à son prédécesseur ou à ses héritiers une indemnité égale à

Les zones de terroirs : La zone des terroirs correspond aux terres qui sont régulièrement exploitées pour l'habitat rural, la culture ou l'élevage. Le terroir comprend autant que possible les terres de culture, de jachère, de pâturage. Elles connaissent la même gestion que les terres de la zone urbaine. Un décret pris sur proposition du Gouverneur, après avis du Conseil régional de développement, définit les limites de chaque terroir.
Les zones pionnières : Les zones pionnières correspondent aux autres terres.

[77] Art. 16 du Décret n° 66-858 du 07 novembre 1966 portant application de l'article 5 de la loi n° 64-46 du 17 juin 1964, précité.

[78] Toute construction sur ces terres est interdite, sauf autorisation de l'autorité compétente, pour les besoins de l'exploitation.

[79] A noter que ses héritiers ont priorité pour l'attribution d'un nouveau permis si celle-ci est envisagée, dans les limites de leur capacité d'exploitation personnelle (art. 23 du Décret n° 66-858 du 07 novembre 1966 portant application de l'article 5 de la loi n° 64-46 du 17 juin 1964, précité).

[80] Art. 21 du Décret n° 66-858 du 07 novembre 1966 portant application de l'article 5 de la loi n° 64-46 du 17 juin 1964, précité.

la valeur des améliorations apportées à l'immeuble et, le cas échéant, des récoltes pendantes, estimées au jour où la nouvelle affectation est prononcée.

1.2. Dans les zones de terroir, l'utilisateur[81] n'a sur le domaine national qu'« un droit d'usage »[82]. Il se voit affecter une parcelle qu'il occupe à charge de la mettre en valeur.

Le droit d'usage, un droit *intuitu personae* : Le droit d'usage est attaché à la personne de son titulaire et par voie de conséquence souffre d'une indisponibilité largement entendue. En effet, *intuitu personae*, il ne peut être cédé, transmis ou donné en garantie. En outre, en cas de décès de l'affectataire, ses héritiers, après demande adressée au président du Conseil rural dans le délai de six mois à compter du décès, peuvent obtenir l'affectation à leur profit de tout ou partie des terres affectées à leur auteur dans les limites de leur capacité d'exploitation et sous réserve de ne pas aboutir à la constitution de parcelles trop petites pour être susceptibles d'exploitation rentable[83].

L'octroi du droit d'usage sur les terres de culture se fait sous la triple condition que le demandeur soit membre de la communauté rurale, s'engage à exploiter le terrain personnellement ou avec l'aide de sa famille et assure sa mise en valeur. Le défaut de l'une des conditions ou les besoins d'intérêt général justifient que la communauté puisse, à tout moment, désaffecter le terrain[84].

Le domaine national étant la propriété de toute la nation, toute personne qui se fait remettre de l'argent pour la mise à disposition

[81] L'utilisateur est une personne physique ou un groupement. Cependant, il doit être un membre de la communauté (art. 18 et 19 du Décret n° 64-573 du 30 juin 1964 fixant les conditions d'applications de la loi de 1964 relative au domaine national.

[82] Art. 19 du Décret n° 64-573 du 30 juin 1964 fixant les conditions d'applications de la loi de 1964 précité.

[83] Art. 22 du Décret n° 64-573 du 30 juin 1964 fixant les conditions d'applications de la loi de 1964 précité. Pour les terres de culture et de défrichement comprises dans les communautés rurales, en cas de décès de l'affectataire, les héritiers ont un délai de trois mois pour demander la réaffectation (art. 6 et 7 du Décret n° 72-1288 du 27 octobre 1972 relatif aux conditions d'affectation et de désaffectation des terres du domaine national comprises dans les communautés rurales, modifié par les décrets n° 80-1051 du 14 octobre 1980 et 86-445 du 10 avril 1986.

[84] Art. 20 du Décret n° 64-573 du 30 juin 1964 fixant les conditions d'applications de la loi de 1964 précité.

ou l'affectation d'une terre relevant du domaine national se rend coupable du délit visé à l'article 423 du Code pénal[85].

L'exclusion des personnes qui ne résident pas à l'intérieur du périmètre de la communauté rurale par rapport l'affectation des terres constitue un élément de blocage des investissements surtout dans des zones telles que la vallée du fleuve Sénégal où la mise en valeur des barrages offre des possibilités de productions sans précédent.

Outre cette exclusion, l'imprécision de la notion de « mise en valeur » suscite l'interrogation et installe l'insécurité : jusqu'à quel seuil d'investissement, la mise en valeur est considérée comme suffisante ? Quels en sont les critères d'appréciation ? Les différentes hypothèses dans lesquelles la mise en valeur serait acceptable n'étant pas précisées, il se pose un problème de sécurité pour l'exploitant.

Aux termes de l'article 10 du décret n° 72-1288 du 27 octobre 1972, « un arrêté du préfet fixe, si besoin en est, pour chaque communauté rurale les conditions de mise en valeur minimales ». Cependant, ceci ne semble jamais avoir été fait. La défaillance nous semble ainsi résulter de la maladresse de la rédaction de l'article car l'expression « si besoin en est » fait que le préfet ne se sent pas obligé de la définir. D'ailleurs, à propos de cette défaillance, le Pr. S. TRAORE dira, qu'« aucune collectivité locale ne l'a jamais exigé d'aucun préfet. Aucun ministre n'a donné d'injonction au préfet pour cela. A qui la faute ? A la loi, au préfet, au conseil rural, au ministre? »[86]

Par ailleurs, faire du conseil rural (aujourd'hui c'est la commune) le siège du pouvoir d'affectation et de désaffectation des terres répond certes à un souci de faire participer les populations à la gestion de leur localité. Mais, d'un autre côté, cela peut être source d'abus et entraîner la constitution de lobbies de privilégiés, notamment les hommes politiques et leur entourage[87]. Le critère

---

[85] C. A corr. Dakar n° 225 du 19 avril 1971, MP contre FALL, éd. EDJA

[86] S. TRAORE, Communication introductive in « analyse des pratiques foncières et perspectives de réformes : 40e anniversaire de la loi sur le domaine national, UGB, SJP, 17 et 18 JUIN 2004.

[87] L'histoire récente du Sénégal nous en offre des exemples à Mbane, à Diass et à Sangalkam.

politique étant la base de l'élection des conseillers, on risque d'assister à un transfert des divergences politiques dans la gestion des communautés rurales causant des blocages dans les affectations de terre.

Le droit d'usage, un droit réel ? Selon le Pr. A. S. SIDIBE, le droit d'usage est un droit réel. « Il confère à son titulaire un pouvoir immédiat et direct sur une chose, en l'occurrence la terre, qui est la propriété de la nation »[88]. La position du Pr. SIDIBE semble être partagée par le Pr. A. SAKHO[89]. La position défendue est cependant critiquable. Est-ce qu'on peut transmettre plus que ce qu'on a ? La réponse est naturellement NON. Or, dans le cadre du domaine national, l'Etat qui accorde « le droit d'usage » n'a pas un droit réel. En outre, le caractère *intuitu personae* du droit d'usage sur le domaine national ne saurait être concilié avec les règles gouvernant les droits réels. Le droit d'usage sur le domaine nationale « ne présente pas la caractéristique d'une valeur économique »[90]. En droit sénégalais, souligne l'article 380 du COCC, « *A peine de nullité absolue du contrat, l'immatriculation de tout immeuble est obligatoire pour la validité des conventions constituant ou transférant un des droits protégés par le régime de l'immatriculation foncière.* » Le régime des droits réels ne peut ainsi s'appliquer que sur des immeubles immatriculés. Le droit d'usage accordé sur le domaine national est donc un droit d'un autre genre, un droit singulier.

Le droit d'usage sur le domaine national n'est pas un droit réel mais permet une utilisation de ce domaine et permet ainsi d'encadrer l'utilisation des terres qui le composent. Aux termes de l'article 423 du Code pénal : « *Quiconque aura cultivé ou occupé d'une manière quelconque un terrain dont autrui pouvait disposer, soit en vertu d'un titre foncier, soit en vertu d'une décision administrative ou*

[88] A. S. SIDIBE, Domaine national. La loi et le projet de réforme – Revue du CES n°2, février –avril 1997, p.7

[89] A. SAKHO, La mise en valeur des forets – Actes du séminaire interne sur les problèmes d'application du code forestier, laboratoire de droit rural, département de droit privé, FSJP. UCAD, Dakar, novembre 1994.

[90] A. SAKHO, La mise en valeur des forets – Actes du séminaire interne sur les problèmes d'application du code forestier, laboratoire de droit rural, département de droit privé, FSJP. UCAD, Dakar, novembre 1994, p.7

judiciaire, sera puni d'un emprisonnement de six mois à trois ans et d'une amende qui ne saurait être inférieure à 50.000 francs.

(Loi n° 66-16 du 1er février 1966)

Sera puni des mêmes peines quiconque aura occupé sans droit une terre faisant partie du domaine national ou immatriculée au nom de l'Etat ou d'une collectivité publique ou aura conclu ou tenté de conclure une convention ayant pour objet une telle terre. »

1.3. La preuve du droit d'usage : il est constitué pour chaque communauté rurale un dossier et un registre foncier tenus, en double exemplaire par le Président du Conseil Rural et le Sous-préfet[91]. Toute affectation et désaffectation de terre doit faire l'objet d'une notification aux intéressés. Cette notification peut être verbale. Dans tous les cas où cela sera possible elle sera faite par écrit dont les doubles seront versés au dossier foncier.

L'affectation et la désaffectation font également l'objet d'une publication par les moyens les plus appropriés.

Dans tous les cas, la décision d'affectation ou de désaffectation est mentionnée au registre foncier. L'inscription à ce registre vaut preuve en matière de droit d'usage[92].

Toute personne intéressée par une affectation ou une désaffectation signe au dossier foncier ou y appose son empreinte digitale à la suite de la décision la concernant.

✓ Arrêt n° 81 du 23 décembre 2009, Bull. d'information de la Cour suprême, n° 3, décembre 2011, p. 53 :

X et Yc/Z

Domaine – Domaine national – Délibération portant affectation de terrain– Validité – Empiètement total sur terrain d'autrui – Preuve – Défaut

Il y a lieu de rejeter le recours formé contre une délibération du conseil rural portant affectation d'un terrain lorsque les requérants soutiennent que cette affectation qui ne leur a pas été notifiée,

---

[91] Art. 21 du décret n° 72-1288 du 27 octobre 1972 relatif aux conditions d'affectation et de désaffectation des terres du domaine national comprises dans les communautés rurales.

[92] Art. 18 du décret n° 72-1288 du 27 octobre 1972 relatif aux conditions d'affectation et de désaffectation des terres du domaine national comprises dans les communautés rurales.

englobe un verger, reçu à titre d'apport par la société dont ils sont actionnaires et qu'elle n'a été précédée d'aucune mise en demeure adressée à l'associé apporteur, en violation des articles 212 du code des collectivités locales, 9 et18 du décret n° 72-1288 du 27 octobre 1972, alors qu'ils n'établissent ni l'existence de la société, ni la remise du verger à titre d'apport, encore moins que le terrain attribué englobe ce verger.

✓ Conseil d'Etat, arrêt n° 0010, du 25 mai 2000, Michel VARENNE c/ Etat du Sénégal, Bulletin des arrêts du Conseil d'Etat, année 2000 :

En ce qui concerne la violation de l'article 18 du décret n° 72-1288 du 27 octobre 1972 relatif aux conditions d'affectation et de désaffectation des terres du domaine national, en ce que la décision du Conseil rural n'a pas été notifiée au requérant ;

Considérant qu'il est exact que l'article 18 du décret précité prévoit la notification aux personnes intéressées des décisions relatives à la désaffectation et à l'affectation des terres du domaine national ; considérant cependant que la notification d'une décision est une formalité sans rapport avec la validité de celle-ci ; que le défaut de notification n'a d'effet que relativement à la date du déclenchement du délai de recours ; d'où il suit que le grief doit être déclaré comme mal fondé.

2.- <u>Complément de jurisprudence</u>

✓ « Aux termes de l'article 39 alinéa 1er de la loi organique n° 96-30 du 21 octobre 1996 sur le Conseil d'État, « l'arrêt du Conseil d'État annulant en tout ou partie un acte administratif a effet rétroactif ».

Viole ce texte une Cour d'appel qui, pour rejeter une demande en expulsion, a retenu que l'occupant détient un titre qui n'a jamais été rapporté d'autant plus que le Conseil d'État s'est bornée à annuler la délibération portant désaffectation sans rien dire sur la réaffectation dont se prévaut l'occupant, alors que l'annulation de la délibération portant désaffectation de la parcelle litigieuse entraine l'annulation de la réaffectation subséquente »[93].

---

[93] CS. B.D. c/ A. T., chambre civile et commerciale, arrêt n°05 du 05 janvier 2011, juricaf.org.

✓ « Selon les dispositions de l'article 9 du décret n° 72-1288 du 27 octobre 1972 relatif aux conditions d'affectation et de désaffectation des terres du domaine national comprises dans les communautés rurales, modifié par les décrets n° 80-1051 du 14 octobre 1980 et n° 86-445 du 10 avril 1986, la désaffectation totale ou partielle peut être prononcée à tout moment, dans les cas suivant :

- d'office si, un an après une mise en demeure restée sans effet, il est constaté par le Président du Conseil rural un mauvais entretien manifeste des terres de l'affectataire au moment des travaux saisonniers habituels, une insuffisance de la mise en valeur ou une inobservation répétée et grave des règles fixées en matière d'utilisation des terres ;
- d'office si l'affectataire cesse d'exploiter personnellement ou avec l'aide de sa famille.

Encourt l'annulation la délibération par laquelle un Conseil rural a prononcé une désaffectation d'office de l'attributaire d'un terrain à usage agricole, pour cession illégale d'un terrain appartenant à autrui, le motif retenu ne constituant pas un cas de désaffectation d'office prévu par le texte susvisé »[94]. Cette décision soulève l'interrogation. S'il est vrai que la « cession illégale d'un terrain appartenant à autrui » ne figure pas sur la liste des causes de désaffectation citées par l'article 9, il est permis de se demander si la cession ne peut pas justifier une désaffectation. D'abord, la cession de ces terres est interdite (article 3 du décret n° 72-1288 du 27 octobre 1972, précité) et sanctionnée (article 423 du Code pénal). Ensuite, elle porte atteinte au caractère intuitu personae de l'affectation. En fin, par la cession, l'affectataire cesse, en principe, d'exploiter personnellement la terre, cause prévue par l'article 9 du décret[95].

✓ « L'article 9 décret n° 72-1288 du 27 octobre 1972 relatif aux conditions d'affectation et de désaffectation des terres du domaine national comprises dans les communautés rurales prévoit, en son troisièmement, une désaffectation d'office si l'affectataire cesse

---

[94] CS, A. S. c/ Conseil rural de Sangalkam, Etat du Sénégal (AGENT JUDICIAIRE DE L'ÉTAT), arrêt n°39 du 23 novembre 2010, juricaf.org.

[95] CS, chambre administrative, A. D. c/ Etat du Sénégal, arrêt n° 24 du 12 août 2010, juricaf.org.

d'exploiter personnellement ou avec l'aide de sa famille. Dans ce cas, la procédure préalable de mise en demeure prévue au deuxièmement n'est pas exigée.

Fait une fausse interprétation de l'article 9-3°, le représentant de l'État qui, pour refuser l'approbation de la délibération du Conseil rural exige que les affectataires concernés soient préalablement mis en demeure avant toute désaffectation d'office, alors qu'il résulte du dossier que les terres désaffectées sont inexploitées depuis plus d'une dizaine d'années »[96].

✓ « Il résulte de l'article 9 du décret n° 72-1288 du 27 octobre 1972 relatif aux conditions d'affectation et de désaffectation des terres du domaine national comprises dans les communautés rurales, modifié par les décrets n° 80-1051 du 14 octobre 1980 et 86-445 du 10 avril 1986 que la désaffectation totale ou partielle peut être prononcée à tout moment, d'office, si un an après une mise en demeure restée sans effet, il est constaté par le Président du Conseil rural un mauvais entretien manifeste des terres de l'affectataire au moment des travaux saisonniers habituels, une insuffisance de la mise en valeur ou une inobservation répétée et grave des règles fixées en matière d'utilisation des terres.

Ainsi, doit être annulée une délibération de Conseil rural portant désaffectation d'un terrain du domaine national, lorsqu'il n'est pas établi qu'une mise en demeure a été régulièrement adressée au requérant, celle à lui servie sous le couvert du second affectataire du terrain, ne lui étant pas opposable »[97].

✓ Aux termes de l'article L 48 du Code de l'Environnement « *tout projet de développement ou activité susceptible de porter atteinte à l'environnement, de même que les politiques, les plans, les programmes, les études régionales et sectorielles devront faire l'objet d'une évaluation environnementale* » ;

---

[96] CS, chambre administrative, A. D. c/ Etat du Sénégal, arrêt n° 24 du 12 août 2010, juricaf.org.

[97] CS, chambre administrative, C. A. K.C c/ Conseil rural de Sindia, arrêt n° 04 du 27 janvier 2009, juricaf.org. L'arrêt retient aussi qu'« une délibération par laquelle un conseil rural affecte le même terrain à une autre personne vaut décision implicite de désaffectation à l'égard du requérant, précédent attributaire, qui, pour cette raison, a intérêt à agir ».

Considérant que selon les dispositions de l'article 39 du décret n°2001-282 du 12 avril 2001 portant application du Code de l'Environnement, l'étude d'impact sur l'environnement évalue les effets escomptés sur la santé des populations, sur l'environnement naturel et sur la propriété ;

Considérant qu'il résulte de l'article L6 alinéa 3 du Code de l'Environnement que dans l'exercice de leurs compétences, les collectivités territoriales doivent se conformer aux dispositions et principes énoncés par ledit code ;

Considérant qu'il n'est pas établi qu'une évaluation environnementale a été faite avant la décision attaquée qui porte affectation de terres en vue de l'implantation d'une usine de sel laquelle, selon l'article L9 du Code de l'environnement, est une installation classée susceptible de porter atteinte à l'environnement;

Qu'il s'ensuit que la délibération attaquée, n'ayant pas satisfait aux exigences des textes susvisés, encourt l'annulation[98].

Le respect des règles de protection de l'environnement est donc une exigence pour la validité des délibérations portant affectation de terres du domaine national.

✓ « Attendu qu'il résulte des énonciations de l'arrêt confirmatif attaqué que Yaya Abdoul KA, qui a implanté des piquets de bois sur les terres à usage d'habitation attribuées à certains villageois au motif que celles-ci constituent des champs de culture de sa famille, a été condamné en première instance à une peine d'amende de 100 000 F

---

[98] CS, chambre administrative, M. D. DIOP et autres c/ Commune de Dya, arrêt n°09 du 28 mars 2019, inédit. Dans cette affaire, par délibération n°16/C-DYA/2017 du 4 novembre 2017, approuvée par arrêté n°101/A.NG/SP du 9 novembre 2017 du Sous-préfet de l'Arrondissement de Ngothie, le Conseil municipal de Dya a affecté à la Société nouvelle des Salins du Sine Saloum un terrain d'une superficie de huit cent quarante-cinq (845) hectares sis à Sagne Bambara pour l'implantation d'une usine de sel. Mame Diarra Diop et autres, habitants de la Commune de Dya, sollicitent l'annulation de ladite délibération en développant deux moyens. Sur le premier moyen tiré de la violation du Code de l'Environnement en ce que le Conseil municipal de Dya n'a pas fait une évaluation environnementale ou une enquête avant l'affectation des terres à la Société Nouvelle des Salins du Sine Saloum. Sur le second moyen tiré de la violation de l'article R39 du décret n°2001-282 du 12 avril 2001 portant application du Code de l'Environnement en ce que le Conseil municipal de Dya n'a pas réalisé une étude d'impact sur l'environnement avant l'affectation des terres.

CFA (cent mille francs) pour occupation irrégulière d'un terrain du domaine national ;

Sur le moyen unique pris de la violation de l'article 15 de la loi n° 64-46 du 17 juin 1964 relative au domaine national en ce que la Cour d'appel a retenu que le prévenu ne justifiait pas d'un titre lui conférant un droit d'occuper ces terres alors qu'en vertu dudit texte qui dispose que « les personnes occupant et exploitant personnellement des terres dépendant du domaine national à la date d'entrée en vigueur de la présente loi, continueront à les occuper et à les exploiter », il a toujours personnellement occupé les terres litigieuses ; qu'en exigeant du prévenu la production d'un titre de propriété, la Cour d'appel a ajouté au texte susvisé ;

Mais attendu qu'aux termes de l'alinéa 2 du texte de loi visé au moyen « la désaffectation de ces terres peut être prononcée par les organes compétents de la communauté rurale, soit pour insuffisance de mise en valeur, soit si l'intéressé cesse d'exploiter personnellement, soit pour des motifs d'intérêt général » et la Cour d'appel qui, pour déclarer Yaya Abdoul KA coupable d'occupation irrégulière d'un terrain du domaine national, a relevé que ce dernier a implanté des piquets de bois sur des terres régulièrement affectées à d'autres personnes par décision de la communauté rurale, loin de violer le texte sus cité, en a fait une correcte application »[99].

Le fait que la personne ait « toujours personnellement occupé les terres litigieuses » a toute son importance dans l'application de l'alinéa 2 de l'article 15 de la loi de 1964. En effet, cet article traite de la désaffectation et celle-ci nécessite un acte. S'il en était autrement, serait applicable l'article 20 du décret n° 64-573 du 30 juillet 14964[100] aux termes duquel, pour les terres des zones terroir, « l'affectation prend fin, de plein droit, au décès de la personne physique ». Dans ce cas, les héritiers, pour prétendre à un titre, se doivent de solliciter une nouvelle affectation dans les délais[101].

✓ Les juges du fond peuvent déduire souverainement des témoignages, enquêtes et autres modes de preuve, le pouvoir de droit

---

[99]C.S., Y. A. K. c/ S. K., arrêt n° 85 du 20 novembre 2007, juricaf.org.

[100] Décret n° 64-573 du 30 juillet 14964 fixant les conditions d'application de la loi n°64-46 du 17 juin 1964 relative au domaine national.

[101] V. supra n° 1.

qu'une personne exerce, à son profit exclusif, sur un terrain du domaine national[102].

Cet arrêt de la haute juridiction suscite l'interrogation. Pour donner raison à la Cour d'appel, elle considère : « saisie d'une demande tendant à la reconnaissance du droit de propriété de F. S. sur la parcelle n° 91/K du lotissement de Médina FALL, la Cour d'Appel, qui a fait siens les éléments d'appréciation déterminants de son précédant arrêt n° 241, en date du 21 avril 1994, des énonciations duquel il résulte que, pour écarter l'acte de vente produit par LO, elle avait, d'une part, relevé les contradictions existant dans la mention du prix de vente allégué par celui-ci et NDONGO, lesquels ont attendu six ans après la prétendue vente pour exhiber leur titre de propriété et, d'autre part, constate, que les témoignages et autres enquêtes diligentés devant le premier juge établissent la propriété de la dame, en a souverainement déduit, que F. S. possède des droits exclusifs sur la parcelle litigieuse ». Les deux arguments de la décision doivent être discutés.

Concernant la vente, la Cour d'appel l'écarte sur le fondement des contradictions existant dans la mention du prix de vente allégué et la présentation tardive du titre de propriété. Mais le vrai débat était à situer sur la possibilité même de cette transaction.

Entre autres conditions, la validité du contrat reste tributaire « d'un objet déterminé et licite, formant la matière du contrat et des obligations »[103]. L'objet est donc la matière du contrat. Il se présente comme une réponse à la question *qu'est-ce qui est dû ?* A cette question, le Code des obligations civiles et commerciales répond par une distinction entre l'objet du contrat et l'objet des obligations respectivement dans ses articles 73 et 74. L'objet du contrat incarne l'opération convenue. C'est le résultat voulu, l'objectif visé. Il est fixé par la volonté des parties dans les limites apportées à la liberté contractuelle. C'est l'opération juridique que les parties ont voulu effectuer[104]. Par contre, l'objet des obligations désigne la prestation

---

[102] C.S., chambre civile et commerciale, arrêt n° 108 du 20 juillet 2005, juricaf.org.

[103] Art. 47 COCC.

[104] Au-delà des prestations ou obligations de chaque partie, l'objet du contrat nous offre une vision globale de l'opération voulue par les parties par exemple une location, une donation, une vente etc. Il permet ainsi la classification des contrats mais aussi leur annulation.

que chacune des parties s'est engagée à fournir. C'est l'obligation des parties ; l'engagement du débiteur. En droit, faire, ne pas faire ou donner est le triptyque auquel tout débiteur se trouve confronté (exemple : le vendeur s'oblige à livrer la chose et l'acheteur à payer le prix). Cette prestation promise doit être possible et porter sur des choses qui sont dans le commerce[105]. Ce qui n'est pas le cas des terres du domaine national. Il est constitué de terres hors du commerce juridique[106]. Ainsi, outre la nullité absolue du contrat, une sanction pénale résultant de l'article 423 du Code pénal est prévue.

La haute juridiction considère aussi que « les témoignages et autres enquêtes diligentés devant le premier juge établissent la propriété de la dame ». Il est permis de noter l'abus de langage. L'usager n'a pas un droit de propriété sur les terres du domaine national[107]. Son droit peut-il être prouvé par tous moyens comme l'admet la Cour ? Sauf dans les cas où il est accordé de plein droit, le droit d'utilisation des terres du domaine national résulte d'un acte administratif[108]. Ainsi, s'il n'est pas établi que la dame exploitait la terre en 1964 pour bénéficier de l'affectation de plein droit[109], elle doit prouver son titre en apportant l'acte administratif d'affectation.

Relativement à l'interdiction de cession des terres du domaine national, il est permis de noter une voie de contournement dans la pratique. « Il est en effet d'usage de vendre des peines et soins qui sont édifiés sur de tels terrains »[110] et les juges semblent l'admettre :

> Cour suprême, arrêt n° 59 du 03 juillet 2019, JEAN PAUL Ac c/ MAMADOU Aa.
>
> La Cour suprême,
>
> Après en avoir délibéré conformément à la loi ;
>
> Attendu, selon l'arrêt attaqué (Dakar, 6 mai 2010, n° 331) que, suivant acte de vente du 29 septembre 2001, M. Aa a acheté auprès de M. Ab, gérant de la société Cahou Loisirs, les peines et soins du terrain formant le lot n° 26 du

105 Art. 74 al. 1 COCC.
106 V. supra n° 1.
107 V. supra n° 1.
108 V. supra n° 1.
109 V. arrêt précédent.
110 CA Dakar, 24 mai 2012, n° 113, K. ZEITOUNE c/ J. P. GOURGUES.

lotissement de Nianing ; qu'estimant que ladite parcelle était occupée par M. Ac, M. Aa l'a assigné en expulsion ;

Sur les premier et deuxième moyens réunis, tirés de la violation de la loi et du défaut de base légale :

Attendu que M. Ac fait grief à l'arrêt d'accueillir la demande, alors, selon le moyen :

1°/que d'une part, l'alinéa 3 du décret n° 72-1288 du 27 octobre 1972 relatif aux conditions d'affectation et de désaffectation des terres du Domaine national concerne l'attributaire dont le nom figure dans le registre et non un supposé acquéreur qui doit régulariser sa situation en faisant inscrire son nom, et d'autre part, qu'il n'occupe pas le lot n° 26 mais le lot n° 28 et que l'acte de vente dont se prévaut M. Aa a été pris par le sous-préfet qui est incompétent ;

2°/qu'au même titre que M. Aa, une ou plusieurs autres personnes pourraient disposer des mêmes documents, et rien, dans ce cas, ne pourra démontrer que le terrain revient à tel ou tel autre ; que la cour d'Appel ne devait pas fonder sa décision sur ces constatations légères d'autant que l'expert n'a pas expressément relevé qu'il occupe effectivement le lot n° 26 du plan de lotissement de Nianing II ;

Mais attendu que l'arrêt relève d'abord que l'action du demandeur est fondée sur l'acte de vente du 29 septembre 2001 et non sur l'acte administratif du 12 septembre 1999 produit pour établir les droits du cédant et que M. Ac, qui n'excipe d'aucun titre sur la parcelle litigieuse, ne peut justifier son occupation ;

Qu'ensuite, il énonce que l'exception d'illégalité dirigée contre l'acte administratif du 12 septembre 1999 ne peut être opposée qu'aux actes réglementaires et non aux actes individuels lesquels, en raison de leur non permanence, s'ils ne sont contestés ou retirés dans le délai du recours pour excès de pouvoir, confèrent un droit acquis au profit de leurs destinataires ;

Qu'en l'état de ces énonciations et constatations, la cour d'Appel a décidé, à bon droit, d'ordonner l'expulsion du requérant ;

D'où il suit que le moyen n'est pas fondé ;

Par ces motifs :

Rejette le pourvoi formé par B Ac contre l'arrêt n° 331 du 6 mai 2010 rendu par la cour d'Appel de Dakar ;

Le condamne aux dépens.

Les articles 254-5 et 295 de l'AUPSRVE sur la saisie des impenses sont aussi interprétées par la Cour d'appel de Dakar comme intégrant les terres du domaine national. En d'autres termes, si les terres de ce domaine ne peuvent faire l'objet de transaction, il n'en est pas ainsi des impenses qui y sont réalisées[111].

Se présente ainsi une lecture erronée de la loi que, malheureusement, son serviteur entretient.

Sur la question :

> Cheikh Abdou Wakhab NDIAYE, « Retour sur quelques incongruités du droit sénégalais à propos du système du livre foncier », Revue Droit et ville (Toulouse), 2022/1 (n°93), p. 381 et s.

✓ Selon l'article 423 du code pénal quiconque aura cultivé ou occupé d'une manière quelconque un terrain dont autrui pouvait disposer, soit en vertu d'un titre foncier, soit en vertu d'une décision administrative ou judiciaire, sera puni d'un emprisonnement de six mois à trois ans et d'une amende qui ne saurait être inférieure à 50 000 frs.

A violé ce texte, une cour d'appel qui, pour infirmer un jugement et relaxer une prévenue du chef d'occupation illégale du terrain d'autrui, a estimé qu'il ressort des pièces produites aux débats que la notification à une personne de l'attribution de la parcelle prétendue irrégulièrement occupée, ainsi que le paiement par elle des droits réclamés par l'administration ne suffisent pas pour établir son droit de propriété sur l'immeuble, alors que la loi n'exige pas de droit de propriété sur le terrain litigieux à cette fin[112].

✓ « Méconnaît le sens et la portée de l'article 6 du décret n° 72-1288 du 27 octobre 1972, un conseil municipal qui procède à la réattribution d'un terrain dépendant du domaine national à un tiers,

---

[111] CA Dakar, 1er jan. 2015, n° 38, I. THIOUB c/ A. B. BADIANE, Société NAMORA et les Coopératives de France et d'Atlanta.

[112] C. S., ch. crim., arrêt n° 55 du 3 mars 2016, Bull. Cour suprême, juin 2018 n° 11-12 HENRI DIÉDHIOU c/ MARIAMA BÂ.

suite au décès de l'affectataire, sans établir que ses héritiers ne disposent pas de la capacité de l'exploiter ou que l'affectation du terrain à leur profit aboutirait à la constitution de parcelles trop petites pour une exploitation »[113].

La décision ne précise malheureusement pas la date du décès qui aurait permis d'apprécier la forclusion. En effet, il résulte des dispositions du décret n° 72-1288 :

Article 7 : La demande d'affectation est adressée au Président du Conseil Rural. Dans le cas de l'article 6 ci-dessus, elle doit lui être adressée dans les trois mois qui suivent le décès du précédent affectataire.

Article 8 : La désaffectation est prononcée par délibération du Conseil rural. Cette délibération n'est exécutoire qu'après avoir été approuvée par le Sous-préfet.

✓ « Selon les dispositions des articles 15 de la loi n° 64-46 relative au domaine national modifié et 9 du décret n° 72-1288 relatif aux conditions d'affectation et de désaffectation des terres du domaine national, les personnes occupant ou exploitant personnellement ces terres à la date d'entrée en vigueur de cette loi continueront à les occuper et à les exploiter, sauf désaffectation après une mise en demeure d'un an restée sans effet en cas de constat d'un mauvais entretien manifeste des terres de l'affectataire ou d'une insuffisance de mise en valeur ou d'une inobservation répétée ou grave des règles en matière d'utilisation des terres ;

Viole ces textes, une cour d'Appel qui, pour ordonner l'expulsion d'un occupant des terres du domaine national relève que celui-ci n'a produit aucun titre de propriété, alors que ce dernier a prouvé avoir toujours exploité ces terres avant l'entrée en vigueur de cette loi et qu'aucune mise en demeure ne lui a été servie avant une éventuelle désaffectation »[114].

✓ Aux termes de l'article L13 de la loi 2001-01 du 15 janvier 2001 portant code de l'environnement « les installations rangées dans la première classe doivent faire l'objet, avant leur construction ou leur mise en service, d'une autorisation d'exploitation délivrée

---

113 C. S., arrêt n° 03 du 14 février 2019, HERITIERS DE FEU X Y c/ COMMUNE DE SINDIA.

114 C. S., arrêt n° 67 du 16 août 2018, B X c/ C A.

par arrêté du ministre chargé de l'Environnement dans les conditions fixées par décret. Cette autorisation est obligatoirement subordonnée à leur éloignement, sur un rayon de 500 mètres au moins, des habitations des immeubles habituellement occupés par des tiers, des établissements recevant du public et des zones destinées à l'habitation, d'un cours d'eau, d'un lac, d'une voie de communication, d'un captage d'eau ».

Encourt l'annulation la délibération qui porte sur un terrain situé à environ un mètre en face du mur de clôture d'une installation de première classe et, parallèlement, sur près de soixante-dix (70) mètres[115].

✓ Selon l'article 19 du décret n° 64-573 du 30 juillet 1964 fixant les conditions d'application de la loi relative au Domaine national, l'affectation est personnelle à l'individu ou au groupement bénéficiaire.

L'article 3 du décret n° 72-1288 du 27 octobre 1972 relatif aux conditions d'affectation et de désaffectation des terres du Domaine national comprises dans les communes précise que l'affectation peut être prononcée en faveur, soit d'un membre de la commune, soit de plusieurs membres groupés en associations ou coopérative.

Viole ces dispositions la délibération du conseil municipal qui a attribué une parcelle de terrain du Domaine national à des héritiers et non à un membre ou à plusieurs membres de la commune groupés en association ou coopérative[116].

Cette décision semble avoir provoqué le décret n° 2022-2307 du 30 décembre 2022 modifiant le décret n° 72-1288 du 27 octobre 1972 relatif aux conditions d'affectation et de désaffectation des terres du Domaine national. Alors que l'article 3 alinéa 1 disposait : « L'affectation peut être prononcée en faveur, soit d'un membre de la communauté rurale, soit de plusieurs membres groupés en association ou coopérative », désormais, « l'affectation est prononcée en faveur d'une ou de plusieurs personnes physiques ou morales, membre de la commune ».

---

[115] C. S., arrêt n° 16 du 23 février 2017, LA SOCIÉTÉ DES PRODUITS INDUSTRIELS ET AGRICOLES (SPIA) c/ CONSEIL RURAL DE NGUIDILÉ.

[116] Cour suprême, arrêt n° 18 du 25 mars 2021, K. C. c/ Commune de Sakar, Bulletin des arrêts de la Cour suprême n° 23-24, 2021, p. 172 et s.

Arrêt N°4
Sénégal, Cour suprême, chambre administrative, 10 février 2011, 06

Domaine - Domaine public - Autorisation d'occuper - Arrêté de résiliation - Validité - Motif légitime - Non-paiement de redevance

---

MME DERIBE NÉE NDELLA WADE c/ ÉTAT DU SÉNÉGAL

Solution :

Il ressort des articles 11 et 13 du code du domaine de l'État que l'autorisation d'occuper le domaine public est un titre précaire et révocable que l'autorité administrative peut, à tout moment, remettre en cause pour un motif légitime.

Le non-paiement de la redevance due au titre de l'occupation constitue un motif légitime de résiliation.

Ainsi, l'arrêté de résiliation qui, entre autres, est fondé sur le défaut de paiement par la requérante des redevances domaniales auxquelles elle est assujettie, est légalement justifié.

Les conditions de résiliation de l'autorisation d'occuper doivent être distinguées de celles du recouvrement des redevances impayées au titre de cette occupation.

Dès lors est mal fondé le moyen qui reproche au ministre de l'Économie et des Finances d'avoir résilié une autorisation d'occuper sans notification préalable d'un titre de perception en vue du recouvrement des redevances.

Texte :

LA COUR,

Après en avoir délibéré conformément à la loi ;

SUR LA DECHEANCE :

Considérant que l'État du Sénégal soutient que la requérante, qui a omis de joindre à son acte de signification l'arrêté attaqué, encourt la déchéance en application de l'article 38 de la loi organique sur la Cour suprême ;

Considérant qu'il ressort de l'exploit du 7 décembre 2009 de Maître Malick Ndiaye, huissier de justice, que la requête accompagnée de la copie de la décision attaquée a été signifiée à la partie adverse ; qu'il s'ensuit que la déchéance n'est pas encourue ;

Sur les moyens réunis tirés de la violation de la loi notamment des articles 11 et 13 de la loi n° 76-66 du 2 juillet 1976 portant code du domaine de l'État, 1021 et 1023 alinéa 1 du code général des impôts et d'une insuffisance de motifs en ce que, pour résilier l'autorisation d'occuper accordée à la requérante, le ministre invoque, d'une part, un vice de procédure dans l'instruction du dossier et, d'autre part, une inexécution de ses obligations vis-à-vis du Trésor public, alors qu'en premier lieu, l'autorité administrative ne peut ni opposer une procédure qui n'est prévue par aucun texte ni invoquer un vice de procédure sans le spécifier, et en second lieu, l'autorisation d'occuper ne peut être résiliée sans notification préalable d'un titre de perception en vue du recouvrement des redevances ;

Considérant que, par arrêté du 19 février 1999, Madame Deribe née Ndella Wade a été autorisée par le Ministre de l'Économie et des Finances, à occuper un terrain du domaine public maritime sis à la Somone d'une superficie de 1228 m² ; que cette autorisation d'occuper a été résiliée par un second arrêté du 23 mars 2001 ;

Considérant que l'arrêté attaqué avance, entre autres motifs de la résiliation de l'autorisation d'occuper, un vice de procédure dans l'instruction du dossier sans le caractériser ;

Que toutefois l'arrêté de résiliation est également fondé sur le défaut de paiement par la requérante des redevances domaniales auxquelles elle est assujettie ;

Considérant que les conditions de résiliation de l'autorisation d'occuper doivent être distinguées de celles du recouvrement des redevances impayées au titre de cette occupation ;

Considérant qu'il ressort des articles 11 et 13 du code du domaine de l'État que l'autorisation d'occuper le domaine public est un titre précaire et révocable que l'autorité administrative peut, à tout moment, remettre en cause pour un motif légitime ;

Qu'en l'espèce, le non-paiement de la redevance due au titre de l'occupation constitue un motif légitime de résiliation ;

Qu'ainsi l'arrêté attaqué étant légalement justifié par ce seul motif, il échet de rejeter le recours comme mal fondé ;

PAR CES MOTIFS :

Déclare recevable le recours formé par Madame Deribe née Ndella Wade, contre la décision n° 001743/MEF/DGID/DEDT du 23 mars 2001, du Ministre de l'Économie et des Finances ;

- Le rejette comme mal fondé ;
- Dit que l'amende consignée est acquise au Trésor public ;

Observations :

1.-Le domaine foncier de l'État est organisé par la loi 76-66 du 2 juillet 1976 portant Code du domaine de l'État. Il est constitué d'un domaine public et d'un domaine privé. Le dénominateur commun à ces deux domaines est qu'ils sont constitués de biens appartenant à l'État. Tout de même, ils se distinguent de par leur régime juridique car les biens du domaine privé peuvent faire l'objet d'une appropriation privée alors que le domaine public est constitué de biens qui, en raison de leur nature ou de la destination qui leur est donnée, ne sont pas susceptibles d'appropriation privée[117].

Le domaine public comprend les immeubles, immatriculés ou non, naturels ou artificiels, affectés à l'usage ou à la défense de tous ainsi que les biens constituant ou recelant une richesse nationale (eau, substances minérales, hydrocarbures…). Il est alors subdivisé en domaine public naturel et domaine public artificiel.

2.-Le domaine public naturel est constitué du domaine public maritime, du domaine public fluvial, le sous-sol et l'espace aérien.

[117] Pour plus de développement, C. A. W. NDIAYE, Droit sénégalais des contrats immobiliers, L'Harmattan, 2017, p. 31 et s.

Le domaine public maritime est constitué par les mers intérieures, les rivages de la mer ainsi que la zone des cents (100) mètres. Également appelée zone des cents pas géométriques, la zone des cents (100) mètres est une bande de terre qui sépare la zone comprise entre l'étendue maritime et le continent ou l'arrière-pays.

En ce qui concerne le domaine public fluvial, il regroupe les cours d'eau navigables ou flottables, les cours d'eau non navigables ni flottables, les lacs, étangs et mares permanentes, les eaux de surface et les nappes aquifères souterraines.

Si l'État n'est pas propriétaire de toutes les terres, il a incorporé dans son patrimoine la totalité du sous-sol. Par son domaine public, l'État est donc le seul et unique propriétaire du tréfoncier. L'objectif législatif traduit alors un effort pour assurer la protection des richesses du sous-sol[118]. De même, la rareté de l'eau en milieu sahélien semble avoir justifié son appropriation par l'État. Ainsi, outre le Code du domaine de l'État, le Code de l'eau considère que même les ressources hydrauliques qui regroupent toutes les eaux et les ouvrages qui permettent de les exploiter font partie intégrante du domaine public. Ainsi, toute exploitation de nos ressource en eau quels que soient le but visé, la forme et les moyens utilisés nécessite une autorisation préalable des Ministres chargés de l'Hydraulique et de l'Assainissement. Toute personne désirant exécuter un ouvrage de captage des eaux souterraines par puits, forages, galeries drainantes devant débiter plus de 5 mètres cubes par heure ou équiper un ouvrage de captage existant ou puiser dans une nappe classées en

---

[118] Une évolution est notée avec la Loi constitutionnelle n° 2016-10 du 05 avril 2016 portant révision de la Constitution. En effet, aux termes des dispositions du nouvel article 25-1 de la Constitution, « Les ressources naturelles appartiennent au peuple. Elles sont utilisées pour l'amélioration de ses conditions de vie. L'exploitation et la gestion des ressources naturelles doivent se faire dans la transparence et de façon à générer une croissance économique, à promouvoir le bien-être de la population en général et à être écologiquement durables. L'Etat et les collectivités territoriales ont l'obligation de veiller à la préservation du patrimoine foncier ». La volonté de préserver les richesses se trouve ainsi renforcée. Le débat peut toutefois se poser par rapport l'attribution de la propriété des ressources naturelles au peuple. Alors qu'elle n'a pas la personnalité juridique, elle est propriétaire de biens. Si cette mesure s'installe en parfaite cohérence avec la reconnaissance, pour la nation, de la propriété des immeubles du domaine national, elle peut être discutée sur le terrain de la pertinence. Ces ressources appartenaient déjà à l'Etat. Pourquoi alors transférer la propriété au peuple si c'est l'Etat qui en reste le gardien ? Sur le terrain de l'efficacité, le débat semble permis.

Zone I doit adresser une demande d'autorisation aux Ministres chargés de l'Hydraulique et de l'Assainissement. La même obligation pèse aussi sur ceux qui veulent réaliser dans le lit ou au-dessus d'un cours d'eau un ouvrage de captage fixé ou mobile. Sauf pour les personnes morales de droit public, l'autorisation est personnelle et ne peut donc être transmise ou cédée à des tiers autres que les héritiers du bénéficiaire (à moins d'une autorisation pour cela). Par contre, l'autorisation de faire usage des eaux accordée spécialement et explicitement en vue d'une exploitation agricole ou d'élevage, d'une exploitation industrielle ou touristique est un droit réel qui reste attaché à cette exploitation en quelques mains qu'elle passe[119]. Par ailleurs, des concessions d'utilisation peuvent être accordées lorsque les installations présentent un caractère d'intérêt général. De même, il peut être accordé des concessions de service public par exemple pour l'exploitation des eaux minérales.

3.- Sont du domaine public artificiel, tout ce qui est créé par l'Homme, appartient à l'État et répond à un souci de service public. Il comprend le domaine public de la circulation, le domaine public monumental, la défense nationale et le domaine public mobilier. On y trouve alors, les emprises des routes, les chemins de fer, les gares routières et les voies de communication de toute nature avec les dépendances nécessaires à leur exploitation, les ports maritimes et fluviaux, les aérodromes et aéroports, les conduites d'eau et d'égouts, les lignes électriques, les lignes téléphoniques, les ouvrages militaires de défense terrestre, maritime ou aérienne avec leurs dépendances, les objets d'art et collections affectés aux musées nationaux, les halles et marchés.

4.-L'utilité des biens du domaine public justifie leur protection. Ainsi ces biens sont inaliénables et imprescriptibles[120]. Les droits qui y sont reconnus sont essentiellement précaires.

Aux termes des dispositions de l'article 11 du Code du domaine de l'Etat, le domaine public peut faire l'objet de permissions de

[119] Art. 15 du Code de l'eau.

[120] Il est cependant à noter une atténuation avec le régime juridique des contrats de partenariat
public-privé (C. A. W. NDIAYE, Droit sénégalais des contrats immobiliers, précité, n° 616).

voirie[121], d'autorisation d'occuper, de concessions et d'autorisation[122] pouvant donner lieu au paiement de redevances[123]. Les autorisations d'occuper le domaine public naturel ou artificiel sont accordées à titre personnel, précaire et révocable. Elles peuvent être retirées à tout moment sans indemnité[124].

L'occupant du domaine public ne dispose donc pas de droit réel. Cette assertion n'est cependant qu'un principe. Outre la dérogation avec le code l'eau[125], une autre est apportée par la loi n° 2014-09 du 20 février 2014 relative aux contrats de partenariat[126].

Le contrat de partenariat[127] peut porter sur le domaine privé non affecté de l'État ou sur son domaine public. Lorsqu'il emporte occupation du domaine public, il vaut autorisation d'occupation de ce domaine pour sa durée. Sauf stipulation contraire du contrat, le titulaire a des droits réels sur les ouvrages et équipements qu'il réalise. Ces droits lui confèrent les prérogatives et obligations du propriétaire, dans les conditions et limites prévues par des clauses du

---

121 Les permissions de voirie sont délivrées à titre personnel, essentiellement précaire et révocable. Elles n'autorisent que des installations légères démontables ou mobiles, n'emportant pas emprise importante du domaine public ou modification de son assiette. Leur retrait ne donne lieu au paiement d'aucune indemnité.

122 Les concessions et autorisations d'exploitation sont accordées de gré à gré ou par adjudication pour une durée déterminée ou non, aux clauses et conditions fixées dans chaque cas. Elles sont réservées aux installations ayant un caractère d'intérêt général ; cf. art. 16 du Code du domaine de l'Etat.

123 Les autorisations d'occuper et les concessions ou autorisations d'exploitation du domaine public peuvent être accordées à titre gratuit lorsqu'elles revêtent un caractère prédominant d'utilité publique ou d'intérêt économique ou social et sous réserve qu'elles ne constituent pas pour le bénéficiaire une source directe ou indirecte de profit ; cf. art. 18 du Code du domaine de l'Etat.

124 Art. 13 du Code du domaine de l'Etat.

125 Supra n° 2, *in fine*.

126 JO n° 6781 du 25 mars 2014, p. 293.

127 Le contrat de partenariat, objet de la loi, est le contrat par lequel une autorité contractante confie à un opérateur économique, personne morale de droit privé, pour une période déterminée, en fonction de la durée d'amortissement des investissements ou des modalités de financement retenues, une mission globale ayant pour objet la construction ou la transformation, l'entretien, la maintenance, l'exploitation ou la gestion d'ouvrages, d'équipements ou de biens immatériels nécessaires au service public dont l'autorité contractante a la charge, ainsi que tout ou partie de leur financement ; cf. art. 1er de la loi n° 2014-09 du 20 février 2014 relative aux contrats de partenariat.

contrat ayant pour objet de garantir l'intégrité et l'affectation du domaine public[128].

L'inaliénabilité des dépendances du domaine public est aussi à tempérer. En effet, l'État peut les déclasser. Le déclassement consiste à faire sortir le bien du domaine public. Avec cet acte[129], les immeubles immatriculés entrent dans le domaine privé, et ceux non immatriculés dans le domaine national. L'immeuble déclassé incorporé au domaine national peut faire l'objet d'une réquisition d'immatriculation au nom de l'État sans formalités préalables.

Seules peuvent faire l'objet d'un déclassement les dépendances du domaine public artificiel, la zone de cent mètres de large en bordure du rivage de la mer, la zone de vingt-cinq mètres de large en bordure des rives des cours d'eau navigables ou flottables, lacs, étangs et mares permanents et la zone de dix mètres de large en bordure des rives des cours d'eau non navigables ni flottables.

<u>Complément de jurisprudence :</u>

✓ Le retrait anticipé d'une autorisation d'occuper le domaine portuaire, même en l'absence de faute du contractant, ne peut donner lieu qu'à un recours indemnitaire devant le juge du plein contentieux[130].

---

[128] Art. 6 *in fine* de la loi n° 2014-09 du 20 février 2014 relative aux contrats de partenariat.

[129] Si un arrêté du Ministre chargé des domaines suffit pour classer un immeuble dans le domaine public, l'acte de déclassement est pris par décret du Président de la République.

[130] C. S, arrêt n° 10 du 28 mars 2019, LA SOCIETE SENEMER FISHING SA c/ PORT AUTONOME DE DAKAR.

Arrêt n° 5
Sénégal, Cour suprême, chambre civile et commerciale, 05 juin 2013, 48

Vente – Immeuble immatriculé – Intervention notaire

Demandeurs : *MARIE THÉRÈSE DIATTA*
Défendeurs : *ROUGUY BA*

Solution :

Ne donne pas de base légale à sa décision l'arrêt qui déboute une partie de sa demande en annulation de vente d'un immeuble sans rechercher si la vente qui portait sur un immeuble immatriculé était passée devant un notaire territorialement compétent.

Texte :

LA COUR SUPRÊME,

Vu la loi organique n° 2008-35 du 8 août 2008 sur la Cour suprême ;

Après en avoir délibéré conformément à la loi ;

Attendu, selon l'arrêt infirmatif attaqué, que la Cour d'Appel de Dakar a débouté Marie Thérèse DIATTA de sa demande en annulation de la vente de la parcelle n° 33 de la cité Mame Rane Laye intervenue entre son mari Théodore SAGNA et Rouguy BA ;

Sur le premier moyen pris de la violation de la loi notamment de l'article 383 du Code des obligations civiles et commerciales ;

Vu ledit article ;

Attendu, selon ce texte, que le contrat de vente d'un immeuble immatriculé doit, à peine de nullité absolue, être passé par devant un notaire ;

Attendu que pour débouter Marie Thérèse DIATTA de sa demande en annulation de la vente, la Cour d'Appel a relevé que la parcelle « dépend des titres fonciers 27 179 et 26 316/DG et que l'immeuble dont il s'agit est bel et bien immatriculé » et retenu, d'une part, « que l'article 380 du Code des obligations civiles et commerciales qui prévoit la nullité de la transaction en cas de non-immatriculation, n'a pas lieu à s'appliquer », et d'autre part, « qu'il n'est pas établi que l'immeuble constitue un bien commun ne pouvant être aliéné qu'avec le consentement de la dame DIATTA » ;

Qu'en se déterminant ainsi, sans rechercher si la vente, qui portait sur un immeuble immatriculé, a été passé devant un notaire territorialement compétent, la Cour d'Appel a privé sa décision de base légale ;

PAR CES MOTIFS ;

Et sans qu'il soit besoin de statuer sur les autres moyens,

Casse et annule, dans toutes ses dispositions, l'arrêt n° 634 rendu le 6 août 2010, entre les parties, par la Cour d'Appel de Dakar ;

Remet, en conséquence, la cause et les parties au même et semblable état où elles étaient avant ledit arrêt et, pour être fait droit, les renvoie devant la Cour d'Appel de Kaolack ;

Condamne Rouguy BA aux dépens ;

Dit que le présent arrêt sera imprimé, qu'il sera transcrit sur les registres de la Cour d'Appel de Dakar, en marge ou à la suite de la décision attaquée ;

Ainsi fait, jugé et prononcé par la Cour suprême, chambre civile et commerciale en son audience publique tenue les jour, mois et an que dessus et où étaient présents Messieurs :

PRÉSIDENT : Mouhamadou DIAWARA ; CONSEILLER-RAPPORTEUR : Amadou Lamine BATHILY ; CONSEILLERS : Mouhamadou Bachir SÈYE, Souleymane KANE et Jean Louis Paul TOUPANE ; AVOCAT GÉNÉRAL : Matar NDIAYE ; AVOCAT : Maître Théophile KAYOSSI ; GREFFIER : Macodou NDIAYE.

Annexe

MOYENS ANNEXÉS AU PRÉSENT ARRÊT

Le premier moyen est pris de la violation de la loi, notamment :

- Violation de l'article 383 du Code des obligations civiles et commerciale (COCC), en ce que la requérante a sollicité l'annulation de la vente de la parcelle sur le fondement de l'article 380 du COCC ; que, pour rejeter ce moyen, la Cour a énoncé « qu'il s'avère ainsi que l'immeuble dont s'agit est bel et bien immatriculé et que l'article 380 du COCC qui prévoit la nullité de la transaction en cas de non-immatriculation, n'a pas lieu à s'appliquer ».

Dès lors, en s'abstenant de prononcer cette nullité après avoir pourtant constaté que l'immeuble objet de la vente est un immeuble immatriculé ; et alors qu'il est constant qu'en l'espèce, la transaction invoquée n'a été faite que par acte sous seing privé, la Cour d'Appel a violé les dispositions de l'article 383 du COCC.

Cette violation est d'autant plus manifeste, qu'aux termes de l'article 1.6 du CPC également violé « le juge doit trancher le litige conformément aux règles de droit qui lui sont applicables. Il doit, après avoir provoqué les explications des parties, soulever des moyens de pur droit… il doit restituer aux faits leur exacte qualification ».

- Violation de l'article 1-4 du Code de procédure civile, en ce que le juge d'appel a énoncé que « considérant qu'il n'est pas versé au dossier l'acte de mariage de Marie Thérèse DIATTA, attestant de son lien matrimonial avec Théodore SAGNA et son régime matrimonial, notamment communautaire sous lequel leur union serait placée ;

- Qu'il n'est ainsi pas établi que l'immeuble en cause constitue un bien commun ».

Son appel n'a jamais porté sur les dispositions relatives au mariage de la requérante.

Ainsi, se prononçant sur l'établissement de la preuve ou non que l'immeuble en cause constitue un bien commun, le juge d'appel a statué sur des choses non demandées.

Qu'au regard de cette motivation, il apparaît que le juge d'appel déduit de ce qui suit le consentement de la requérante à la vente.

Qu'il appartient à la dame BA de prouver qu'elle s'est libérée de son obligation de se conformer aux dispositions de l'article 391 alinéa 1er du CF, en application de l'article 9 alinéa 2 du COCC.

Or, selon l'article 12 du COCC, les seuls moyens de preuve retenus par la loi sont l'écrit, le témoignage, la présomption du fait de l'homme, l'erreur judiciaire. Que, dans le cas d'espèce, il n'existe aucun écrit, témoignage ou présomption du fait de l'homme opposable à la requérante.

Que, même si c'était le cas, en l'absence du moindre commencement de preuve par écrit opposable à la requérante, cette présomption ne saurait valoir comme preuve en application de l'article 16 du COCC.

Aucune erreur judiciaire n'est non plus opposable à la requérante.

En déduisant le consentement à la vente de Marie Thérèse DIATTA à la simple déclaration de Rouguy BA, de l'absence dans la cause du seul vendeur, mais également du silence supposé de Marie Thérèse DIATTA, la Cour a violé les articles visés au moyen, mais également le principe général de droit selon lequel le silence ne vaut pas acceptation.

Le deuxième moyen est pris du défaut de base légale, en ce que l'arrêt a relevé « que Rouguy soutient que Marie Thérèse DIATTA était au courant de la transaction pour avoir assisté à la rédaction de l'acte et au paiement du prix, manifestant ainsi un consentement à l'opération.

Que cette affirmation n'est pas démontrée par la dame DIATTA…

Qu'il y a lieu d'infirmer le jugement… ».

Qu'en statuant ainsi, sans préciser sur la base de quel fondement, elle déduit ce qui précède, la Cour ne donne pas de base légale à sa décision.

Le troisième moyen est pris de la dénaturation des faits.

Il est divisé en deux branches.

En sa première branche, en ce qu'il résulte expressément de la page 4 du jugement qu'un acte de mariage a été produit par Marie Thérèse DIATTA et qu'il ne résulte pas dudit acte qu'elle était en communauté de biens avec SAGNA.

Que la Cour ne peut sans dénaturer les faits, faire fi de ces constatations du premier juge.

En sa seconde branche, en ce que la Cour a relevé « que Rouguy BA soutient que Marie Thérèse DIATTA était au courant de la transaction pour avoir assisté à la rédaction de l'acte… manifestant ainsi un consentement ».

En statuant ainsi, alors qu'il résulte du jugement du 7 octobre 2008, que la requérante a formellement déclaré n'avoir jamais consenti à la vente, la Cour a dénaturé les faits de la cause.

Observations :

1.- L'arrêt du 05 juin 2013 soulève, entre autres questions, la vente d'un immeuble par un époux.

La vente par un conjoint d'un bien lui appartenant nécessite, pour sa validité, de vérifier le régime matrimonial choisi. Dans l'hypothèse d'un choix pour le régime communautaire, les actes de disposition ne peuvent être effectués que d'un commun accord. S'il est permis à chaque époux de pouvoir acquérir seul et sans le consentement du conjoint toute espèce de biens[131], leur commune volonté est exigée pour toute vente. Le consentement des deux époux est impératif pour tous les actes de disposition emportant aliénation

[131] Art. 392 al. 1 CF.

totale ou partielle, à titre onéreux ou gratuit, d'immeubles[132]. Cette règle demeure jusqu'à la fin du régime. En effet, à la dissolution du régime résultant du décès, du divorce ou de la séparation de corps, il est procédé à la liquidation des droits des époux ou de leurs ayants cause. Et, tant que cette liquidation n'est pas effectuée, un conjoint seul ne pourra passer des actes de dispositions sur lesdits immeubles[133].

CA Dakar, 15 décembre 2011, A. M. THIAW c/ A. SY, J. THIAKANE, Maître M. DIENG Tanor et Conservateur de la propriété foncière, arrêt n° 728, Bulletin des arrêts rendus parla Cour d'Appel de Dakar en matière civile et commerciale, 2013, vol. 1, p. 134 : « le notaire à qui la loi a confié, en sa qualité d'officier public et dans un intérêt public de sécurité juridique, outre la mission d'authentificateur et de conseil, celle de donner aux parties le but qu'elles poursuivent, est tenu de fournir un acte valable ne contenant que des conventions permises et produisant les résultats que celles-ci attendent ; que n'ayant pas vérifié ou du moins ne s'étant pas assuré que l'immeuble acquis (…) ne pouvait être vendu avant la liquidation de la communauté des biens, engage sa responsabilité professionnelle et demeure responsable du préjudice que les parties litigantes pourraient subir du fait des conséquences de ses agissements ».

2. Une dérogation est cependant apportée concernant l'exigence d'un consentement des conjoints. La femme mariée a une libre disposition de ses biens réservés[134].

---

132 Art. 391 al. 1 CF.

133 Art. 393 al. 1 CF. Sont exclus de la liquidation les immeubles immatriculés dont chacun des époux était propriétaire avant le mariage, ceux qui leur sont advenus personnellement pendant le mariage, par succession ou libéralités, les biens qui par leur nature ou leur destination ont un caractère personnel, les droits exclusivement attachés à la personne (art. 393 al. 2 CF).

134 Sur la question, C. A. W. NDIAYE, Droit sénégalais des contrats immobiliers, L'Harmattan, 2017, p. 48 et s.

Complément jurisprudence

La faute de l'un des contractants ne peut faire obstacle à son action en nullité du contrat lorsqu'une règle d'ordre public a été violée[135].

La Cour casse ainsi l'arrêt de la Cour d'appel qui, « pour déclarer la rupture du contrat abusive,(…) a retenu qu'aux termes de l'article 95 du COCC lorsqu'une nullité résulté de la faute de l'une des parties, celle-ci ne peut demander l'annulation du contrat ; que la société F. I., en concluant par acte sous seings privés le contrat d'échange portant sur des immeubles immatriculés, a commis, en tant que professionnel de l'immobilier, une faute, qui l'empêche d'invoquer la nullité qui en résulte ».

---

[135] Cour suprême, arrêt n° 59 du 19 mai 2021, La société F. I. SA c/ La société O. I. SARL, Bulletin des arrêts de la Cour suprême n° 23-24, 2021, p. 56 et s.

Arrêt n°6
Sénégal, Cour suprême, 05 décembre 2007, 116

Immeuble – Droit réel immobilier – Inscription au livre foncier – Absence de fraude – Action en annulation – Rejet.
Responsabilité civile – Faute d'imprudence – Cas – Exécution d'une décision susceptible de voie de recours.

Demandeurs : *ASECNA*

Défendeurs : *Société Sénégalaise de Promotion Immobilière*

Solution :

Fait une exacte application des articles 514 alinéa 5 et 129 alinéa 5 du code de procédure civile, la Cour d'appel qui, pour rejeter une action en annulation d'une inscription d'un droit immobilier sur des titres fonciers, a retenu l'absence de manœuvres frauduleuses imputables à l'auteur de la transcription qui a cru devoir mettre à exécution des décisions judiciaires régulièrement établies.

Justifie sa décision la Cour d'appel qui, ayant relevé que le titre exécutoire dont s'est prévalu un créancier pour poursuivre l'expropriation forcée des immeubles appartenant à son débiteur, a été remis en cause par l'infirmation du jugement qui en faisait l'objet, en a déduit, hors toute contradiction, qu'en mettant à exécution imprudemment une décision contre laquelle une voie de recours était toujours possible, le créancier a agi à ses risques et périls et doit, par conséquent, répondre du dommage qu'il a causé.

Texte :

LA COUR

Après en avoir délibéré conformément à la loi ;

Sur la déchéance

Attendu que la SOSEPRIM fait valoir que l'ASECNA est déchue de son pourvoi, pour avoir signifié une photocopie de la décision attaquée en violation des dispositions de l'article 20 de la loi organique n° 92-25 du 30 mai 1992 sur la Cour de cassation ;

Attendu que, contrairement aux allégations de la défenderesse, il ressort de l'exploit de signification du recours produit, que c'est bien une expédition de la décision attaquée qui a été signifiée et non une photocopie ;

Qu'il s'ensuit que le pourvoi est recevable en la forme ;

Attendu, selon l'arrêt attaqué, qu'un différend relatif à l'exécution d'un marché de construction de logements ayant opposé la SOSEPRIM et l'ASECNA, celle-ci a initié une procédure, devant le tribunal régional de Dakar, ayant abouti au jugement du 26 novembre 1988 ayant condamné la SOSEPRIM à payer à l'ASECNA la somme de 25 470 247 F ;

Qu'appel ayant été interjeté par SOSEPRIM, la Cour d'appel de Dakar l'a déclaré irrecevable ;

Qu'en exécution de ces deux décisions, l'ASECNA a entrepris des poursuites immobilières sur les immeubles objets des TF n° 18.497/DG, 18.509/DG, 18.510/DG, 18.519/DG, 18.520/DG et 18.526/DG appartenant à la SOSEPRIM, lesquels ont été adjugés à l'ASECNA suivant procès-verbal du 12 février 1991 ;

Que sur surenchère de Nawal KASSEM et Samba BA, le Tribunal des criées, par jugement du 12 février 1991, a attribué le TF n° 18.518/DG à Maître SHARARA et l'ASECNA a été déclarée adjudicataire pour le surplus ;

Que par arrêt du 15 décembre 1993 de la Cour de cassation, le pourvoi formé par SOSEPRIM contre le jugement du 26 novembre 1988 a été rejeté ;

Que la Cour suprême, à la suite du pourvoi formé contre l'arrêt du 12 janvier 1990, a cassé cet arrêt avec renvoi et la Cour d'appel, par arrêt du 13 juin 1997, a infirmé le jugement du 26 novembre 1988 en ordonnant avant dire droit, une expertise pour faire les comptes entre les parties ;

Que la SOSEPRIM, se prévalant de cet arrêt du 13 juin 1997, a assigné l'ASECNA en annulation des adjudications opérées sur la base du jugement infirmé et en réparation du préjudice subi du fait des mesures d'exécution forcée ;

Que le tribunal a déclaré, d'une part, l'action de SOSEPRIM irrecevable en application des dispositions combinées des articles 514 du code de procédure civile et 381 du code des obligations civiles et commerciales, et d'autre part, prématurée la demande en réparation formulée en raison de l'expertise qui avait été ordonnée par la décision avant dire droit ;

Qu'à la suite du dépôt du rapport d'expertise, la Cour d'appel, par deux arrêts des 15 juin 2001 et 20 juin 2002, a fixé les comptes entre les parties ainsi qu'il suit :

1) Créances ASECNA :

- Principal : 599 010 F
- Intérêts de droit : 960 340 F

2) Créances SOSEPRIM :

- Principal : Néant
- Intérêts de droit : 3 109 920 F.

Attendu que par l'arrêt déféré, la Cour d'appel de Dakar a partiellement infirmé le jugement entrepris et déclaré bien fondé la demande en réparation présentée par la SOSEPRIM
Sur le premier moyen, en ses deux branches, pris d'une violation par refus d'application des articles 514 alinéa 5 et 129 alinéa 5 du code de procédure civile et d'une insuffisance ou d'un défaut de motifs, reproduit en annexe ;

Mais attendu que les textes visés au moyen ne sauraient faire obstacle à la faculté offerte à toute personne, qui se prétend lésée par une inscription frauduleuse au livre foncier, d'en demander l'annulation ou la modification ;

Et attendu que la Cour d'appel, après examen au fond, a retenu à juste titre que « en l'espèce on ne saurait reprocher à l'ASECNA d'avoir usé de manœuvres frauduleuses pour faire transcrire son droit immobilier sur les titres fonciers ayant appartenu à SOSEPRIM

; que bien au contraire, cette transcription procède de décisions judiciaires régulièrement établies qu'elle a cru devoir mettre à exécution ; que l'action en annulation ne saurait alors prospérer et doit être rejetée » ;

D'où il suit que le moyen n'est pas fondé ;

Sur le deuxième moyen pris d'une contradiction de motifs et d'un défaut de base légale, en ce que l'arrêt a rejeté la demande d'annulation de SOSEPRIM, après avoir relevé que l'inscription des droits réels de l'ASECNA fondée sur des décisions judiciaires a été faite de bonne foi pour ensuite ordonner, dans le dispositif, la restitution des immeubles adjugés et sur lesquels il avait pourtant reconnu la propriété de l'ASECNA ; qu'en se déterminant ainsi, par des moyens contraires, l'arrêt se trouve privé de base légale, car la restitution ne peut sanctionner qu'une annulation ou une résolution préalablement prononcée ;

Mais attendu qu'ayant énoncé, à bon droit, que celui qui exécute une décision assortie de l'exécution provisoire, le fait à ses risques et périls et doit répondre, en application de l'article 88 du code de procédure civile alinéa premier, des restitutions et relevé que « le titre exécutoire dont l'ASECNA s'était prévalu pour poursuivre l'expropriation forcée des immeubles appartenant à SOSEPRIM, a été remis en cause par l'infirmation du jugement du 26 novembre 1988 », la Cour d'appel, hors toute contradiction, en a justement déduit que « l'ASECNA, en mettant à exécution imprudemment une décision contre laquelle une voie de recours était toujours possible, a agi à ses risques et périls et doit, par conséquent, répondre du dommage qu'elle a causé » ;

Qu'il s'ensuit que le moyen n'est pas fondé ;

Sur le troisième moyen pris d'une violation de l'article 273 du code de procédure civile et d'un défaut de réponse à conclusions, en ce que l'arrêt a fait droit à la demande de réparation présentée par SOSEPRIM en lui allouant la somme de 180 000 000 F soit 30 000 000 F pour chacun des 6 immeubles, alors qu'une telle demande a été formulée pour la première fois en appel et l'article 273 en son alinéa 1 dispose « il ne peut être formé en cause d'appel aucune demande nouvelle à moins qu'il ne s'agisse de compensation ou que la demande nouvelle ne soit la défense à l'action principale », alors que l'exploit introductif d'instance du 27 août 1999 et les conclusions subséquentes du 7 septembre 1999 de SOSEPRIM, outre la restitution en nature de ses 5 titres fonciers, SOSEPRIM n'avait sollicité que l'allocation de la somme de 100 000 F au titre du préjudice découlant de la perte de l'immeuble adjugé à la SCI Nawal et en réparation de la privation de jouissance de ses biens adjugés et alors que l'arrêt n'a pas répondu aux conclusions de l'ASECNA sur l'irrecevabilité d'une telle demande nouvelle, malgré la référence faite dans ses qualités ;

Mais attendu que c'est dans l'exercice de leur pouvoir souverain que les juges du fond apprécient les modalités de réparation du préjudice et décident si celles-ci doivent intervenir en nature ou par équivalant, afin de replacer la victime dans la situation où elle se serait trouvée si l'acte dommageable ne s'était pas produit, et il n'importe que ce mode de réparation ait été formulée pour la première fois en cause d'appel ;

Et attendu que l'arrêt retient « qu'en droit, le juge arbitre souverainement la meilleure façon de réparer le préjudice et peut en ce sens prendre toute mesure appropriée de nature à le réparer efficacement ; que la demande de restitution des immeubles présentée par SOSEPRIM est juste et demeure la meilleure (façon) de réparer sa dépossession ; qu'il y a lieu de condamner l'ASECNA à lui restituer les immeubles sur lesquels elle a fait transcrire ses droits au livre foncier, ou si mieux, n'aime payer à la SOSEPRIM la somme de cent quatre-vingt millions de francs (180 000 000 F CFA) réclamée pour la perte de l'ensemble de ses immeubles y compris de celui définitivement acquis à Nawal KASSEM et ce pour toute cause de préjudices confondus » ;

Que de ces constatations et énonciations, il résulte que les juges du fond ont souverainement fixé le mode de réparation qu'ils estiment le mieux approprié à assurer la réparation du préjudice, ce qui rend inopérantes les conclusions invoquées ;

D'où il suit que le moyen n'est pas fondé ;

Sur le quatrième moyen tiré d'un défaut de base légale, en ce que l'arrêt a condamné l'ASECNA à payer à SOSEPRIM la somme de 180 000 000 F à titre de restitution des 6 titres fonciers, sans fournir les éléments de fait et de droit pouvant justifier une telle somme, en opérant une confusion entre l'action en annulation et en restitution de SOSEPRIM et celle en responsabilité et en réparation substituée en cause d'appel par la voie de demande nouvelle, sans établir au préalable que la somme allouée correspond réellement à la valeur des immeubles concernés, car, l'ASECNA n'a pas reçu la somme de 180 000 000 F pour pouvoir être condamnée à restituer une telle somme, le prix d'adjudication de l'ensemble des immeubles n'atteignant pas cette somme, aucun élément du dossier et aucun des motifs invoqués par l'arrêt ne permet de dire que la somme allouée à titre de réparation correspond à la valeur réelle des immeubles, aucune expertise n'ayant été diligentée pour déterminer l'exacte valeur des immeubles ;

Mais attendu que l'existence, l'étendue et le mode de réparation du préjudice relèvent de l'appréciation souveraine des juges du fond, qui ne sont pas tenus de préciser les divers éléments ayant servi à déterminer le montant des dommages-intérêts qu'ils allouent ;

Qu'ainsi le moyen, tel qu'il est formulé, ne tend qu'à remettre en cause les appréciations souveraines des juges du fond ; qu'il ne peut qu'être déclaré irrecevable ;

PAR CES MOTIFS

Rejette le pourvoi de l'ASECNA formé contre l'arrêt n° 46 rendu le 17 janvier 2003 par la Cour d'appel de Dakar ;

La condamne aux dépens ;

Ordonne la confiscation de l'amende consignée ;

Président-Rapporteur : Ibrahima GUÉYE ; Conseillers : Mouhamadou DIAWARA et Papa Makha NDIAYE ; Avocat général : Abdourahmane DIOUF ; Greffier : Maître Ndèye Macoura DIOP CISSÉ, Avocat : Maître Saër LO THIAM.

Annexe

Premier moyen pris de la violation des articles 514 alinéa 5 et 129 alinéa 5 du code de procédure civile :

Première branche du moyen : violation par refus d'application des textes visés ·

Par cette branche, il est reproché à la Cour d'appel d'avoir écarté l'application des dispositions de l'article 514 alinéa 5 du code de procédure civile en recevant l'action en annulation de la SOSEPRIM;

Alors que ce texte, pour le moins non équivoque dispose expressément :

« les jugements et procès-verbaux devenus définitifs sont inattaquables et toute action ayant cet objet est, d'office et d'ordre public, déclarée irrecevable ».

En effet, le jugement du 12 février 1991 ayant été rendu définitif par l'arrêt de rejet du pourvoi en cassation du15 décembre 1993, l'adjudication des immeubles prononcée au profit de l'ASECNA et de la SCI Nawal était devenue définitive et par conséquent irrévocable ;

Que mieux, les dispositions de l'alinéa 5 de l'article 514 étant d'ordre public et applicables d'office par elles-mêmes, l'article 129 alinéa 5 du code de procédure civile faisait en outre obligation à la Cour d'appel de soulever d'office la fin de non recevoir qui résulte des textes visés au moyen ;

Quand ayant décidé de passer outre, l'arrêt objet du pourvoi a manifestement violé lesdits articles et mérite d'être cassé en conséquence ;

Deuxième branche du moyen : violation par insuffisance ou défaut de motifs

Par cette branche, il est également fait grief à l'arrêt attaqué d'avoir accueilli l'action en annulation de SOSEPRIM et ordonné la restitution des immeubles adjugés sur l'unique base de l'affirmation selon laquelle :

« malgré la fermeté des termes consignés dans l'article 514 alinéa 5 du code de procédure civile et 381 du code des obligations civiles et commerciales, le législateur n'a point entendu conférer un droit inattaquable, par l'existence d'un jugement d'adjudication définitif soit par l'inscription au livre foncier, à tous les acquéreurs de droits réels ; que la jurisprudence admet la possibilité de s'attaquer au droit d'un tiers de mauvaise foi spécialement en cas de fraude ».

Or il est remarquable que la Cour d'appel s'est limitée à affirmer une intention supposée du législateur qu'elle tente d'opposer aux dispositions claires et précises des textes visés au moyen ;

Mieux, même si par hypothèse, la Cour d'appel entendait faire application à l'ASECNA de l'exception tirée de la jurisprudence fondée sur la mauvaise foi du tiers acquéreur, force serait de constater, qu'elle a, elle-même, fini de reconnaître la bonne foi de l'ASECNA en relevant dans sa motivation qu'elle s'est fondée sur des décisions judiciaires régulièrement établies pour inscrire ses droits ;

Qu'en conséquence, en se déterminant sur la base d'une seule et unique intention prêtée au législateur pour refuser l'application de dispositions claires et précises de la loi, l'arrêt déféré encourt la cassation pour insuffisance de motifs ou simplement pour défaut de motifs s'analysant comme un manque de base légale.

Origine de la décision

Pays : *Sénégal*

Juridiction : *Cour suprême*

Date de la décision : 05/12/2007

Date de l'import : 17/03/2015

Fonds documentaire ?: *Bulletin des arrets*

Arrêt n° 7
Sénégal, Cour suprême, 16 mai 2007, 50

Contrat – Bail emphytéotique – Cession – Autorisation Administrative préalable – Défaut – Action en nullité – Régime

Seynabou THIAM c/ Mbayang Leïty NDIAYE Ès-nom et ès-qualité de ses enfants

Solution :

Il résulte de l'article 39 alinéa 2 et 5 de la loi n° 76-66 portant code du domaine de l'État que, d'une part :

« Les actes de bail emphytéotique peuvent contenir une disposition soumettant à autorisation la constitution d'hypothèques, la réalisation de nouveaux investissements ainsi que la cession du droit au bail et la location de tout ou partie de l'immeuble » et, d'autre part : « Les conventions passées par le preneur en infraction aux dispositions éventuellement insérées à l'acte de bail en application du deuxième alinéa du présent article, sont nulles de plein droit... »

La nullité prescrite par le texte précité s'analyse en une nullité absolue qui peut être invoquée par tout intéressé.

C'est à bon droit qu'une Cour d'appel a énoncé que « la cession dont se prévaut (une partie), incompatible avec les principes de domanialité publique comme avec les nécessités des procédures administratives et celles de faire observer la loi, notamment les dispositions insérées à l'acte du bail en application de deuxième alinéa de l'article 39 de la loi n° 76-66 précité, doit être regardée comme nulle ».

Ne peut être accueilli le moyen pris d'une violation du principe général de droit selon lequel nul ne peut se prévaloir de sa propre turpitude, la nullité encourue étant absolue en cas de cession d'un bail sans l'autorisation administrative préalable prévue par l'article 39 alinéa 5 du code du domaine de l'État.

Texte :

LA COUR

Après en avoir délibéré conformément à la loi ;

Vu la loi organique n° 92-25 du 30 mai 1992 sur la Cour de cassation ;

Attendu, selon l'arrêt infirmatif attaqué, qu'en vertu d'une convention du 21 janvier 1993, l'État du Sénégal a autorisé Birame NDIAYE à occuper un terrain d'une superficie de 900 m2 situé dans le lotissement de Mermoz Pyrotechnie et faisant partie du domaine privé non affecté de l'État ; que cette convention interdisait à Birame NDIAYE de céder en totalité ou en partie les droits résultant du bail sans l'autorisation préalable du directeur de l'enregistrement des domaines et du timbre ;

Que par jugement du 8 mars 1995, le tribunal régional de Dakar a débouté les héritiers de Birame NDIAYE de leur demande en annulation de l'acte de cession intervenu entre leur auteur et Seynabou THIAM ;

Sur le premier moyen pris de la violation de la loi, notamment l'article 86 du code des obligations civiles et commerciales, en ce que l'arrêt a déclaré nulle et de nul effet, la cession intervenue entre la dame THIAM et feu Birame NDIAYE sur le fondement de l'article 39 alinéa 5 de la loi n° 76-66 portant code du domaine de l'État, en estimant qu'il y a eu violation de cette disposition, car feu Birame NDIAYE a cédé librement son droit sans autorisation préalable du directeur des domaines, alors que, l'article 86 du code des obligations civiles et commerciales dispose que la nullité relative ne peut être invoquée que par la personne que la loi protège, en l'occurrence l'État, surtout qu'il ressort clairement de l'acte de bail entre Birame NDIAYE et l'État du Sénégal que seul ce dernier peut prendre l'initiative de demander la sanction de la violation des obligations contractuelles de feu Birame NDIAYE ;

Mais attendu qu'il résulte de l'article 39 alinéas 2 et 5 de la loi n° 76-66 portant code du domaine de l'État que, d'une part « Les actes de bail emphytéotique peuvent contenir une disposition soumettant à autorisation la constitution d'hypothèques, la réalisation de nouveaux investissements ainsi que la cession du droit au bail et la location de tout ou partie de l'immeuble » et, d'autre part, « Les conventions passées par le preneur en infraction aux dispositions éventuellement insérées à l'acte de bail en application du deuxième alinéa du présent article, sont nulles de plein droit... » ;

Et attendu que la nullité prescrite par le texte précité s'analyse en une nullité absolue qui peut être invoquée par tout intéressé ;

Que c'est à bon droit que la Cour d'appel a énoncé que « la cession dont se prévaut Seynabou Thiam, incompatible avec les principes de domanialité publique comme avec les nécessités des procédures administratives et celles de faire observer la loi, notamment les dispositions insérées à l'acte du bail en application de deuxième alinéa de l'article 39 de la loi 76-66 précité, doit être regardée comme nulle » ;

D'où il suit que le moyen n'est pas fondé ;

Sur le second moyen pris d'une violation du principe général de droit selon lequel nul ne peut se prévaloir de sa propre turpitude, en ce que les héritiers de Birame NDIAYE ne peuvent se prévaloir de la violation de l'article 39 alinéa 5, dont s'agit, qui imposait à leur auteur de demander l'autorisation du directeur des domaines avant de céder sa parcelle, que Birame NDIAYE, malgré cette interdiction, a vendu sa parcelle sans l'autorisation requise et accéder à la demande d'annulation de ses héritiers reviendrait à permettre à ces derniers de se prévaloir de la faute de leur auteur ;

Mais attendu que la nullité encourue étant absolue, le principe invoqué au moyen ne saurait recevoir application ;

D'où il suit que le moyen ne peut être accueilli ;

Sur le troisième moyen pris d'un défaut de réponse à conclusions, en ce que, la Cour d'appel a fait application d'un texte de loi n'ayant aucun lien avec le problème posé par les parties et n'y répondant pas, alors que, d'une part, veuve Birame NDIAYE a soutenu dans ses conclusions d'instance et d'appel que l'acte de cession comporte une imitation grossière de la signature de son mari, en lui demandant, sur la base de l'article 130 du code de procédure civile, d'établir que la signature de son mari n'est pas un faux et, d'autre part, la requérante concluait qu'il revenait à la dame NDIAYE, comme demanderesse à l'action en annulation, de prouver ses prétentions, enfin, il appartenait à la Cour d'appel de dire qui des parties devait établir la prétendue fausseté de la signature de Birame NDIAYE et d'en tirer toutes les conséquences de droit ;

Mais attendu que les conclusions prétendument délaissées n'ont pas été produites ;

D'où il suit que le moyen est irrecevable ;

PAR CES MOTIFS

Rejette le pourvoi de Seynabou THIAM formé contre l'arrêt n° 171 du 12 mars 1998 rendu par la Cour d'appel de Dakar ;

Ordonne la confiscation de l'amende consignée ;

La condamne aux dépens ;

Observations :

1.-Le bail emphytéotique est un contrat par lequel le bailleur confère au preneur, appelé emphytéote, un droit réel immobilier nommé emphytéose. Il peut avoir pour support les immeubles des particuliers mais aussi ceux du domaine privé de l'État.

Le bail emphytéotique accordé par l'État est pour une durée de 18 ans au moins et 50 ans au plus avec possibilité de prorogation dans la limite de 50 ans, et possibilité de renouvellement[136].

Le bail emphytéotique confère à son titulaire un droit réel ; l'emphytéose. Il doit alors respecter le régime de la publication au livre foncier[137].

2.-En considération des prérogatives accordées par les droits réels, la qualification de bail emphytéotique devrait être exclue en cas de restriction du droit accordé. La jurisprudence française offre

[136] En ce qui concerne les particuliers, le Sénégal ne connait pas une réglementation spécifique sur la question. Cela n'installe cependant pas un no man's land juridique. Le bail emphytéotique étant avant tout un contrat, il se verra appliquer les règles en la matière. En outre, le silence législatif milite pour une durée pouvant aller jusqu'à 99 ans considérés en droit comme le seuil de « perpétuité ». Mais, contrairement au bail emphytéotique accordé par l'État, entre particuliers il ne doit pas suffire qu'un bail soit à longue durée pour qu'on le considère comme un bail emphytéotique. Il faudrait, en plus, une volonté du bailleur et du preneur de conférer un droit réel à celui-ci, de le qualifier de bail emphytéotique ou que les caractéristiques de l'emphytéose existent dans le contrat.

[137] Pour plus de développements, C. A. W. NDIAYE, Droit sénégalais des contrats immobiliers, L'Harmattan, 2017, p. 251 et s.

beaucoup d'exemples sur ce point[138]. Cependant, endroit sénégalais, comme le soulève l'arrêt en espèce, le Code du domaine de l'État apporte des atténuations à cette mesure. L'Etat peut insérer dans le contrat une disposition soumettant à autorisation la constitution d'hypothèque, la réalisation de nouveaux investissements ainsi que la cession du droit au bail ou la location de tout ou partie de l'immeuble. Toutes conventions passées par le preneur en violation d'une telle clause sont nulles de plein droit et entrainent la résiliation immédiate et sans indemnité du bail. Il est procédé, le cas échéant, à l'expulsion du preneur ou de tous occupants de son chef[139].

3. Quelle est la nature de la nullité ? Pour la haute juridiction, la nullité est absolue. Il peut être reproché au juge de n'avoir pas suffisamment démontré le fondement de leur qualification. Est-ce que le fait que le contrat porte sur des immeubles du domaine privé suffit pour que l'encadrement conventionnel de l'emphytéose soit justifié par l'intérêt général ? Il est permis d'en douter. Contrairement au domaine public, le domaine privé (non affecté) reconnait beaucoup de prérogatives à l'Etat[140]. Mieux, lorsque le bail emphytéotique dépasse 18 années, l'insertion de la clause d'encadrement des prérogatives de l'emphytéote est une faculté pour l'Etat[141]. Le doute sur la nullité absolue doit cependant s'estomper à la lecture de l'article 39 alinéa 5 du Code du domaine de l'Etat visé par le juge. En disposant que « les conventions passées par le preneur en infraction aux dispositions éventuellement insérées à l'acte de bail en application du deuxième alinéa du présent article[142], sont nulles de plein droit et entraine la résiliation immédiate et sans indemnité

[138] Pour l'interdiction de sous-louer sans autorisation Civ. 3e, 3 oct. 1991, Bull. III., n° 222 ; ou de céder Civ. ; 3e, 15 mars 1983, Bull. III., n° 74 ; ou d'aménager Civ. 3e, 3 oct. 1991 précité. Même une clause résolutoire pour faute y est interdite Civ. 3e, 14 nov. 2002, Bull. III, n° 223.

[139] Art 39 alinéa 5 du Code du domaine de l'Etat.

[140] Art. 36 du Code du domaine de l'Etat.

[141] C'est quand la durée ne dépasse pas 18 ans, donc dans le cade du bail ordinaire, que l'interdiction au preneur de céder son droit au bail ou de consentir une sous-location sans autorisation existe de droit ; art. 38 du Code du domaine de l'Etat.

[142] « Les actes de bail emphytéotique peuvent contenir une disposition soumettant à autorisation la constitution d'hypothèques, la réalisation de nouveaux investissements ainsi que la cession du droit au bail et la location de tout ou partie de l'immeuble ».

du bail », un débat sur la possibilité d'une nullité relative ne semble pas pouvoir être mené avec succès.

4.- Le régime juridique du bail emphytéotique signé avec l'Etat a connu une évolution en 2017. En effet, désormais, lorsque le bénéficiaire de l'emphytéose, l'emphytéote, utilise l'immeuble à des fins d'habitation, son droit sera transformé en droit de propriété. Cette mesure est l'occasion de lever les contraintes en matière de transfert de la propriété d'un terrain relevant du domaine privé de l'Etat, en permettant à des particuliers de disposer de titres privés[143]. En effet, sur le fondement du Code du domaine de l'Etat, le particulier peut obtenir un droit de propriété à la suite d'une vente. Cependant, cette dernière obéit à des conditions la rendant difficilement réalisable.

La vente des immeubles du domaine privé non affecté de l'Etat a lieu de gré à gré ou par voie d'adjudication, celle-ci étant réalisée aux enchères publiques ou par le procédé combiné des enchères verbales et des soumissions cachetées avec obligation de mise en valeur et aux conditions fixées. Dans tous les cas, la vente doit être autorisée par une loi[144].

Ces exigences semblent avoir justifiées la loi n° 87-11 du 24 février 1987 autorisant la vente de terrains domaniaux destinés à l'habitation situés en zones urbaines, la loi n° 94-64 du 22 août 1994 autorisant la vente de terrains domaniaux à usage industriel ou commercial, la loi n° 95-12 du 22 avril 1995 autorisant la vente du domaine privé immobilier bâti de l'État à usage d'hôtels ou de réceptifs touristique et de ses dépendances ainsi que la loi n° 2011-06 du 30 mars 2011portant transformation des permis d'habiter et titres similaires en titres fonciers[145]. Mais, comme le constate l'Etat, les objectifs visés à travers ces textes n'ont pas été atteints à cause des prix de vente des terrains domaniaux objet de ces droits d'usage à temps, jugés assez exorbitants par une bonne frange des

---

143 Exposé des motifs de la loi n° 2017-31 du 15 juillet 2017 autorisant la cession définitive et à titre gratuit de terrains domaniaux à usage d'habitation, J.O. n° 7033 du lundi 07 août 2017.

144 Art. 41 du Code du domaine de l'Etat.

145 Pour une analyse de ces lois, C. A. W. NDIAYE, Droit sénégalais des contrats immobiliers, L'Harmattan, 2017, p. 34 et s.

populations[146]. Pour la cession gratuite des terrains objets des titres précaires, l'échec de la loi n° 2011-06 est justifié par le fait que « depuis son entrée en vigueur, le nombre de demandes de transformation de permis d'habiter et titres similaires en titres fonciers reste extrêmement faible. Cette situation s'explique par une appropriation insuffisante de la loi par les détenteurs desdits titres et, probablement, par les frais à acquitter pour la délivrance des extraits de plans parcellaires »[147].

C'est dans ce contexte qu'a été adoptée la loi de 2017 pour « des mesures plus hardies et plus accessibles aux populations concernées, avec la double ambition de faciliter davantage l'accès à la pleine propriété foncière aux populations et d'assurer aux textes de loi les conditions d'une pleine application ».

Loi n°2017-31 du 15 juillet 2017 autorisant la cession définitive et à titre gratuit de terrains domaniaux à usage d'habitation

Exposé des motifs

Depuis l'adoption de la loi n° 76-66 du 02 juillet 1976 portant Code du Domaine de l'Etat, le législateur a essayé d'atténuer les contraintes en matière de transfert de la propriété d'un terrain relevant du domaine privé de l'Etat, en permettant à des particuliers de disposer de titres privés. C'est l'objet des lois :

- n°87-11 du 24 février 1987 autorisant la vente de terrains domaniaux destinés à l'habitation situés en zones urbaines ;

- n°2011-06 du 30 mars 2011 autorisant la transformation des permis d'habiter et titres similaires en titres fonciers.

L'adoption de la loi n°87-11 du 24 février 1987 constitue une étape décisive du programme du Gouvernement tendant à favoriser l'accès des sénégalais, particulièrement ceux ayant des revenus modestes, à la propriété foncière. Les motivations de cette loi tiennent au fait qu'aussi bien le bail que la concession du droit de superficie n'avaient pas apporté la sécurité et les garanties juridiques

[146] Exposé des motifs de la loi n° 2017-31 du 15 juillet 2017 autorisant la cession définitive et à titre gratuit de terrains domaniaux à usage d'habitation, précité.

[147] Exposé des motifs de la loi n° 2017-31 du 15 juillet 2017 autorisant la cession définitive et à titre gratuit de terrains domaniaux à usage d'habitation, précité.

auxquelles les bénéficiaires étaient en droit de s'attendre, en raison notamment de la superposition de droits qu'ils consacraient sur un même terrain.

Le constat est qu'aujourd'hui, les objectifs visés à travers ce texte n'ont pas été atteints, fondamentalement à cause des prix de vente des terrains domaniaux objet de ces droits d'usage à temps, jugés assez exorbitants par une bonne frange des populations.

La loi n°2011-06 du 30 mars 2011 portant transformation des permis d'habiter et titres similaires en titres fonciers a, quant à elle, voulu combler les insuffisances du Code du Domaine de l'Etat en instituant la cession gratuite des terrains objets de ces titres précaires. Cependant, depuis son entrée en vigueur, le nombre de demandes de transformation de permis d'habiter et titres similaires en titres fonciers reste extrêmement faible. Cette situation s'explique par une appropriation insuffisante de la loi par les détenteurs desdits titres et, probablement, par les frais à acquitter pour la délivrance des extraits de plans parcellaires.

Devant ce constat, il paraît urgent d'envisager des mesures plus hardies et plus accessibles aux populations concernées, avec la double ambition de faciliter davantage l'accès à la pleine propriété foncière aux populations et d'assurer aux textes de loi les conditions d'une pleine application.

A cet effet, il y'a lieu de réexaminer la législation domaniale relative à la cession en toute propriété des terrains domaniaux à usage d'habitation.

Le présent projet de loi vise ainsi à conférer un caractère hautement social à la cession des terrains domaniaux à usage d'habitation, en instituant sa gratuité.

En substance, il a pour objet d'autoriser :

- d'une part, la cession, à titre gratuit, des terrains domaniaux à usage d'habitation situés dans les zones dotées d'un plan d'urbanisme approuvé ou résultant d'un lotissement approuvé par l'administration ;

- d'autre part, la transformation gratuite des permis d'habiter et titres similaires en titres fonciers.

Les terrains concernés par la cession gratuite sont ceux qui sont attribués par voie de bail ordinaire, de bail emphytéotique ou ayant fait l'objet d'une concession du droit de superficie, dans les conditions fixées par les articles 38, 39 et 40 du Code du Domaine de l'Etat.

La transformation en titres fonciers quant à elle, vise les terrains faisant l'objet de « permis d'habiter », des « autorisations d'occupation » et des « autorisations d'occuper ».

Afin de ne pas entraver la mobilisation des immeubles concernés dans le circuit de l'activité économique nationale, il est proposé de ne pas insérer dans le texte de loi, ni une clause d'inaliénabilité ni une disposition prévoyant le rappel, dès la première transaction suivant la cession initiale, des frais engagés par l'Etat.

La mise en œuvre des mesures prévues par le présent projet nécessite l'abrogation des dispositions des lois n° 87-11 du 24 février 1987 et n° 2011-06 du 30 mars 2011 précitées, ainsi que celles de leurs décrets d'application respectifs.

Telle est l'économie du présent projet de loi.

L'Assemblée nationale a adopté, en sa séance du vendredi 30 juin 2017, selon la procédure d'urgence,

Le Président de la République promulgue la loi dont la teneur suit :

Article premier.- Est autorisée, en application des dispositions des articles 41 et 42 de la loi n° 76-66 du 02 juillet 1976 portant Code du Domaine de l'Etat, la cession à titre gratuit, aux attributaires, des terrains domaniaux à usage d'habitation individuelle situés dans les zones dotées d'un plan d'urbanisme approuvé ou résultant d'un lotissement approuvé par l'Administration, ainsi que la transformation gratuite, sans formalités préalables, en titres fonciers des permis d'habiter et titres assimilés, délivrés sur les terrains domaniaux destinés à l'habitation.

Art. 2. - Les terrains visés à l'article premier sont :

- les terrains domaniaux attribués par voie de bail ordinaire, de bail emphytéotique ou ayant fait l'objet d'une concession du droit de superficie, et mis en valeur conformément à l'obligation contenue dans le titre d'occupation ;

- les terrains domaniaux à usage d'habitation ayant fait l'objet de permis d'habiter, permis d'occuper, autorisation d'occupation ou autorisation d'occuper.

Art. 3. - La cession desdits terrains et leur mutation subséquente sont exonérées de tous droits et taxes.

Art. 4. - Nonobstant les dispositions des articles 1 et 3 de la présente loi, les sommes versées à l'Etat au titre de procédures de cession définitive en cours, restent acquises au Trésor public.

Art. 5. - Les modalités particulières d'application de la présente loi seront précisées par un décret.

Art. 6. - Sont abrogées toutes les dispositions contraires à celles de la présente loi et notamment :

- la loi n°87-11 du 24 février 1987 ;
- la loi n°2011-06 du 30 mars 2011 portant transformation des permis d'habiter et titres similaires en titres fonciers ;
- le décret n° 88-826 du 14 juin 1988 pris pour l'application de la loi n° 87-11 susvisée ;
- le décret n° 2012-1270 du 08 novembre 2012 portant application de la loi n° 2011-06 du 30 mars 2011 pris pour l'application de la loi n° 2011-06 susvisée.

La présente loi sera exécutée comme loi de l'Etat.

Fait à Dakar, le 15 juillet 2017.

Macky SALL

Par le Président de la République :

Le Premier Ministre,

Mahammed Boun Abdallah DIONNE

Complément de jurisprudence :

Sur la résiliation du bail emphytéotique :

Cour suprême, arrêt n° 34 du 29 août 2019, SOCIÉTÉ SAUDI BINLADEN GROUP c/ ÉTAT DU SÉNÉGAL

Solution :

Selon l'article 39 du code du domaine de l'État, l'administration ne peut résilier un bail emphytéotique que pour un motif tiré de l'inexécution par le preneur de ses obligations et après mise en demeure. Ne satisfait pas aux formalités dudit texte, l'arrêt ministériel qui prononce une résiliation alors que le défaut de mise en valeur constaté est constitutif au fait de tiers.

Texte :

La Cour suprême,

Après en avoir délibéré conformément à la loi ;

Considérant que, par acte administratif du 28 avril 2010, approuvé le 18 mai 2010, l'État du Sénégal représenté par le gouverneur de la région de Dakar, a consenti à la société Saudi Binladen Group un bail sur une parcelle de terrain à usage industriel, sise à Sebikotane, d'une superficie de 99 hectares 82a 86ca, objet du TF n° 5065/R ;

Que par arrêté n° 04190/MEFP/DGID/DD du 23 février 2018, notifié le 28 février 2018, le ministre de l'Économie et des Finances a résilié le bail susvisé pour défaut de mise en valeur de l'assiette foncière ;

Qu'après avoir introduit un recours gracieux le 1er mars 2018, la société requérante, estimant n'avoir pu mettre en valeur ledit terrain du fait de l'occupation par des tiers, a formé le présent recours, articulé autour d'un moyen unique, pris d'une violation de la loi, subdivisé en deux branches ;

Considérant que l'État du Sénégal a soulevé l'irrecevabilité du recours au motif qu'il est dirigé contre une décision de résiliation d'un bail qui constitue un acte administratif non détachable du contrat, donc insusceptible de recours pour excès de pouvoir ;

Considérant que l'article 139 du code des obligations de l'administration ne procède pas à une énumération exhaustive des actes détachables du contrat ;

Que le bail emphytéotique est un contrat administratif dont la résiliation, relevant de la compétence du ministre, obéit à des conditions légales qui n'échappent pas au contrôle du juge de l'excès de pouvoir ;

Qu'ainsi l'irrecevabilité n'est pas encourue ;

Sur le moyen unique en sa première branche tirée de la violation de l'article 39 de la loi n° 76-66 du 2 juillet 1976 portant code du domaine de l'État en ce que le ministre a pris un arrêté de résiliation alors qu'il n'a pas respecté le préalable de la mise en demeure ;

Et sans qu'il soit besoin de statuer sur la seconde branche

Considérant que l'État du Sénégal a conclu au rejet du moyen au motif que la résiliation est fondée sur le défaut de mise en valeur du terrain et qu'une lettre de mise en demeure du 26 avril 2016 a été adressée à la société Saudi Ben Laden Group ;

Considérant que, selon les dispositions de l'article 39 du texte susvisé, l'administration ne peut résilier un bail emphytéotique sans indemnité que pour inexécution par le preneur de ses obligations et trois mois après mise en demeure par lettre recommandée, restée sans effet ;

Considérant qu'en l'espèce, il n'est pas établi que l'État du Sénégal qui a résilié sans indemnité pour inexécution par le preneur de son obligation de mise en valeur, a procédé à la mise en demeure par lettre recommandée restée sans effet, dans les délais légaux, alors surtout que le défaut de mise en valeur est consécutif au fait de tiers ;

Qu'ainsi la décision, pour n'avoir pas satisfait aux formalités dudit texte, encourt l'annulation ;

Par ces motifs :

Annule l'arrêté de la décision n° 4190/MEF/DGID/DD du 23 février 2018 du ministre de l'Économie et des Finances portant résiliation du bail consenti à la Société Saudi Ben Laden Group, approuvé le 18 mai 2010.

Observations :

1.- Il résulte des dispositions de l'article 140 du Code des obligations de l'Administration que les actes détachables du contrat peuvent faire l'objet d'un recours pour excès de pouvoir devant la Cour suprême. L'article précise que « sont notamment détachables du contrat l'autorisation de contracter, la décision de contracter ou de ne pas contracter, l'opération d'attribution, l'approbation du contrat ». Le dénominateur commun à ces différents actes est qu'ils soient situés dans la phase précontractuelle.

Cependant, comme le souligne à juste titre la Cour suprême, « l'article 139 du code des obligations de l'administration ne procède pas à une énumération exhaustive des actes détachables du contrat ». Ainsi, elle retient que la décision de résiliation d'un bail emphytéotique est un acte détachable du contrat susceptible d'un recours pour excès de pouvoir.

Voir aussi, **Cour suprême, arrêt n° 57 du 13 décembre 2018, B A c/ ÉTAT DU SÉNÉGAL.**

2.- Se pose cependant la question de la conséquence de l'annulation de la décision sur le contrat. Celui-ci doit normalement survivre. En d'autres termes, l'acte détachable aura un effet direct sur le contrat.

Même s'il n'est pas le juge du contrat, le juge de l'excès de pouvoir peut ainsi le maintenir en vie.

Sur la base de sa décision, le Conservateur devra revenir sur l'inscription de la résiliation du contrat de bail.

En considération de ces développements, il devient pertinent de s'interroger sur la qualification retenue par le juge. Peut-on exclure du « contentieux des contrats administratifs »[148] la décision de résiliation unilatérale ? Dans l'affirmative, que restera-t-il du contentieux des contrats administratifs en matière de bail emphytéotique ?

3.- Cependant, le juge de l'excès de pouvoir ne se reconnait pas une compétence pour annuler un bail emphytéotique :

> *Considérant qu'il ressort des pièces du dossier que par acte du 13 novembre 2008, approuvé le 5 janvier 2009 et inscrit le 8 janvier 2009 au livre foncier de Ngor - Almadies, A. T. a bénéficié d'un bail portant sur le lot n°37 du TF n°10940/NGA devenu le TF n°6787/NGA ;*
>
> *Que par acte du 10 mars 2010, enregistré le 11 mai 2011 à la conservation foncière, A. T. a cédé à A. S. tous les droits résultant dudit bail ;*

---

[148] Aux termes des dispositions de l'article 139 du Code des obligations de l'Administration, « Les tribunaux de grande instance sont compétents pour connaître du contentieux des contrats administratifs ».

Que suivant acte du 30 juin 2015, approuvé le 12 octobre 2015, l'Etat du Sénégal a consenti à M. D. un bail sur la parcelle de terrain formant le lot n°37 d'une superficie de 180 m² environ à distraire du TF n°10940 ;

Considérant que M. D. sollicite l'annulation de la décision implicite de rejet du Directeur général des Impôts et des Domaines, de sa demande aux fins d'annulation de l'acte administratif portant attribution de parcelle à A. T., du bail établi au profit de ce dernier et à la radiation de l'inscription au livre foncier de Ngor-Almadies ;

Que la demande adressée au Directeur général des Impôts et des Domaines tend à l'annulation du bail liant l'Etat du Sénégal à A. T. ;

Considérant que selon l'article 139 du Code des Obligations de l'Administration, les Tribunaux de grande Instance sont compétents pour connaître du contentieux des contrats administratifs ;

Que le présent recours, formé contre un acte administratif bilatéral, relève du plein contentieux dévolu au Tribunal de grande Instance et ne saurait être porté devant le juge de l'excès de pouvoir ;

Qu'il s'ensuit que la Cour est incompétente pour en connaitre.

Cour suprême, chambre administrative, Arrêt n°02 du 14 janvier 2021, M. D. c/ L'État du Sénégal.

Arrêt n° 8
Sénégal, Cour suprême, Chambre civile et commerciale, 02 mars 2016, 15

Immeuble – Droit du constructeur au remboursement de la valeur des constructions – Condition – Bonne foi du possesseur – Cas – Possession en vertu d'un titre translatif affecté de vices ignorés
Immeuble – Droit du constructeur au remboursement de la valeur des constructions – Indifférence de la bonne foi du possesseur en cas de construction avec l'accord du propriétaire

---

Mme X c/ M. Y

Solution :

Le possesseur de bonne foi est celui qui possède, comme propriétaire, un immeuble en vertu d'un titre translatif de propriété dont il ignore les vices.

Lorsque des constructions ont été faites par un tiers, avec l'accord du propriétaire du fonds, ce dernier doit rembourser la valeur de ces constructions, peu important la bonne ou la mauvaise foi du tiers, s'il décide de conserver les ouvrages, cette option pouvant s'induire des circonstances de la cause.

C'est à bon droit qu'une cour d'appel condamne la propriétaire à rembourser, à son amant, la valeur des constructions qu'il a réalisées sur son terrain, après avoir déduit de ses déclarations qu'elle avait opté pour les conserver.

Texte :

La Cour suprême,

Ouï Monsieur El Hadji Malick SOW, Conseiller-doyen, faisant fonction de Président, en son rapport ;

Ouï Monsieur Oumar DIEYE, Avocat général, en ses conclusions tendant au rejet du pourvoi ;

Vu la loi organique n° 2008-35 du 8 août 2008 sur la Cour suprême ;

Après en avoir délibéré conformément à la loi ;

Attendu, selon l'arrêt attaqué (Dakar, 9 février 2015 n° 64) que M.Y a fait des constructions sur un terrain appartenant à Mme X pendant qu'ils vivaient en couple ; qu'à la rupture de leur relation, M.Y a saisi le tribunal pour obtenir le remboursement du coût des travaux ;

Sur le premier moyen :

Attendu que Mme X fait grief à l'arrêt de déformer les faits de la cause, en exposant comme seul motif à sa décision, qu'il n'est pas discuté que M.Y n'a pas construit sciemment sur un terrain qui ne lui appartenait pas, mais compte tenu de ses bons rapports de vie avec la propriétaire du terrain ;

Mais attendu que la dénaturation des faits n'est pas un cas d'ouverture à cassation ;

D'où il suit que le moyen est irrecevable ;

Sur le deuxième moyen pris en ses deux branches réunies :

Attendu que Mme X fait encore grief à l'arrêt d'être insuffisamment motivé, pour s'être contenté de procéder par affirmation en décidant d'autorité d'accorder à M.Y une qualité qu'il n'a jamais revendiquée, celle de possesseur de bonne foi, sans définir les éléments constitutifs de cette qualité ;

Mais attendu que le moyen ne critique que les motifs de l'arrêt ;

Qu'il s'ensuit qu'il est irrecevable ;

Sur le troisième moyen pris en ses deux branches réunies :

Attendu que Mme X fait également grief à l'arrêt d'infirmer le jugement et de la condamner à rembourser à M.Y le coût des constructions alors, selon le moyen, que d'une part, M.Y ne pouvait être considéré comme un possesseur de bonne foi au sens des dispositions des articles 550 et 555 du code civil français encore applicables au Sénégal et d'autre part, la cour d'appel aurait dû exiger de M.Y qu'il rapporte la preuve de l'existence de son obligation conformément aux dispositions de l'article 9 du COCC ;

Mais attendu que d'une part, le possesseur de bonne foi, au sens des dispositions des articles 550 et 555 alinéa 4 du code civil français, est celui qui possède, comme propriétaire, un immeuble en vertu d'un titre translatif de propriété dont il ignore les vices ;

Que d'autre part, lorsque des constructions ont été faites par un tiers, avec l'accord du propriétaire du fonds, ce dernier doit rembourser la valeur de ces constructions, peu important la bonne ou la mauvaise foi du tiers, s'il décide de conserver les ouvrages, cette option pouvant s'induire des circonstances de la cause ;

Et attendu qu'ayant relevé qu'il n'est pas discuté que M.Y a édifié des constructions sur un terrain qu'il savait ne pas lui appartenir, mais à cause de ses rapports avec la propriétaire, Mme X avec qui il vivait en couple, puis retenu que cette dernière a déclaré, à la suite d'une sommation interpellative, que M.Y lui avait offert les constructions, sans en faire la preuve, ce dont il se déduit qu'elle a opté pour les conserver, la cour d'appel a décidé, à bon droit, de la condamner au remboursement de la valeur de ces constructions, nonobstant le motif surabondant selon lequel le constructeur est un tiers possesseur de bonne foi ;

D'où il suit que le moyen n'est pas fondé ;

Sur le quatrième moyen :

Attendu que Mme X fait enfin grief à l'arrêt de manquer de base légale pour n'avoir pour support juridique ni l'article 555 du code civil français non applicable en la cause, ni l'article 9 du code des obligations civiles et commerciales dont il n'a pas été fait application ;

Mais attendu que le moyen qui ne précise pas le chef de dispositif attaqué est irrecevable ;

Par ces motifs :

Rejette le pourvoi ;

Observations :

1.- Le débat sur la possession.

Il est reproché à la Cour d'appel d'avoir, d'autorité, accordé à un tiers ayant construit sur le terrain d'autrui, la qualité de possesseur de bonne foi.

La possession « est un rapport de fait entre une chose et une personne, par lequel cette personne a la possibilité d'accomplir, sur cette chose, personnellement ou par l'intermédiaire d'un tiers, des actes qui, dans leur manifestation extérieure, correspondent à l'exercice d'un droit, qu'elle soit ou non titulaire régulière de ce droit »[149]. Mais, peut-on, en droit sénégalais, être possesseur d'une chose avec les conséquences qui en découlent ?

2.- En matière mobilière, une réponse législative peut être retrouvée dans le COCC. Aux termes des dispositions de l'article 262 dudit code, « l'acquéreur de la chose d'autrui en devient propriétaire lorsqu'il a reçue de bonne foi ». Quid de la matière immobilière ? En d'autres termes, en cette matière, la possession vaut-elle titre comme semble l'admettre la Cour d'appel[150] ?

3.- Du fait de l'adoption du système du livre foncier par le Sénégal[151], un droit réel n'existe que tout autant qu'il a été rendu public et il existe tout le temps qu'il reste inscrit[152]. Le simple titre translatif de propriété ne suffit pas. Comme le souligne l'exposé des motifs de la loi n ° 2011-07 du 30 mars 2011 portant régime de la Propriété foncière, ce régime « proscrit les causes occultes d'acquisition ou d'extinction de droits réels sur les immeubles immatriculés. C'est ainsi qu'il n'admet pas la prescription comme mode d'acquisition ou de libération de droits réels ou charges grevant les immeubles immatriculés. Toutefois, la prescription acquisitive est reconnue à l'Etat et à l'Etat seul en ce qui concerne les immeubles abandonnés pendant trente années consécutives par

---

[149] F. TERRE et Ph. SIMLER, Droit civil – Les biens, Dalloz, 7e éd., 2006, p. 145.

[150] Il est dommage que la Cour suprême n'ait pas apporter de réponse à cette intérrogation.

[151] V. arrêt n° 1, aussi, C. A. W. NDIAYE, Droit sénégalais des contrats immobiliers, L'Harmattan, 2017, p. 11 et s.

[152] Art. 20 de la loi n ° 2011-07 du 30 mars 2011 portant régime de la Propriété foncière, J.O. n° 6607 du samedi 13 août 2011.

les leurs occupants légitimes »[153]. En lui enlevant sa principale conséquence de droit, savoir la prescription acquisitive[154], le droit sénégalais fait l'option de supprimer la possession par autrui d'un immeuble immatriculé. Le seul fait d'appréhendé un immeuble avec la volonté de se l'approprier ne peut conférer des droits.

Pour avoir des prétentions sur un immeuble immatriculé, il faut détenir un droit inscrit au livre foncier. En dehors du régime de l'immatriculation, donc concernant les terres du domaine national, c'est le droit précaire conféré qui autorise l'utilisation[155]. Possession ne fait pas propriété en matière immobilière.

Complément :

Cheikh Abdou Wakhab NDIAYE, « Retour sur quelques incongruités du droit sénégalais à propos du système du livre foncier », Revue Droit et ville (Toulouse), 2022/1 (n°93), p. 381 et s.

Complément de jurisprudence

✓ A privé sa décision de base légale une cour d'Appel qui expulse le défendeur, sans aucune analyse des pièces produites par lui et sans relever l'existence d'un titre de propriété du demandeur à l'expulsion[156].

✓ Attendu que pour ordonner l'expulsion Pape Diop de l'immeuble litigieux, la cour d'appel retient que « même si l'état des droits réels produit aux débats mentionne toujours AgAd Ab Ai comme titulaire du droit réel sur ledit immeuble, il n'en demeure pas moins que Ae Af est en droit d'opposer sa possession dudit

[153] Art. 33 de la loi n° 2011-07 du 30 mars 2011 portant régime de la Propriété foncière, précité : La prescription ne peut, en aucun cas, constituer un mode d'acquisition de droits réels sur des immeubles immatriculés ou de libération des charges grevant les mêmes immeubles. Toutefois, un immeuble immatriculé abandonné pendant trente années consécutives par ses propriétaires ou occupants légitimes est considéré comme vacant et incorporé au domaine de l'Etat dans les formes et conditions fixées par décret.

[154] En droit français, le possesseur d'un immeuble en devient propriétaire après trente (30) ans ; cf. art. 2272 du Code civil.

[155] V. arrêt n° 3.

[156] C. S., Chambre civile et commerciale, arrêt n° 59 du 04 juin 2014, juricaf.org.

immeuble à Ah Aa qui, lui-même, reconnaît avoir été mandaté par lui pour gérer ce bien » ;

Qu'en statuant ainsi, alors que la preuve de la propriété d'un immeuble immatriculée ne peut résulter que des mentions du livre foncier, la cour d'appel a méconnu le texte susvisé » (Article 381 COCC)[157].

Quid de la possession de bonne foi ?

4.- Aux termes des dispositions de l'article 550 du Code civil français[158], « le possesseur est de bonne foi quand il possède comme propriétaire, en vertu d'un titre translatif de propriété dont il ignore les vices ». Qu'entendre par « titre translatif » dans le contexte sénégalais ? Partant du principe « nul n'est censé ignorer la loi », il est permis de penser que le titre en question doit être un acte authentique inscrit au livre foncier. En considération du régime sénégalais de la publicité au livre foncier, ne devrait pouvoir invoquer sa bonne foi, celui qui acquiert un terrain immatriculé par acte sous seing privé ou avec une personne non indiquée au livre foncier comme propriétaire.

Si la bonne foi est établie, pourra-t-on revenir sur l'inscription ? Conformément à l'article 30 de loi n° 2011-07 du 30 mars 2011 portant régime de la Propriété foncière, « toutes actions tendant à la revendication d'immeubles, basées sur des causes non susceptibles d'énonciation aux contrats d'aliénation et notamment sur l'inobservation des conditions essentielles à la validité, l'atteinte portée aux droits des créanciers ou à ceux du mineur, l'incapacité absolue ou relative de disposer ou de recevoir par testament ou donation, l'interdiction légale d'acheter ou de vendre frappant certaines personnes ou s'appliquant à certains objets, le retrait d'indivision, sont sans effet à l'égard des tiers de bonne foi, ayant publié leurs titres avant l'acte introductif d'instance ».

En considération de l'article 30 précité, en droit sénégalais, celui qui remplit les critères du possesseur de bonne foi selon le droit français, acquière un droit de propriété dès l'inscription. La démarcation par rapport à la législation d'inspiration est donc manifeste. En effet, il résulte des dispositions de l'article 2272 du

[157] C. S., arrêt n° 68 du 17 août 2016, A c/ Ae Af.

[158] Sur l'application du Code civil au Sénégal, cf. arrêt n° 11.

Code civil que, s'il est de principe qu'en matière immobilière le délai pour la prescription acquisitive est de trente (30) ans, celui qui acquiert de bonne foi et par juste titre un immeuble en prescrit la propriété par dix ans.

5.- Pourquoi la Cour d'appel fait, en l'espèce, allusion à la possession ? Il n'est pas permis de penser que l'affaire puisse soulever une possession, encore moins une possession de bonne foi. « M. Y. a édifié des constructions sur un terrain qu'il savait ne pas lui appartenir, mais à cause de ses rapports avec la propriétaire, Mme X avec qui il vivait en couple ».

6.- « En vertu de l'article 549 du code civil, le possesseur de bonne foi fait les fruits siens ; que selon l'article 550 du même code, le possesseur cesse d'être de bonne foi du moment où les vices affectant son titre lui sont connus »[159].

7.- L'appréciation de la notion de « bonne foi » du possesseur interpelle au regard de certaines décisions de la Cour suprême.

Une personne avait, par acte sous seing privé du 27 juillet 1990, acheté un terrain du domaine public maritime et y avait édifié des constructions. Assigné pour obtenir son expulsion, la démolition des constructions et le paiement d'une indemnité d'occupation, la Cour retient qu' « Attendu qu'en vertu de l'article 549 du code civil, le possesseur de bonne foi fait les fruits siens ; que selon l'article 550 du même code, le possesseur cesse d'être de bonne foi du moment où les vices affectant son titre lui sont connus ;

Et attendu qu'ayant retenu qu'à la date de la décision d'expulsion, le 1er mai 1995, jusqu'au 31 mai 2002, date de la décision ordonnant la discontinuation des poursuites, M. A continuait à occuper le terrain alors que la propriété des héritiers n'était plus discutée, la cour d'Appel a pu en déduire que ce dernier devait payer une indemnité d'occupation »[160].

Peut-on être de bonne foi alors qu'on a violé la loi ? En effet, les dépendances du domaine public (maritime) sont inaliénables[161] et nul ne peut, sans l'autorisation délivrée par l'autorité compétente,

---

[159] C. S., arrêt n° 23 du 20 mars 2019, Aa A c/ HERITIERS FEU Z X.

[160] C. S., arrêt n° 23 du 20 mars 2019, Aa A c/ HERITIERS FEU Z X.

[161] Art. 9 du Code du domaine de l'Etat : « Le domaine public est inaliénable et imprescriptible ».

occuper ou exploiter une dépendance du domaine public ou l'utiliser dans des limites excédant le droit d'usage qui appartient à tous sur les parties de ce domaine affectées au public[162].

8.- Complément.

✓ Sénégal, Cour suprême, arrêt n° 65 du 04 juillet 2007.

Succession – tiers de bonne foi – héritier apparent –

Demandeurs : *Mouhamadou Habib Gallo THIAM*

Défendeurs : *Ibrahima Abdoulaye DIAW et autres*

Solution :

Une Cour d'appel ayant analysé les actes d'aliénation par l'héritier apparent, et relevé la bonne foi du tiers qui a cru traiter avec l'héritier véritable, a souverainement apprécié leur valeur et leur portée.

Texte :

LA COUR

Après en avoir délibéré conformément à la loi ;

Vu la loi organique n° 92-25 du 30 mai 1992 sur la Cour de cassation ;

Attendu que, selon l'arrêt attaqué, Mouhamadou Habib Gallo THIAM et Moustapha Gora THIAM, héritiers véritables de Penda DIAW, ont introduit une action en annulation de la vente d'un immeuble successoral cédé, à titre onéreux, à Ramatoulaye NDIAYE et Aminata Oumou NDIAYE, par deux héritiers apparents, Ibrahima Abdoulaye DIAW et Mamadou Amadou MBODJ ;

Sur le premier moyen tiré de la violation de la loi, en ce que, après avoir reconnu « qu'il est de principe que la vente de la chose d'autrui est nulle et de nul effet » , la Cour d'appel a invoqué une jurisprudence prétendument constante, qui réserverait, semble-t-il,

---

[162] Art. 20 du Code du domaine de l'Etat.

les droits régulièrement acquis par les tiers de bonne foi, alors que, les articles 261 et 263 du code de procédure civile et commerciale disposent respectivement que « l'acquéreur devient propriétaire lorsque son auteur avait le droit de propriété » et « en cas d'éviction d'un bien acquis en vertu d'un contrat translatif, le revendiquant est tenu de rembourser à l'acquéreur les dépenses nécessaires et, dans la mesure de la plus-value donnée au bien, les améliorations utiles » ;

Mais attendu que la propriété apparente assure la validité des actes d'aliénation par l'héritier apparent ayant traité avec le tiers, qui a cru, de bonne foi, avoir traité avec l'héritier véritable ;

Et attendu qu'appréciant les éléments de fait et de preuve soumis à son examen, la Cour d'appel a souverainement retenu « qu'en l'espèce, il apparaît évident que la bonne foi de Ramatoulaye NDIAYE et Aminata Oumou NDIAYE a été surprise, les documents officiels sur le fondement desquels elles ont contracté unanimement, sans équivoque, les droits excipés par les cocontractants et la remise en cause de ceux-ci sur opposition d'un tiers apparaissant à la date de la vente peu prévisible, même pour une personne normalement prudente et diligente » ;

D'où il suit que le moyen n'est pas fondé ;

Sur le deuxième moyen tiré de la dénaturation de la copie du titre foncier, en ce que, la Cour d'appel a énoncé que la mutation du titre avait été faite aux noms des vendeurs ainsi qu'il résulte de la copie du titre, alors qu'aucun document n'atteste que le titre foncier 1868 de Saint-Louis a été muté aux noms de Ibrahima Abdoulaye DIAW et Mamadou Amadou MBODJ, avant la vente faite le 11 février 1992 ;

Mais attendu que, abstraction faite du motif surabondant mais erroné, selon lequel la mutation a été faite au nom des vendeurs, la Cour d'appel ayant retenu que « la vente a été faite devant notaire le 11 février 1992, sur la production du jugement d'hérédité n° 179 rendu le 24 juillet 1991, par le tribunal départemental de Saint-Louis, d'un acte de notoriété dressé le 10 février 1992 par Me Amadou Samba FALL, notaire à Saint-Louis, et d'un certificat de non-opposition ni appel dudit jugement », sa décision se trouve motivée par ces seuls motifs ;

D'où il suit que le moyen ne saurait être accueilli ;

Sur le troisième moyen tiré de la dénaturation des faits, en ce que la Cour d'appel a estimé que la bonne foi des acquéreurs a été surprise par les documents officiels produits par les vendeurs, alors que les circonstances de la vente laissent plutôt supposer la mauvaise foi des acquéreurs qui ont négocié et versé le prix de la vente dans le cabinet de leur avocat qu'elles ont en commun avec le vendeur, et ce, dans la période où la procédure d'annulation du jugement d'hérédité n° 179 du 29 juillet 1991 sur la base duquel cette vente s'est opérée ;

Mais attendu que, seule l'interprétation d'un écrit peut faire l'objet d'un pourvoi fondé sur un grief de dénaturation, mais non l'interprétation d'un fait ;

D'où il suit que le moyen est irrecevable.

PAR CES MOTIFS

Rejette le pourvoi de Mouhamadou Habib Gallo THIAM et Rokhaya DIAW formé contre l'arrêt n° 498 du 7 septembre 2001 rendu par la Cour d'appel de Dakar ;

Ordonne la confiscation de l'amende consignée ;

Les condamne aux dépens ;

Président : Ibrahima GUÉYE ; Conseiller : Mouhamadou DIAWARA ; Conseiller-Rapporteur : Papa Makha NDIAYE ; Avocat général : Babacar DIALLO ; Greffier : Me Ndèye Macoura DIOP CISSÉ ; Avocat : Me Ibrahima DIOP.

✓ Outre le débat sur la possession, les constructions ne violent-elles pas le Code de l'urbanisme ?

Il résulte de l'article 68 de la loi n° 2009-26 du 8 juillet 2009 modifiant l'article 68 de la loi n° 2008-43 du 20 août 2008 portant Code de l'Urbanisme[163] : « Nul ne peut entreprendre, sans autorisation administrative, une construction de quelque nature que ce soit ou apporter des modifications à des constructions existantes sur le territoire des communes, ainsi que dans les agglomérations désignées par arrêté du Ministre chargé de l'Urbanisme ». L'autorisation de construire est délivrée au propriétaire ou à son

[163] J.O. n° 6495 du Samedi 24 octobre 2009.

mandataire[164]. Le requérant devra joindre à sa demande un titre de propriété[165].

En cas de violation de l'exigence d'une autorisation de construire, outre l'amende, le tribunal peut, sur la requête de l'administration ou d'office, ordonner la démolition des constructions édifiées et la remise en état des lieux, aux frais du condamné[166].

Dans l'hypothèse d'une violation de l'article 68 de la loi n° 2008-43, le propriétaire pouvait-elle la soulever ? Une réponse négative doit s'imposer car nul ne peut se prévaloir de sa propre turpitude. Le même argument est aussi valable pour celui qui a édifié les constructions sur le terrain d'autrui.

---

[164] Art. 70 du Code de l'Urbanisme.

[165] Art. R. 199 du décret n° 2009-1450 du 30 décembre 2009 portant partie règlementaire du Code de l'Urbanisme.

[166] Art. 85 du Code de l'urbanisme.

Arrêt n° 9
Sénégal, Cour suprême, Chambre civile et commerciale, 06 avril 2016, 20

Bail à construction – Champ d'application – Détermination – Terrain du domaine national

Epoux X c/ La Société Y

Solution :

En vertu de l'article 113 du code de la construction, est un bail à construction le contrat par lequel le preneur s'engage, à titre principal, à édifier des constructions sur le terrain du bailleur, qui peut être un usufruitier, et à les conserver en bon état d'entretien, pendant toute la durée du bail ;

Viole ce texte, et les articles 19 du décret n° 64-573 du 30 juillet 1964 sur le domaine national et 63 du code des obligations civiles et commerciales, la cour d'appel qui, pour retenir l'existence d'un dol et annuler le bail à construction, relève que le terrain n'appartenait pas au bailleur car il faisait partie du domaine national et ne pouvait pas faire l'objet de transaction.

Texte :

La Cour suprême,

Ouï Monsieur Souleymane KANE, Conseiller, en son rapport ;

Ouï Monsieur Ahmeth DIOUF, Avocat général, en ses conclusions tendant à la cassation de l'arrêt attaqué ;

Vu la loi organique n° 2008-35 du 8 août 2008 sur la Cour suprême ;

Après en avoir délibéré conformément à la loi ;

Attendu, selon l'arrêt attaqué, que la Société Y a conclu, avec M. et Mme X, un bail à construction aux termes duquel, la société devait réaliser, sur un terrain mis à sa disposition, un bâtiment d'une valeur de 38 649 000 F, représentant neuf années de location ;

Qu'après avoir, dit-elle, réclamé en vain aux époux X leur titre de propriété, la Société Y a déclaré avoir constaté, que non seulement le terrain objet du contrat relève du domaine national, mais qu'en outre, il a été attribué à d'autres personnes ;

Que la Société Y a alors assigné les époux X, en annulation du bail et en remboursement du coût des constructions ;

Sur le premier moyen pris en ses troisième et quatrième branches, sur les quatrième et cinquième moyens réunis :

Vu les articles 113 de la loi n° 2009-23 du 8 juillet 2009 portant code de la construction, 19 du décret n° 64-573 du 30 juillet 1964 sur le domaine national et 63 du COCC :

Attendu qu'aux termes du premier de ces textes, constitue un bail à construction le bail par lequel le preneur s'engage, à titre principal, à édifier des constructions sur le terrain du bailleur et à les conserver en bon état d'entretien pendant toute la durée du bail ; que le bail à construction est consenti par celui ou ceux qui ont le droit d'aliéner et dans les mêmes conditions et formes ;

Attendu que pour retenir l'existence d'un dol et annuler le bail à construction, l'arrêt relève d'une part que les terrains du domaine national ne peuvent faire l'objet de transaction ni d'un bail à construction, d'autant plus qu'ils ne peuvent appartenir au bailleur comme l'exige l'article L 113 du code de la construction et d'autre part que le preneur ne peut y faire inscrire le droit réel immobilier prévu à l'article 115 dudit code, l'inscription d'un droit réel immobilier ne pouvant se faire que sur un immeuble immatriculé selon l'article 1 de la loi n° 2011-07 du 30 mars 2011 portant régime de la propriété foncière ;

Qu'en statuant ainsi, alors que d'une part, dans le bail à construction, il n'est pas exigé du bailleur qu'il soit propriétaire du terrain, un usufruit pouvant être loué à un constructeur et que d'autre part, en vertu des dispositions de l'article 203-3° de l'Acte uniforme portant organisation des sûretés, celui qui possède un droit réel lui permettant de construire à son profit sur le fonds d'autrui, sur le domaine public ou sur le domaine national peut hypothéquer les bâtiments et ouvrages dont la construction est commencée ou simplement projetée, la cour d'appel a violé la loi ;

Par ces motifs, et sans qu'il soit nécessaire d'examiner les autres moyens :

Casse et annule en toutes ses dispositions l'arrêt n° 603 rendu le 21 novembre 2014 par la cour d'appel de Dakar ;

Remet en conséquence la cause et les parties dans l'état où elles se trouvaient avant ledit arrêt et pour être fait droit les renvoie devant la cour d'appel de Kaolack ;

Observations :

1.- Le bail à construction peut-il, comme le soulève la Cour suprême, porter sur des terres du domaine national ?

De la définition du bail à construction posée par l'article 113 du code de la construction, deux exigences à titre de validité de l'opération peuvent alors être notées. D'une part, le bailleur doit disposer d'un droit réel immobilier et, d'autre part, le contrat impérativement passé devant notaire et publié au livre foncier. Cette lecture partagée par la Cour d'appel ne semble pas être écartée par la haute juridiction. Cependant, l'application qu'elle en fait en l'espèce suscite l'interrogation.

2.- Pour la Cour, « il n'est pas exigé du bailleur qu'il soit propriétaire du terrain, un usufruit pouvant être loué à un constructeur ». Cet argument ne saurait être contesté avec raison. L'article 113 du code de la construction exige simplement un droit réel détenu par le bailleur. Or, comme en dispose l'article 19 de la loi de 2011 portant régime de la propriété foncière, l'usufruit est un droit réel. La question est alors de savoir s'il peut porter sur des terres du domaine national. Mieux, peut-on avoir un droit réel sur des terres du domaine national ? La réponse négative à cette interrogation est sans équivoque. La loi ne permet pas d'avoir des droits réels sur des terres du domaine national.

3.- Avec le régime du livre foncier, un droit réel n'existe que tout autant qu'il a été rendu public et il existe tout le temps qu'il reste inscrit[167]. L'existence d'un droit réel suppose alors, au préalable, que l'immeuble sur lequel il porte soit immatriculation. A peine de nullité absolue du contrat, l'immatriculation de tout immeuble est obligatoire pour la validité des conventions constituant ou transférant un des droits protégés par le régime de l'immatriculation foncière[168]. L'immatriculation a pour objet de placer un immeuble sous l'empire du régime foncier. En droit sénégalais, elle est aujourd'hui organisée par la loi n° 2011-07 du 30 mars 2011 portant régime de la Propriété foncière[169].

---

[167] Art. 20 de la loi n° 2011-07 du 30 mars 2011portant régime de la Propriété foncière, J.O. n° 6607 du samedi 13 août 2011 ; C. A. W. NDIAYE, Droit sénégalais des contrats immobiliers, L'Harmattan, 2017, p. 17 et s.

[168] Art. 380 COCC.

[169] Le décret de 1932 qui était appliqué au Sénégal malgré l'indépendance en 1960, est aujourd'hui abrogé et remplacé par la loi n° 2011-07 du 30 mars 2011 portant régime de la Propriété foncière qui, en réalité, n'en n'a fait que le toilettage. En d'autres termes, elle est le siège d'un « travail d'ordonnancement (…) accompagné d'une toilette (d'un toilettage) du texte ancien pour en supprimer les parties entachées d'anachronisme. Ainsi toutes les références au statut colonial sont supprimées tant au niveau des institutions que des personnes et des biens fonciers. » ; voir exposé des motifs de la loi de 2011. En abrogeant, par son article 96, le décret de 1932, la loi de 2011 interdit désormais toute référence au droit français. Contrairement aux propos de certains auteurs (F. ZEITOUN, Le droit immobilier au Sénégal, CREDILA-L'Harmattan, 2015, p.81), le Code civil ne s'applique plus en droit sénégalais, du moins en matière immobilière. C'est l'article 19 du décret de 1932 qui permettait la survivance du droit français concernant les « immeubles immatriculés et aux droits réels qui s'y rapportent ». Or, outre l'article 96, l'article 18 de la loi de 2011 qui remplace l'article 19 du décret de 1932 dispose « sont applicables aux immeubles et aux droits réels qui s'y rapportent, d'une manière générale, les dispositions des lois et règlements en vigueur ». Par l'absence de la reprise du renvoi au Code civil et d'une règlementation sénégalaise sur certaines questions comme le régime du droit de propriété, le juge sénégalais est invité à combler le vide, à faire œuvre prétorienne. Mais, dans tous les cas, il n'a plus le droit d'appliquer le Code civil. En effet, comme en dispose l'article 2 de la Loi n° 2014-26 du 03 novembre 2014 abrogeant et remplaçant la loi n° 84-19 du 02 février 1984 fixant

Les terres du domaine national sont-elles immatriculées ? La réponse est non. Ce domaine est constitué de plein droit par toutes les terres non classées dans le domaine public, non immatriculées et dont la propriété n'a pas été transcrite à la conservation des hypothèques à la date d'entrée en vigueur dela loi de 1964[170]. Détenu par l'Etat[171],le domaine national est la propriété de toute la Nation[172]. Il n'est donc pas constitué de « biens » mais de choses non appropriées[173].

Le régime de la propriété foncière et celui sur le domaine national n'offrent donc pas la possibilité d'avoir des droits réels sur ces terres. Mieux, toute convention ayant pour objet de telles terres est pénalement sanctionnée[174]. En conséquence, les terres du domaine national ne remplissent pas les conditions pouvant permettre l'application de l'article 113 du code de la construction.

Complément :

1. *Cheikh Abdou Wakhab NDIAYE, « La loi sur le domaine national, au-delà des critiques », Mélanges offerts au professeur Isaac Yankhoba NDIAYE, L'Harmattan, 2021, p. 787 et s.*

2. *Cheikh Abdou Wakhab NDIAYE, « Retour sur quelques incongruités du droit sénégalais à propos du système du livre foncier », Revue Droit et ville (Toulouse), 2022/1 (n°93), p. 381 et s.*

---

l'organisation judiciaire (J.O. n° 6818 du 10 novembre 2014) « les juridictions appliques, pour toutes les matières, la loi et les règlements en vigueur ainsi que, s'il en existe en ces matières, les usages qui ne sont pas contraires à la loi ».

[170] Art. 1 de la loi n° 64-46 du 17 juin 1964 relative au domaine national.

[171] Art. 2 de la loi n° 64-46 du 17 juin 1964 relative au domaine national.« Même si dans le langage courant, détention, possession et propriété sont des synonymes, le droit des biens, lui, opère une distinction entre les trois notions »,M. Nd. MBAYE, Les transactions immobilières au Sénégal, in De l'esprit du droit africain, Mélanges en l'honneur de Paul G. POUGOUE, Wolters Kluwers, 2013, p. 541 et s.

[172] C. A. W. NDIAYE, Droit sénégalais des contrats immobiliers, précité, p. 59.

[173] M. CAVERIVIERE, Incertitudes et devenir du droit foncier sénégalais, In: Revue internationale de droit comparé, Vol. 38, n°1, Janvier-mars 1986, p. 95.

[174] Art. 423 du Code pénal.

4.-**Point de discussion sur l'article 203 AUS.**

Aux termes de l'article 203 -3°) AUS, celui qui possède un droit réel lui permettant de construire à son profit sur le domaine national peut hypothéquer les bâtiments et ouvrages dont la construction est commencée ou simplement projetée. Une telle possibilité offerte par l'AUS se concilie guère avec la réglementation du domaine national. Même si la valeur communautaire de l'AUS lui accorde un rang supra législatif, la mesure est impossible à appliquer. En effet, l'AUS dispose que « Sauf disposition contraire, seuls les immeubles présents et immatriculés peuvent faire l'objet d'une hypothèque »[175]. En outre, il considère que « tout acte conventionnel ou judiciaire constitutif d'hypothèque doit être inscrit conformément aux règles de publicité édictées par l'Etat Partie où est situé le bien grevé et prévues à cet effet »[176]. La publicité foncière est définie comme l'ensemble des règles, des techniques et des modalités de leur mise en œuvre qui concourent, en vue, généralement de la production d'effets de droit, à assurer, la constitution, la conservation et la délivrance d'informations juridiques sur les immeubles. Elle est strictement nécessaire à la sécurité aussi bien des transactions immobilières que du crédit garanti par les immeubles. Au Sénégal, la publicité se fait sur les livres fonciers ou un compte particulier est ouvert pour chaque immeuble. Ce compte reçoit tous les droits réels qui se rapportent à l'immeuble, ainsi que les modifications de ces mêmes droits. Cette garantie permet au service de la conservation de la propriété et des droits fonciers d'assurer aux titulaires la garantie des droits réels qu'ils possèdent sur les immeubles. Tout de même, c'est seulement les immeubles immatriculés qui sont concernés. Les immeubles non immatriculés, tels ceux du domaine national, ne peuvent faire l'objet de publication sur le livre foncier.

L'article 203-3 AUS est inapplicable au Sénégal.

✓ Impossibilité de constitution de l'hypothèque sur le domaine national avec l'impossibilité de publicité

✓ Impossibilité de réalisation de l'hypothèque (les droits sur le domaine national sont précaires et *intuitu personae*[177]).

---

[175] Art. 192 AUS.
[176] Art. 195 al. 1 AUS.
[177] Arrêt n° 3.

La seule sûreté en principe envisageable sur le domaine national nous semble être le gage sans dépossession. En effet, les matières premières, les produits d'une exploitation agricole ou industrielle, les marchandises peuvent faire l'objet d'un gage[178]. Or, le particulier, même s'il n'est pas propriétaire du sol, reste propriétaire des améliorations. Dans ce cadre, on peut noter, par exemple l'article L2 *in fine* du Code forestier qui dispose que « si des formations forestières ont été régulièrement implantées sur le domaine national sous forme de plantations individuelles en plein, d'alignement et d'abris, elles sont la propriété des personnes privées, physiques ou morales, qui les ont réalisées, à l'exclusion de toute appropriation du terrain du domaine national ».

Outre le droit des sûretés, il est à noter que, même si on ne peut pas hériter du droit d'usage, en cas de décès de l'affectataire, les héritiers verront figurer dans l'actif de la succession le prix des « peines et soins », de la mise en valeur, des impenses.

5.- Sommes-nous devant un cas de dol ? Le dol est un consentement abusé, c'est une tromperie provoquée par des manœuvres que l'un des contractants a pratiquées à l'encontre de l'autre pour l'amener à donner son consentement. Le mensonge est aussi considéré comme une « manœuvre ». Le dol peut aussi résulter d'une réticence dolosive[179]. Il y a réticence dolosive lorsque le contractant garde le silence sur un fait qu'il sait pouvoir intéresser son cocontractant. Il y a une rétention d'information dans le but de conduire l'autre à contracter[180]. En l'espèce, la Cour d'appel semble retenir cette forme de dol.

Le dol suppose que le contrat soit possible mais qu'un contractant n'est pas consenti en toute connaissance de cause. En d'autres termes, il n'a pas bénéficié d'une liberté de choix. Peut-être, s'il avait

---

[178] Art. 120 AUS.

[179] France, Cass. soc., 1er avril 1954 bull. civ., Sect. Soc. : « Le dol peut être constitué par le silence d'une partie dissimulant à son cocontractant un fait qui, s'il avait été connu de lui, l'aurait empêché de contracter ; mais le silence ainsi gardé doit être relatif à une circonstance ou un fait que le cocontractant était excusable de ne pas connaître ».

[180] Pour une analyse du dol, C. A. W. NDIAYE, Droit sénégalais des contrats immobiliers, précité, p. 93 et s.

toutes les informations il n'allait pas consentir. Ainsi, l'intérêt protégé est privé, d'où la nullité relative comme sanction[181].

L'acte entaché de nullitérelative peut être confirmé expressément ou tacitement par la personne qui pouvait en demander l'annulation. La confirmation doit avoir lieu en connaissance de cause et après la cessation de vice. La confirmation fait disparaître rétroactivement le vice originaire, sans préjudice du droit des tiers[182].

En retenant le dol, la Cour d'appel sous-entend alors que la société Y pouvait renoncer à son action ou confirmer l'acte. Ces actions ayant pour finalité de régulariser le contrat. Or, en l'espèce, elle est d'avis que le contrat est impossible car,« d'une part (que) les terrains du domaine national ne peuvent faire l'objet de transaction ni d'un bail à construction, d'autant plus qu'ils ne peuvent appartenir au bailleur comme l'exige l'article L 113 du code de la construction et d'autre part (que) le preneur ne peut y faire inscrire le droit réel immobilier prévu à l'article 115 dudit code ». Le débat devait alors être orienté sur le terrain de l'objet.

Le code des obligations civiles et commerciales opère une distinction entre l'objet du contrat et l'objet des obligations respectivement dans ses articles 73 et 74.

L'objet du contrat incarne l'opération convenue. C'est le résultat voulu, l'objectif visé. Il est fixé par la volonté des parties dans les limites apportées à la liberté contractuelle. C'est l'opération juridique que les parties ont voulu effectuer. En d'autres termes, c'est l'ensemble des droits et des obligations que le contrat fait naître. Il offre une vision globale de l'opération voulue par les parties par exemple une location, une donation, une vente etc.

L'objet de l'obligation est, par contre, la prestation promise. Il doit être possible et porter sur deschoses qui sont dans lecommerce. Ce qui n'est pas le cas en l'espèce. Les terres du domaine national ne sont pas dans le commerce et un bail à construction ne peut non plus y porter.

La condition de validité tenant à l'objet, en cela qu'elle est édictée dans l'intérêt général, la sanction devait être la nullité absolue[183].

---

181 Art. 86 du COCC.
182 Art. 88 du COCC.
183 Art. 85 du COCC.

Arrêt n° 10
Sénégal, Cour suprême, 23 mars 2012, 16

Droit de propriété - Expropriation pour cause d'utilité publique – Action de rétrocession – Délai pour agir – Détermination

Demandeurs : *ÉTAT DU SÉNÉGAL*

Défendeurs : *MICHELLE MARGUERITE CHARLOTTE JOURDAN*

Solution :

L'article 12 de la loi n° 76-67 du 2 juillet 1976 relative à l'expropriation pour cause d'utilité publique prévoit que l'ordonnance d'expropriation ne peut être attaquée que par la voie du recours pour excès de pouvoir devant la Cour suprême.

Le juge n'est pas tenu par la qualification que les parties donnent à leur recours.

Dès lors, est recevable le recours pour excès de pouvoir intenté contre une ordonnance d'expropriation, alors même que le demandeur avait qualifié celui-ci de pourvoi en cassation.

Il résulte de l'article 31 de la loi n° 76-67 du 2 juillet 1976 relative à l'expropriation pour cause d'utilité publique que « si les immeubles expropriés à la suite d'une déclaration d'utilité publique ne reçoivent pas dans un délai de cinq ans à compter du procès-verbal d'accord amiable ou de l'ordonnance d'expropriation, la destination prévue par cette déclaration, ou si l'expropriant déclare avant l'expiration de ce délai renoncer à leur donner cette destination, les anciens propriétaires ou leur ayant causes à titre universel peuvent en demander la rétrocession... ».

Ainsi, l'action en rétrocession s'exerce à compter de l'expiration du délai de cinq ans, et en l'absence d'une disposition dérogatoire, se prescrit suivant le délai de droit commun de dix ans.

Texte :

LA COUR SUPRÊME,

Vu la loi organique n° 2008-35 du 8 août 2008 sur la Cour suprême ;

Après en avoir délibéré conformément à la loi ;

Sur la recevabilité du pourvoi :

Considérant que l'article 12 de la loi n° 76-67 du 2 juillet 1976 relative à l'expropriation pour cause d'utilité publique prévoit que l'ordonnance d'expropriation ne peut être attaquée que par la voie du recours pour excès de pouvoir devant la Cour suprême ;

Considérant que le juge n'est pas tenu par la qualification que les parties donnent à leur recours ;

Considérant qu'en l'espèce, le recours formé par le Directeur général des Impôts et Domaines tendant à l'annulation de l'ordonnance du juge de l'expropriation est en fait un recours pour excès de pouvoir introduit dans les forme et délai prescrits par la loi organique sur la Cour suprême ;

Qu'il y a lieu de le déclarer recevable ;

Sans qu'il soit besoin de statuer sur les autres moyens, sur la deuxième branche du deuxième moyen tiré de la forclusion de la demanderesse, en ce que la demande de rétrocession a été introduite au-delà du 15 décembre 1982, alors que l'article 31 de la loi précitée prévoit que la rétrocession doit être demandée dans un délai maximum de dix ans à compter de la date du procès-verbal d'accord amiable ou de l'ordonnance d'expropriation ;

Considérant qu'aux termes de la loi susvisée en son article 31 : « Si les immeubles expropriés à la suite d'une déclaration d'utilité publique ne reçoivent pas, dans un délai de cinq ans à compter du procès-verbal d'accord amiable ou de l'ordonnance d'expropriation, la destination prévue par cette déclaration, ou si l'expropriant déclare avant l'expiration de ce délai, renoncer à leur donner cette destination, les anciens propriétaires ou leurs ayants cause à titre universel peuvent en demander la rétrocession » ;

Considérant que l'action en rétrocession s'exerce à compter de l'expiration du délai de cinq (5) ans imparti par le texte suscité et, en l'absence d'une disposition dérogatoire, elle se prescrit suivant le délai de droit commun de dix (10) ans ;

Considérant qu'en l'espèce, l'accord amiable ayant été constaté le 12 décembre 1972, la demande en rétrocession, formée le 14 janvier 2011, a été introduite hors délai ;

Qu'il s'ensuit, qu'en ordonnant la rétrocession, l'ordonnance attaquée, rendue en violation de la loi, encourt l'annulation ;

PAR CES MOTIFS :

Déclare le recours recevable ;

Annule l'ordonnance n° 1064 rendue le 17 mars 2011 par le juge de l'expropriation du Tribunal régional hors classe de Dakar.

Observations :

1.-Le droit de propriété accorde à son titulaire les pouvoirs les plus absolus sur le bien. Il a l'usus, le fructus et l'abusus. Ce droit à valeur constitutionnelle[184] ne peut souffrir que des impératifs de l'intérêt général. En effet, il ne peut y être porté atteinte que dans le cas de nécessité publique légalement constatée, sous réserve d'une juste et préalable indemnité. L'État peut, dans un but d'utilité publique et sous réserve d'une juste et préalable indemnité, contraindre toute personne à lui céder la propriété d'un immeuble ou un droit réel immobilier[185]. Après une enquête rendue publique par tous moyens de publicité habituels durant laquelle toute personne intéressée peut formuler des observations, l'utilité publique est prononcée par décret. Ainsi, peuvent notamment être expropriés pour cause d'utilité publique, les droits réels immobiliers nécessaires :

- ✓ à tous travaux publics ;

---

[184] Art. 15 de la Constitution de la République du Sénégal du 22 janvier 2001 ; aussi art. 17 de la Déclaration universelle des droits de l'Homme : « Toute personne, aussi bien seule qu'en collectivité, a droit à la propriété. Nul ne peut être arbitrairement privé de sa propriété ».

[185] Art. 1 de la loi n°76-67 du 02 juillet 1976 relative à l'expropriation pour cause d'utilité publique et aux autres opérations foncières d'utilité publique. Sur la conformité à la constitution des articles 1re, 2, 14 et 20 de ladite loi, voir Conseil constitutionnel, Affaires n° 3-C-96 et 4-C-96 du 3 juin 1996.

✓ à l'installation, au fonctionnement et à l'accomplissement de l'objet des services de l'État et des autres personnes morales publiques, des sociétés d'économie mixte contrôlées par l'État, des entreprises prioritaires ou conventionnées, des représentations diplomatiques ou consulaires et des organismes internationaux ainsi qu'au logement du personnel de ces services, sociétés, entreprises, représentations ou organismes ;

✓ à la salubrité publique ;

✓ à la sécurité intérieure et la défense nationale ;

✓ au reboisement et à la conservation des forêts et des sols ;

✓ à la recherche et à l'exploitation des substances minérales ;

✓ au captage, à l'extraction, à la production, au transport et à la distribution de l'eau, de l'énergie électrique, des gaz combustibles ou des hydrocarbures ;

✓ à l'exécution des plans de développement et des programmes d'aménagement.

Si ce n'est pas fait dans le décret portant déclaration d'utilité publique, un ou plusieurs décrets constituant acte de cessibilité désignent les immeubles et droits réels immobiliers auxquels l'expropriation est applicable.

L'acte de cessibilité est inscrit sur les registres de la conservation foncière et notifié au titulaire du droit réel qu'il vise[186].

2.-En vertu de l'article 20 de la loi 76-67 du 02juillet 1976 sur l'expropriation pour cause d'utilité publique, « l'indemnité est fixée d'après la consistance des biens à la date du procès-verbal de constat d'état des lieux… » Selon ce texte, l'indemnité est évaluée sur le fondement exclusif de la consistance des biens à la date du procès-verbal de constat de l'état des lieux.

La cession amiable est constatée par un procès-verbal signé par le président, les membres de la commission et les intéressés. Le juge en donne acte et prononce l'expropriation moyennant payement, devant lui, de l'indemnité convenue. À défaut d'accord amiable, l'expropriation est prononcée et les indemnités fixées par le juge des

---

[186] Sur les conséquences et pour plus de développement, C. A. W. NDIAYE, Droit sénégalais des contrats immobiliers, L'Harmattan, 2017, p. 51 et s.

expropriations. Il prononce l'expropriation moyennant consignation d'une indemnité provisoire.

L'ordonnance d'expropriation ne peut être attaquée que par la voie du recours pour excès de pourvoir devant la Cour Suprême. Cependant, dans l'hypothèse d'un défaut d'accord entre les parties, le juge fixe l'indemnité définitive par ordonnance non sujette à opposition mais susceptible d'appel dans les formes et délais applicables aux ordonnances de référé.

3.- Sont nuls de plein droit et de nul effet, les conventions ou accords quelconques intervenus entre les expropriés ou leurs ayants droit et tous intermédiaires en vue de l'obtention d'indemnités d'expropriation lorsque la rémunération prévue en faveur de ces intermédiaires est directement ou indirectement fonction du montant des indemnités qui seront définitivement allouées. Sont également nulles de plein droit et de nul effet, les cessions ou délégations consenties à ces intermédiaires par les expropriés de leur droit à l'indemnité d'expropriation[187].

4.- Sur le fondement de l'article 31 de la loi n°76-67, si les immeubles expropriés ne reçoivent pas, dans un délai de cinq (05) ans, à compter du procès-verbal d'accord amiable ou de l'ordonnance d'expropriation, la destination prévue par la déclaration d'utilité publique, ou si l'expropriant publie avant l'expiration de ce délai sa décision de renoncer à leur donner cette destination, les anciens propriétaires ou leurs ayants droit à titre universel, peuvent en demander rétrocession pendant un délai de cinq (05) ans à moins qu'intervienne une nouvelle déclaration d'utilité publique.

5.- Le propriétaire d'un bâtiment frappé en partie d'expropriation peut en exiger l'acquisition totale si la partie restante n'est plus utilisable dans des conditions normales. Il en de même du propriétaire d'un terrain qui, par suite de morcellement, se trouve au quart (1/4) de la contenance totale à la triple condition :

- qu'il ne soit propriétaire d'aucun terrain immédiatement contigu ;
- que la parcelle ainsi réduite soit inférieure à dix ares ;

[187] Art. 30 de la loi n°76-67 du 02 juillet 1976 relative à l'expropriation pour cause d'utilité publique et aux autres opérations foncières d'utilité publique.

- qu'elle ne soit plus utilisable dans des conditions normales.

Le propriétaire qui a exigé et obtenu l'acquisition totale ne profite pas de la faveur de l'article 31 de la loi n°76-67 pour les parties concernées si elles restent disponibles après exécution des travaux.

5.- Expropriation et terres du domaine national. Le régime de l'expropriation organisé par la loi de 1976 ne s'applique qu'aux immeubles immatriculés. En effet, comme en dispose l'article 27 de la loi n°76-67, le « propriétaire » ou le « titulaire de droits réels » posé par l'article 1er est la personne désignée comme telle sur les registres de la conservation de la propriété foncière, en d'autres termes, le livre foncier. Ainsi, concernant les terres du domaine national, il sera question de désaffectation avec possibilité de rembourser les impenses.

6.- Complément de jurisprudence

✓ Encourt la cassation pour violation des dispositions des articles 12 alinéa 3 et 13 de la loi n°76-67 du 2 juillet 1976 relative à l'expropriation pour cause d'utilité publique et aux autres opérations foncières d'utilité publique, l'arrêt d'une Cour d'Appel qui statue en matière d'expropriation sur un litige autre que celui né de la fixation de l'indemnité définitive d'expropriation[188].

---

[188] C. S., Les héritiers de A.S. c/ État du Sénégal, arrêt n° 2 du 09 février 2012, juricaf.org : « Considérant que, par l'arrêt attaqué, la Cour d'Appel a infirmé l'ordonnance du juge de l'expropriation du Tribunal régional hors classe de Dakar ayant prononcé la radiation de la clause d'inaliénabilité inscrite sur le Titre foncier n° 68931/DG devenu TF272/DG appartenant aux demandeurs, pour défaut de paiement de l'indemnité d'expropriation et non-affectation de l'immeuble à l'objet pour lequel l'expropriation avait été prononcée, après le délai prescrit ;
Sans qu'il soit besoin de statuer sur le premier moyen, sur le second moyen tiré de la violation des articles 12 al. 3 et 13 de la loi n° 76-67 du 2 juillet 1976 modifiée relative à l'expropriation pour cause d'utilité publique et aux autres opérations foncières, en ce que, la Cour d'Appel, en infirmant l'ordonnance du 21 février 2001 du juge de l'expropriation qui a prononcé la radiation de la clause d'indisponibilité, a outrepassé sa compétence circonscrite par le texte visé au moyen ; Considérant qu'il ressort de l'article 12 alinéa 3 de la loi relative à l'expropriation pour cause d'utilité publique susvisée, que le principe est que l'ordonnance du juge de l'expropriation ne peut être attaquée que par la voie du recours pour excès de pouvoir qui est de la compétence exclusive de la Cour suprême ; Considérant que l'article 13 de la même loi aménage une seule exception à cette compétence de principe en retenant celle de la Cour d'Appel pour les litiges nés de la fixation du montant de l'indemnité définitive

✓ L'article 31 de la loi n° 76-67 du 2 juillet 1976 sur l'expropriation pour cause d'utilité publique n'a pas vocation à s'appliquer puisque la procédure d'expropriation ne s'est pas poursuivie, les expropriés n'ayant pas été convoqués devant la commission de conciliation, comme le prévoit l'article 9 de la même loi.

Dès lors, c'est à bon droit que le juge a constaté l'abandon de la procédure d'expropriation conformément à l'article 19 de la loi précitée, en ordonnant la mainlevée et la radiation de la clause d'indisponibilité inscrite sur leur titre foncier, lorsque les expropriés ont adressé au Directeur Général des Impôts et Domaines, par exploit d'huissier, une mise en demeure restée trois (3) mois sans suite[189].

✓ Méconnaît le sens et la portée des articles 15 de la constitution et 1° de la loi 76-67 du 2 juillet 1976, le décret par lequel l'autorité administrative prescrit une expropriation pour cause d'utilité publique en indiquant qu'aucune indemnité n'est due au propriétaire de l'immeuble au motif que celui-ci l'a acquis à la faveur d'une cession gratuite consentie par l'État.

La Cour suprême,

Après en avoir délibéré conformément à la loi ;

Considérant que, par décret n° 2019-629 du 15 mars 2019, le projet d'aménagement d'un terrain de sport, au profit des populations de la commune de Biscuiterie, a été déclaré d'utilité publique ;

Que ledit acte a déclaré cessibles les titres fonciers privés appartenant à la SICAP et prononcé, d'une part, le retrait de tous les droits réels immobiliers affectant le terrain et, d'autre part, l'affectation de l'assiette foncière expropriée au profit de la commune en précisant qu'aucune indemnité n'est due à la SICAP SA, au motif que les immeubles en cause ont été acquis à la suite d'une cession gratuite consentie par l'État ;

---

d'expropriation ; Considérant qu'en l'espèce, le litige ne portant pas sur la fixation du montant de l'indemnité définitive d'expropriation, la Cour d'Appel était manifestement incompétente pour en connaître ».

[189] CS, Directeur Général des Impôts et des Domaines c/ Héritiers I. K., arrêt n° 1 du 27 janvier 2009, juricaf.org.

Que la SICAP SA sollicite l'annulation de ce décret en articulant deux moyens tirés de la violation de la loi et d'une erreur manifeste d'appréciation ;

Sur la déchéance et la mise hors de cause de l'agent judiciaire de l'État

Considérant que l'agent judiciaire de l'État a conclu à la déchéance et à sa mise hors de cause au motif qu'il a reçu signification de la requête, alors qu'il n'est pas habilité à représenter l'État dans un contentieux domanial, cette prérogative étant exclusivement réservée au directeur général des Impôts et des Domaines, en vertu des articles 2 du décret n° 70-1216 du 7 novembre 1970 portant création de l'agence judiciaire de l'État et 25 de l'arrêté ministériel n° 20287/MEF/DGID du 31 décembre 2013 portant organisation et fonctionnement de la direction générale des Impôts et des Domaines

Considérant qu'aux termes de l'article 2 du décret précité, « l' agence judicaire de l'État est chargée du règlement de toutes les affaires contentieuses où l' État est partie et de la représentation de l'État dans les instances judiciaires ;

Toute action portée devant les tribunaux et tendant à faire déclarer l'État créancier ou débiteur pour des causes étrangères à l'impôt et au domaine doit, sauf exception prévue par un texte spécial, être intentée à peine de nullité par ou contre l'agent judiciaire de l'État » ;

Qu'en vertu de ce texte, l'agent judiciaire est chargé de la représentation de l'État dans toutes les instances judiciaires sauf dans le cas où un texte spécial désigne une autre personne morale ou physique ou lorsque la procédure suivie a pour objet de déclarer l'État créancier ou débiteur pour une cause relative à l'impôt et au domaine ;

Considérant qu'en outre l'arrêté ministériel n° 20287 du 31 décembre 2013 dont se prévaut l'agent judiciaire a été abrogé et remplacé par l'arrêté ministériel n° 10012 du 14 juin 2017 portant organisation de la Direction générale des Impôts et des Domaines

Que ce texte ne saurait conférer à la direction générale des impôts et des domaines un mandat spécial de représentation de l'État dans les recours en annulation des actes administratifs pris en matière domaniale ;

Qu'ainsi, l'agent judiciaire de l'État, qui a régulièrement reçu signification du recours, est malvenu à solliciter sa mise hors de cause dès lors que l'instance ne vise pas à déclarer l'État créancier ou débiteur mais plutôt à poursuivre l'annulation, pour excès de pouvoir, d'un décret de cessibilité pris dans le cadre d'une procédure d'expropriation pour cause d'utilité publique, Qu'il s'ensuit que la déchéance n'est pas encourue ;

Sur le second moyen pris d'une erreur manifeste d'appréciation, en ce que l'autorité administrative a prononcé le retrait des droits réels immobiliers sur le terrain exproprié et prescrit qu'aucune indemnité n'est due au motif que la SICAP SA, titulaire des droits, a acquis les immeubles désignés, à la faveur de cessions gratuites consenties par l'État,

Et sans qu'il soit besoin de statuer sur le premier moyen

Considérant que le décret attaqué, après avoir déclaré d'utilité publique le projet d'aménagement d'un terrain de sport et cessibles des titres fonciers appartenant à la SICAP SA, a énoncé en son article 4 « qu'aucune indemnité n'est due à la SICAP, les cessions foncières de l'État aux sociétés nationales chargées de la promotion de l'habitat étant gratuites » ;

Qu'il résulte de l'état de droits réels produit au dossier que les immeubles déclarés cessibles par le décret en cause sont immatriculés au nom de la SICAP, lui conférant ainsi des titres définitifs et inattaquables, en vertu des articles 6 et 42 de la loi n° 2011-07 du 30 mars 2011 portant régime de la propriété foncière ;

Considérant que, conformément aux articles 15 de la constitution et 1er de la loi 76- 67 du 2 juillet 1976 sur l'expropriation pour cause d'utilité publique, nul ne peut être contraint à céder sa propriété pour la satisfaction d'un intérêt public, sans bénéficier d'une juste et préalable indemnité ;

Qu'ainsi, en décidant qu'aucune indemnité n'est due à la SICAP SA au motif que les immeubles visés dans la procédure d'expropriation ont été acquis à la faveur d'une cession gratuite consentie par l'État, le décret attaqué a méconnu le sens et la portée des dispositions susvisées ;

Par ces motifs :

Annule le décret n° 2019-629 du 15 mars 2019 déclarant d'utilité publique, le projet d'aménagement d'un terrain de sport, situé derrière le siège de la SICAP SA, sur l'avenue Aa, dans la commune de Biscuiterie à Dakar, au profit des populations de ladite localité.

Cour suprême, arrêt n° 17 du 28 mai 2020, LA SOCIÉTÉ IMMOBILIÈRE DU CAP-VERT, DITE SICAP SA - ÉTAT DU SÉNÉGAL.

✓ L'article 15 alinéa 1er de la Constitution dispose que « le droit de propriété est garanti par la présente Constitution. Il ne peut y être porté atteinte que dans le cas de nécessité publique légalement constatée, sous réserve d'une juste et préalable indemnité ».

Dès lors, encourt l'annulation l'arrêté du préfet qui suspend, pour une durée indéterminée et en dehors de toute procédure d'expropriation pour cause d'utilité publique, toutes opérations sur un terrain appartenant à la Collectivité X, l'empêchant ainsi de jouir de son bien[190].

Selon l'article 15 alinéa 1er de la Constitution, le droit de propriété est garanti par la constitution et il ne peut y être porté atteinte que dans les cas de nécessité publique légalement constatée, sous réserve d'une juste et préalable indemnité.

A méconnu le sens et la portée de cette disposition, l'autorité administrative qui, pour justifier une décision d'arrêt des travaux et la démolition d'un mur de clôture, excipe d'une lettre du directeur de l'urbanisme selon laquelle le terrain, objet du projet, serait grevé par l'emprise de la rue non dénommée qui sert de voie d'accès alors qu'il est libre de toute charge ou servitude, empêchant ainsi, pour une durée indéterminée, le propriétaire de jouir de son bien et portant atteinte à son droit de propriété sur le terrain, en dehors de toute procédure d'expropriation pour cause d'utilité publique[191].

« Encourt l'annulation de la décision de la direction de la surveillance et du contrôle de l'occupation des sols qui, pour procéder à des vérifications, ordonne la suspension des travaux entrepris sur des immeubles immatriculés, pour une durée illimitée

---

[190] C. S., Ch. adm., arrêt n° 61 du 24 octobre 2016, COLLECTIVITÉ X c/ - PRÉFECTURE DE DAKAR - AGENT JUDICIAIRE DE L'ETAT.

[191] Cour suprême, arrêt n° 26 du 22 avril 2021, G. de C. c/ Etat du Sénégal, Bulletin des arrêts de la Cour suprême n° 23-24, 2021, p. 174 et s.

et empêche de ce fait l'occupant, titulaire d'un droit réel sur lesdits immeubles et d'une autorisation de construire, de jouir de son droit au bail »[192].

« Encourt l'annulation de la décision de la direction de la surveillance et du contrôle de l'occupation des sols qui, pour procéder à des vérifications, ordonne la suspension des travaux entrepris sur des immeubles immatriculés, pour une durée illimitée et empêche de ce fait l'occupant, titulaire d'un droit réel sur lesdits immeubles et d'une autorisations de construire, de jouir de son droit au bail »[193].

---

[192] Cour suprême, arrêt n° 15 du 25 mars 2021, K. M. SUARL c/ Etat du Sénégal, Bulletin des arrêts de la Cour suprême n° 23-24, 2021, p. 165 et .

[193] Cour suprême, arrêt n° 15 du 25 mars 2021, K. M. SUARL c/ Etat du Sénégal, Bulletin des arrêts de la Cour suprême n° 23-24, 2021, p. 165 et .

Arrêt n° 11
Sénégal, Cour suprême, Chambre civile et commerciale, 06 mai 2015, 45

Démolition impense – Application Code civil au Sénégal – Attestation coutumière

Demandeurs : *ABDOU NIANG*

Défendeurs : *FATOU GORA MBODJI*

Solution :

N'a pas donné de base légale à sa décision, au regard des dispositions de l'article 555 du code civil français encore applicable au Sénégal, la cour d'appel qui ordonne la démolition des impenses réalisées par un tiers sur un terrain qu'il croyait lui appartenir, sans rechercher si les documents dont il se prévaut constituent un titre putatif, c'est-à-dire un titre translatif de propriété dont il ignorait les vices.

Texte :

La Cour suprême,

Après en avoir délibéré conformément à la loi ;

Attendu, selon l'arrêt confirmatif attaqué, que Fatou Gora Mbodj, bénéficiaire d'un droit au bail sur le lot n° 08 du titre foncier n° 846 appartenant à l'État du Sénégal, a obtenu, du tribunal régional de Dakar, l'expulsion d'Abdou Niang et la démolition des constructions qu'il y avait édifiées fort d'une attestation coutumière, d'un certificat administratif et d'une promesse synallagmatique de vente ;

Sur le premier moyen tiré du manque de base légale par suite de mauvaise interprétation des faits, dénaturation d'écrits et insuffisance et contradiction de motifs, reproduit en annexe ;

Attendu que, tel qu'il est formulé, le moyen, qui met en œuvre plusieurs cas d'ouverture, est complexe et partant irrecevable en application de l'article 35-1 de la loi organique n° 2008-35 sur la Cour suprême » ;

Mais sur le second moyen tiré de la violation de la loi par mauvaise application des dispositions des articles 555 du code civil français et 10 du code des obligations civiles et commerciales et reproduit en annexe ;

Vu lesdits articles ;

Attendu que pour ordonner la démolition des impenses réalisées par Abdou Niang et écarter la demande en remboursement, l'arrêt relève « la mauvaise foi de celui-ci qui a continué à ériger des constructions sur le site litigieux alors qu'il savait qu'il pouvait être expulsé par le juge du fond du fait de l'existence d'un bail au profit de Fatou Gora Mbodji qui lui a été signifié » et retient que « les constructions violent le droit réel que cette dernière tire de son bail avec l'État du Sénégal » ;

Qu'en se déterminant ainsi sans rechercher si les documents dont se prévalait le requérant pouvaient constituer pour lui un titre putatif, la cour d'appel n'a pas donné de base légale à sa décision ;

Par ces motifs,

Casse et annule, mais uniquement en ce qu'il a débouté le requérant de sa demande en remboursement des impenses, l'arrêt n° 323 rendu le 26 décembre 2013, entre les parties, par la cour d'appel de Dakar ;

Remet, en conséquence, la cause et les parties au même et semblable état où elles étaient avant ledit arrêt et, pour être fait droit, les renvoie devant la cour d'appel de Thiès ;

Condamne Fatou Gora Mbodj aux dépens ;

Observations :

1.- Aux termes des dispositions de l'article 555 du Code civil, « lorsque les plantations, constructions et ouvrages ont été faits par un tiers et avec des matériaux appartenant à ce dernier, le propriétaire du fonds a le droit, sous réserve des dispositions de l'alinéa 4, soit d'en conserver la propriété, soit d'obliger le tiers à les enlever.

Si le propriétaire du fonds exige la suppression des constructions, plantations et ouvrages, elle est exécutée aux frais du tiers, sans aucune indemnité pour lui ; le tiers peut, en outre, être condamné à des dommages-intérêts pour le préjudice éventuellement subi par le propriétaire du fonds.

Si le propriétaire du fonds préfère conserver la propriété des constructions, plantations et ouvrages, il doit, à son choix, rembourser au tiers, soit une somme égale à celle dont le fonds a augmenté de valeur, soit le coût des matériaux et le prix de la main-d'œuvre estimés à la date du remboursement, compte tenu de l'état dans lequel se trouvent lesdites constructions, plantations et ouvrages.

Si les plantations, constructions et ouvrages ont été faits par un tiers évincé qui n'aurait pas été condamné, en raison de sa bonne foi, à la restitution des fruits, le propriétaire ne pourra exiger la suppression des dits ouvrages, constructions et plantations, mais il aura le choix de rembourser au tiers l'une ou l'autre des sommes visées à l'alinéa précédent ».

L'article organise ainsi les constructions ou plantations sur le terrain d'autrui. En considération de la bonne ou mauvaise foi du constructeur, il attache certains effets à ses rapports avec le propriétaire. Est de bonne foi, le constructeur qui invoque un titre putatif, c'est-à-dire un titre dans l'efficacité duquel il a pu croire[194]. Cette hypothèse qui résulte de l'alinéa 4 de l'article 555 du Code civil semble avoir été le fondement de la décision de la Cour suprême. Contrairement à la Cour d'appel qui retient la mauvaise foi du constructeur, impose une démolition des impenses réalisées et écarte le remboursement, la haute juridiction a préféré se placer sur le terrain de la nature du titre détenu. Mais, en l'espèce, le constructeur pouvait-il être titulaire d'un titre putatif ?

2.- Il résulte de l'arrêt que le tiers constructeur se prévalait d'une attestation coutumière, d'un certificat administratif et d'une promesse synallagmatique de vente. Devant l'absence d'autres précisions, quelle pouvait être la nature de ces terres ? En droit sénégalais, les attestations coutumières avaient pour terrain de prédilection les immeubles non immatriculés. Juridiquement, cela ne pouvait concerner que les immeubles qui n'étaient pas régis par le décret de 1932. En effet, durant la colonisation, la France avait fini par prendre acte que la plupart des indigènes n'avaient pas adopté le régime de l'immatriculation parce qu'ils avaient conscience de la prévalence de leurs droits coutumiers consubstantiels à leur mode de vie, à leur culture[195]. Il fallait alors corriger ces erreurs, « détruire la présomption de propriété dont jouit l'Etat sur les terres vacantes sans maître, car il résulte de ces règles un malaise psychologique peu propice à la participation des populations d'Outre-Mer au vaste programme de mise en valeur agricole que le Gouvernement (français)se propose d'entreprendre »[196]. Ainsi, l'article 3 du décret de 1955 de préciser : « En Afrique occidentale française et équatoriale française sont confirmés les droits coutumiers exercés collectivement ou individuellement sur les terres non appropriées selon les règles du Code civil ou du régime de l'immatriculation. Nul individu, nulle collectivité ne peut être contraint de céder ces droits si ce n'est pour cause d'utilité publique et moyennant une juste indemnisation ». Les décrets du 20 mai 1955 et 10 juillet 1956instaurèrent un livret foncier. Ce dernier devait être délivré

---

[194] Cass. com., 3e ch. civ., 15 mars 2006, N° de pourvoi 04-20.345, inédit.

[195] Pinet LAPAPRADE, Lettre du 8 août 1863 cité par D. NDOYE, Critique des projets de loi de réforme foncière au Sénégal, Revue EDJA, n° 85, 2010, p. 64.

[196] Exposé des motifs du décret n° 55-580 du 20 mai 1955, cité par D. NDOYE, Critique des projets de loi de réforme foncière au Sénégal, précité, p. 64.

après une procédure publique et contradictoire par les autorités administratives aux Africains qui posséderaient sur le sol une emprise évidente et permanente matérialisée soit par des constructions, soit par une certaine mise en valeur, emportant droit de disposer, surtout dans les régions urbaines et de riches cultures. Le livret était opposable aux tiers et avait force probante absolue[197].Toute atteinte à la propriété, même coutumière, devait ainsi être précédée du paiement d'une juste et préalable indemnité[198]. Cependant, matérialisation d'un « art de nationaliser sans payer »[199], la loi de 1964 sur le domaine national abroge le décret n° 55-580 du 20 mai 1955[200]. Elle a, en effet, sonné le glas de la tradition sénégalaise sur l'autel du modernisme[201].

Le domaine national est constitué de plein droit par toutes les terres non classées dans le domaine public, non immatriculées (au nom des personnes de droit privé ou de droit public) ou dont la propriété n'a pas été transcrite à la conservation des hypothèques à la date d'entrée en vigueur de la loi de 1964.

L'attestation coutumière en l'espèce est donc caduque et ne semble pas pouvoir fonder une bonne foi car « nul n'est censé ignorer la loi ».

---

[197] V. GASSE, Les régimes fonciers africains et malgache – Évolution depuis l'indépendance, LGDJ 1971, p. 33.

[198] Art. 12 de la Constitution sénégalaise du 26 août 1960 « la propriété individuelle ou collective est garantie par la présente constitution ; il ne peut y être atteinte que dans le cas de nécessité publique légalement constatée sous réserve d'une juste et préalable indemnité ». D'après la Cour Suprême, saisie en mars 1962 du projet de loi pour avis, « l'article 12 vise non seulement les droits de propriété dont l'existence est constatée par un titre écrit mais aussi, dans la mesure où ils existent, les droits de propriété coutumière c'est-à-dire les droits reconnus par la coutume et notamment ceux qui, jusqu'en 1957, permettaient à leurs titulaires de requérir l'immatriculation après avoir obtenu un certificat administratif» ; cf. A. DIEYE, La loi sur le domaine national a 45 ans : mérites, manœuvres et malheurs du législateur, Revue EDJA n° 84, 2010, p. 21. Cette objection, souligne M. DIEYE, a amené les autorités à proposer une nouvelle rédaction de l'article 12 dans la Constitution de 1963. Le nouvel article ne visant plus les droits de propriété collective.

[199] A. DIEYE, La loi sur le domaine national a 45 ans : mérites, manœuvres et malheurs du législateur, précité, p. 20.

[200] D. NDOYE, Critique des projets de loi de réforme foncière au Sénégal, précité, p. 65.

[201] Pour plus de développements, C. A. W. NDIAYE, Droit sénégalais des contrats immobiliers, L'Harmattan, 2017, p. 18 et s.

Par ailleurs, portant sur des terres du domaine national, la promesse synallagmatique de vente est nulle car son objet n'est pas dans le commerce juridique[202].

3.-Par ailleurs, en matière immobilière, le Code civil français est-il applicable au Sénégal comme le soutient la haute juridiction ?

L'application du Code civil n'est pas une première au Sénégal. A l'indépendance, l'Etat s'était engagé dans la mise en place d'un arsenal juridique qui allait matérialiser sa souveraineté au plan législatif. Beaucoup de lois, dans plusieurs domaines, verront alors le jour. Cependant, l'urgence et, peut-être le contexte, ne permettaient pas de légiférer pour tous les pans du droit sénégalais. Partant, les lois et règlements non contraires à la Constitution de 1960 devaient rester en vigueur tant qu'ils n'auront pas été modifiés ou abrogés[203]. Mais, à une procédure débutée en 2012, le juge peut-il, en bon droit, appliquer le Code civil ? En d'autres termes, l'application par la Cour suprême du Code civil dans l'arrêt du 06 mai 2015 n'est-elle pas constitutive d'une erreur de droit ? « L'art de mal légiférer »[204] peut-il justifier un art de mal juger ?

La justice est rendue au nom du peuple sénégalais, souligne l'article 1re de la loi n° 2014-26 du 03 novembre 2014 fixant l'organisation judiciaire. Il appartient aux juridictions « de dire le droit avec force d'autorité légale et d'exprimer ainsi la souveraineté nationale dans un domaine propre de leur compétence tel qu'il résulte de la Constitution, des lois et des règlements »[205]. Le pouvoir du juge est donc prédéfini par la loi (au sens générale) et la matière immobilière n'échappe pas à la règle. La Constitution et la loi semblent lui interdire toute application des dispositions du Code civil dans ce domaine.

---

[202] Sur le droit de l'occupant des terres du domaine national, voir arrêt n° 3.

[203] Art. 70 de la loi n° 60-045 A.N. du 26 août 1960 portant révision de la Constitution de la République du Sénégal, cf I. M. FALL, Texte constitutionnels du Sénégal de 1959 à 2007, CREDILA 2007, p.51.

[204] I. Y. NDIAYE, L'art de mal légiférer, RASDP, Juillet-Décembre 1995, p. 53. L'auteur y traduit « l'embarras de l'interprète face au contenu, dans la forme et dans le fond, de certains textes » sénégalais.

[205] P.A.TOURE, La réforme de l'organisation judiciaire du Sénégal – commentée et annotée, précité, p. 44.

Complément jurisprudence :

Sénégal, Cour suprême arrêt n° 23 du 16 juillet 2019, AM Z B c/ AaXA

Est un constructeur de bonne foi de bonne foi, au sens de l'article 555 du Code civil, le constructeur qui bénéficiait d'une promesse de vente de la parcelle, suivie du paiement intégral du prix, et d'une autorisation d'occuper délivrée par le gouverneur de Dakar[206].

3.1-L'abrogation tacite du décret de 1932. Le système foncier sénégalais est un système du livre foncier. Le régime du livre foncier a été introduit au Sénégal par un décret du 20 juillet 1900. Cependant, les dispositions de ce décret n'ont pratiquement jamais été appliquées. Le véritable début de l'immatriculation en AOF date du décret du 24 juillet 1906 portant organisation du régime de la propriété dans les colonies et territoires relevant du gouvernement général de l'AOF. Le décret de 1932 portant réorganisation du régime de la propriété foncière en AOF est venu modifier ce décret et a instauré définitivement le système de l'immatriculation des terres et des livres fonciers[207]. Il a installé dans les colonies la notion de terre, un bien, mais aussi, de propriété individuelle.

Par ailleurs, ce décret applique le mécanisme du renvoi. En son article 19, il autorise l'application du Code civil en matière immobilière.

Appliqué au Sénégal jusqu'en 2011, le décret de 1932 soulève une question : et s'il était déjà, de façon tacite, abrogé par les différentes Constitution ?

---

[206] Aa A a acquis un terrain auprès des héritiers de Ab AI, lequel était détenteur d'une attestation coutumière de la collectivité léboue, établie le 15 juin 1997, d'un certificat administratif du 18 mai 1998, et d'une autorisation d'occuper n° 00791/GRD du 25 septembre 2002 du gouverneur de la région de Dakar. Le 6 mai 2002, la même parcelle a été donnée à bail à AM Z B, par l'État du Sénégal. Après avoir fait constater, par un huissier, qu'Aa A occupait les lieux et y avait édifié un immeuble de deux étages, AM Z B l'a assigné en expulsion et en démolition des constructions. De son côté, Aa A a demandé le remboursement de la valeur de ses impenses, en application des dispositions de l'article 555 du code civil français.

[207] v. exposé des motifs de la loi n° 2011-07 du 30 mars 2011 portant régime de la Propriété foncière, J.O. n° 6607 du samedi 13 août 2011.

La violation de la compétence législative par le décret de 1932. Les lois et règlements ne peuvent survivre à la Constitution qu'à la condition de ne pas lui être contraire[208]. Outre son origine qui nous semble contradictoire avec la compétence législative de l'Assemblée nationale, le décret de 1932 pose problème par rapport à sa nature.

Sous réserve des compétences dévolues à l'Assemblée Fédérale, l'article 35 de la Constitution de 1959 dispose que la loi est votée par l'Assemblée Législative de la République du Sénégal, en matière coutumière, pour ce qui concerne le régime foncier.

En 1960, la volonté législative sera plus claire. La loi (votée par l'Assemblée nationale) détermine les principes fondamentaux du régime de la propriété, des droits réels et des obligations civiles et commerciales[209].

Au vu de ces deux Constitutions, le décret de 1932, de par sa nature, pouvait-il légalement continuer à organiser, au Sénégal, le régime des immeubles immatriculés et des droits réels qui s'y rapportent ?

Les différentes Constitutions du Sénégal organisent la répartition des compétences entre le parlement et l'exécutif[210]. La compétence est « le titre juridique qui fonde un individu à exercer un pouvoir, et donc indirectement une action. La compétence est le titre de pouvoir »[211]. Dans la charte fondamentale, une distinction est opérée par rapport à la compétence de la loi au sens strict et le décret loco legis, les décrets-lois. Les « lois, proprement dites, diffèrent des simples règlements. C'est aux lois à poser, dans chaque matière les règles fondamentales, et à déterminer les formes essentielles. Les détails d'exécution, les précautions provisoires ou accidentelles, les objets instantanés ou variables, en un mot, toutes les choses qui sollicitent

---

208 Art. 48 de la Constitution de 1959, art. 70 de la Constitution de 1960, art. 93 de la Constitution de 1963, art. 107 de la Constitution de 2001.

209 Art. 39 de la Constitution de 1960. La même règle est reprise par l'article 56 de la Constitution de 1963 et 67 de celle de 2001.

210 La répartition des compétences évoque donc l'ensemble des mécanismes visant à distribuer et à diviser le pouvoir normatif entre les autorités ; cf. A. A. D. KEBE, La répartition des compétences entre la loi et le règlement en droit fiscal sénégalais, Thèse UCAD, 2012, p. 24.

211 O. Beaud, *La puissance de l'Etat*, PUF, 1994, p. 196. Cité par : MB. Ngom : *Droit et intégration économique dans l'espace UEMOA : Le cas de la régulation juridique de la concurrence* thèse, UGB de Saint-Louis-Sénégal, juin 2007, p. 35.

bien plus la surveillance de l'autorité qui administre que l'intervention de la puissance qui institue ou qui crée, sont du ressort des règlements. Les règlements sont des actes de magistrature, et les lois des actes de souveraineté »[212]. Les matières dites législatives ne sont donc pas toutes soumises à la loi avec une égale exclusivité. Dans la Constitution, certaines matières sont entièrement soumises à la loi. La loi fixe les règles concernant:

- ✓ les droits civiques et les garanties fondamentales accordées aux citoyens pour l'exercice des libertés publiques : les sujétions imposées par la Défense nationale aux citoyens en leur personne et leurs biens ;
- ✓ la nationalité, l'état et la capacité des personnes, les régimes matrimoniaux, les successions et libéralités ;
- ✓ la détermination des crimes et délits ainsi que les peines qui leur sont applicables, la procédure pénale, l'amnistie, la création de nouveaux ordres de juridiction et le statut des magistrats ;
- ✓ l'assiette, le taux et les modalités de recouvrement des impositions de toutes natures, le régime d'émission de la monnaie ;
- ✓ le régime électoral de l'Assemblée nationale et des assemblées locales ;
- ✓ la création de catégories d'établissements publics ;
- ✓ les garanties fondamentales accordées aux fonctionnaires civils et militaires de l'Etat ;
- ✓ les nationalisations d'entreprises et les transferts de propriété d'entreprises du secteur public au secteur privé.

Il y a des matières qui ne sont, cependant, soumises que partiellement à la loi. La loi détermine les principes fondamentaux :

- ✓ de l'organisation générale de la défense nationale ;
- ✓ de la libre administration des Collectivités locales, leurs compétences et leurs ressources ;
- ✓ de l'enseignement ;
- ✓ du régime de la propriété, des droits réels et des obligations civiles et commerciales ;

[212] Portalis, *Discours préliminaire du premier projet de Code civil, précité,* p.26.

✓ du droit du travail, du droit syndical et de la sécurité sociale.

La loi y est compétente pour les principes fondamentaux. La superstructure de règles techniques étant confiée au règlement.

Une constitution qui organise une telle répartition des compétences peut-elle considérer comme conforme à ses dispositions un décret, de surcroît n'émanant pas de son exécutif, qui organise les principes et aspects techniques du « régime de la propriété, des droits réels » ?

En plus d'avoir instauré définitivement le système de l'immatriculation des terres et des livres fonciers, le décret du 26 juillet 1932 organisait le régime de la propriété foncière au Sénégal. Sans conteste, il interférait dans le domaine de la loi. Le législateur sénégalais semble même s'en être rendu compte après 51 années d'application du décret. Il est permis de lire, dans l'exposé des motifs de la loi de 2011[213], qu' « en vertu des dispositions combinées des articles 43, 67 et 76 de la Constitution, la loi détermine entre autres les principes fondamentaux du régime de la propriété foncière et des droits réels, les matières qui ne sont pas du domaine législatif ayant un caractère réglementaire. L'application de ces règles s'est traduite par le regroupement des dispositions du décret foncier relatives aux principes fondamentaux de la propriété et des droits fonciers dans la présente loi. Les dispositions à caractère réglementaire seront reprises dans un décret ». Un aveu tardif qui révèle que l'application pendant un demi-siècle du décret de 1932 était en toute violation de la Constitution.

Le décret de 1932, un décret « inconstitutionnel ». Le Conseil constitutionnel connaît des conflits de compétence entre l'exécutif et le législatif. Il est ainsi le gardien de la délimitation des compétences[214]. Ainsi, lorsque l'Assemblée nationale s'immisce dans la sphère réglementaire, le Gouvernement a la possibilité, durant la procédure législative, d'opposer l'irrecevabilité et, si le texte est déjà voté, demander au Conseil constitutionnel de le déclarer contraire à la Constitution. Dans l'hypothèse où aucun de

---

[213]Loi n° 2011-07 du 30 mars 2011 portant régime de la Propriété foncière, J.O. n° 6607 du Samedi 13 août 2011.

[214] Sur la question, A. A. D. KEBE, La répartition des compétences entre la loi et le règlement en droit fiscal sénégalais, précité.

ces moyens n'a fonctionné, « la loi ainsi élaboré sur une matière réglementaire n'en est pas moins obligatoire. Seulement, malgré sa forme législative, elle n'a que valeur de décret, et un nouveau décret pourra l'abroger ou la modifier, si du moins sa nature réglementaire a été préalablement reconnu par le Conseil constitutionnel »[215].

Pour la compétence réglementaire, à deux reprises[216], le juge de la Cour Suprême posait que « le législateur ne peut être réputé avoir délégué au pouvoir réglementaire (...) les prérogatives qu'il tient de la Constitution (...)»[217]. Considérer que lorsque l'organe parlementaire n'épuise pas sa compétence, il « y a transfert du pouvoir législatif au profit de l'autorité gouvernementale ou administrative »[218] est inadmissible selon le juge constitutionnel sénégalais[219]. L'« incompétence négative » ou le refus implicite de « légiférer » est intolérable pour le juge constitutionnel. Le champ de la compétence réglementaire relève alors de la Constitution. Ainsi, si un décret intervient dans le domaine réservé à la loi, il doit être considéré comme inconstitutionnel. Mais avait-on besoin de déclarer le décret de 1932 inconstitutionnel ? Une intervention du Conseil constitutionnel n'était-elle pas superfétatoire ? En disposant que « les lois et règlements actuellement en vigueur, lorsqu'ils ne sont pas contraires à la présente Constitution, resteront en vigueur tant qu'ils n'auront pas été modifiés ou abrogés », nos différentes Constitutions (1959, 1960, 1963 et 2001) n'ont-elles pas abrogé le décret de 1932 ?

---

[215] J. CARBONNIER, Droit civil, Introduction – Les personnes – La famille, l'enfant, le couple, précité, p. 200.

[216] A. A. D. KEBE, La répartition des compétences entre la loi et le règlement en droit fiscal sénégalais, précité, p. 16.

[217] CS. Sect. réunies 25 novembre 1961, *Ordre des médecins et ordre des pharmaciens*, RIPAS n°23-24, op.cit., pp. 85-86 ; CS. Sect. réunies, 5 mars 1963, *Commissariat à l'urbanisme et à l'Habitat, Ibid.*, pp. 89-90.

[218] A Sall, note sous Cons. const. 27 juillet 1994, *Modification du Statut des magistrats in Les décisions et avis du Conseil Constitutionnel du Sénégal, op.* cit. p.119 ; voir dans le même sens Cons. const. Décision n° 1/ C/ 2005 du 12 février 2005, *Loi d'amnistie, ibid.*, pp.473-478, note, A .Dieye. Ici, le juge considère qu'en « *laissant au pouvoir réglementaire la compétence pour prendre les mesures individuelles de réintégration* », suite à une loi d'amnistie, le législateur a exercé contrairement à l'argument des saisissants, pleinement sa compétence.

[219] cf. A. A. D. KEBE, La répartition des compétences entre la loi et le règlement en droit fiscal sénégalais, précité, p. 16.

3.2- L'abrogation expresse du décret de 1932. Par la loi n° 2011-07 du 30 mars 2011 portant régime de la Propriété foncière le législateur sénégalais a abrogé le décret de 1932 (A). Il est cependant permis de noter une absence de renvoi au Code civil dans la nouvelle loi (B).

L'abrogation du décret de 1932 par loi n° 2011-07. « La perpétuité est dans le vœu de la loi ». Cependant, par le truchement de l'abrogation, une loi postérieure peut lui retirer sa force obligatoire. Le texte qui abroge doit, dans la hiérarchie des normes, être placé au même niveau que le texte abrogé, ou à un niveau supérieur[220]. Tel a été le cas du décret de 1932.

Le décret de 1932 qui était appliqué au Sénégal malgré l'indépendance en 1960, est aujourd'hui abrogé et remplacé par la loi n° 2011-07 du 30 mars 2011 portant régime de la Propriété foncière, qui, en réalité, n'en n'a fait que le toilettage. En d'autres termes, elle est le siège d'un « travail d'ordonnancement (...) accompagné d'une toilette (d'un toilettage) du texte ancien pour en supprimer les parties entachées d'anachronisme. Ainsi toutes les références au statut colonial sont supprimées tant au niveau des institutions que des personnes et des biens fonciers »[221].

Par son article 96, la loi de 2011, sans équivoque, abroge le décret de 1932.

Art. 96** de **la loi n° 2011-07.

Sont abrogées toutes dispositions contraires à la présente loi, notamment le décret du 26 juillet 1932 portant réorganisation du régime de la propriété foncière en Afrique occidentale française.

Les procédures engagées sous l'empire desdites dispositions sont poursuivies et donnent lieu, après achèvement, à l'établissement des titres, copies et certificats dans les conditions et formes fixées par la présente loi.

En abrogeant, par son article 96, le décret de 1932, la loi de 2011 interdit désormais toute référence au droit français. Contrairement

---

[220] J. CARBONNIER, Droit civil, Introduction – Les personnes – La famille, l'enfant, le couple, précité, p. 226.

[221]voir l'exposé des motifs de la loi de 2011.

aux propos de certains auteurs[222], le Code civil ne s'applique plus en droit sénégalais, du moins en matière immobilière[223].

L'absence de renvoi dans la nouvelle législation. C'est l'article 19 du décret de 1932 qui permettait la survivance du droit français concernant les « immeubles immatriculés et aux droits réels qui s'y rapportent ». Or, outre l'article 96, l'article 18 de la loi de 2011 qui remplace l'article 19 du décret de 1932 dispose « sont applicables aux immeubles et aux droits réels qui s'y rapportent, d'une manière générale, les dispositions des lois et règlements en vigueur ». Par l'absence de la reprise du renvoi au Code civil et d'une règlementation sénégalaise sur certaines questions, le législateur installe un vide juridique autour de la question.

« L'article 19 du décret foncier soumet les immeubles et les droits réels qui s'y rapportent, d'une façon générale, aux dispositions du Code civil et des lois françaises encore applicables au moment de son avènement.

Il va de soi que cette disposition doit être révisée en fonction de l'évolution juridique qui s'est produite depuis l'accession du Sénégal à la souveraineté.

En matière immobilière notamment, les lois et codes sénégalais particulièrement le Code des Obligations civiles et commerciales, le Code de la Famille et le Code de Procédure civile ont remplacé les lois françaises.

La loi soumet donc les immeubles immatriculés et les droits y afférents aux dispositions légales et réglementaires en vigueur »[224].

La réforme de 2011 interdit alors toute référence au Code civil de la part du juge sénégalais[225]. Les juges doivent, tout de même, trancher les litiges en comblant le vide juridique. « Le juge qui refusera de juger, sous prétexte du silence, de l'obscurité ou de

---

[222]F. ZEITOUN, Le droit immobilier au Sénégal, CREDILA-L'Harmattan, 2015, p.81.

[223] Il est cependant à noter le renvoi aux articles 637 et suivants du Code civil par l'article 82 du Code de l'eau. Ces articles traitent des servitudes ou services fonciers. Ils restent alors applicables au Sénégal.

[224] Exposé des motifs de la loi de 2011 précitée.

[225] Une dérogation reste apporter par le code de l'eau, comme abordé dans les développements précédents.

l'insuffisance de la loi, pourra être poursuivi comme coupable de déni de justice ». Comme le soulevait Portalis, pour le législateur, « Tout prévoir, est un but qu'il est impossible d'atteindre »[226]. « Quoi que l'on fasse, les lois positives ne sauraient jamais entièrement remplacer l'usage de la raison naturelle dans les affaires de la vie. Les besoins de la société sont si variés, la communication des hommes est si active, leurs intérêts sont si multipliés, et leurs rapports si étendus, qu'il est impossible au législateur de pourvoir à tout »[227]. « C'est au magistrat et au jurisconsulte, pénétrés de l'esprit général des lois, à en diriger l'application. De là, chez toutes les nations policées, on voit toujours se former, à côté du sanctuaire des lois, et sous la surveillance du législateur, un dépôt de maximes, de décisions et de doctrine qui s'épure journellement par la pratique et par le choc des débats judiciaires, qui s'accroît sans cesse de toutes les connaissances acquises, et qui a constamment été regardé comme le vrai supplément de la législation »[228]. « A défaut de texte précis sur chaque matière, un usage ancien, constant et bien établi, une suite non interrompue de décisions semblables, une opinion ou une maxime reçue, tiennent lieu de loi. Quand on n'est dirigé par rien de ce qui est établi ou connu, quand il s'agit d'un fait absolument nouveau, on remonte aux principes du droit naturel. Car, si la prévoyance des législateurs est limitée, la nature est infinie ; elle s'applique à tout ce qui peut intéresser les hommes »[229].

Nous ne sommes pas dans une zone de non droit. La propriété est un droit garanti par la Constitution. Ainsi, en l'absence de lois spécifiques, il appartient au juge, par le mécanisme des maximes juridiques[230] et des principes généraux du droit (PGD), de statuer. Comme le souligne le doyen Carbonnier, au même titre que la coutume d'origine populaire, la coutume d'origine savante (les

[226] Portalis, Discours préliminaire du premier projet de Code civil (1801), p. 15.
[227] Portalis, Discours préliminaire du premier projet de Code civil (1801), p. 16.
[228] Idem.
[229] Portalis, Discours préliminaire du premier projet de Code civil (1801), p. 18.
[230] J. CARBONNIER, Droit civil, Introduction – Les personnes – La famille, l'enfant, le couple, précité, p. 251. Les maximes sont des PGD mais l'inverse n'est pas toujours juste.

maximes juridiques et les PGD) est une source importante du droit civil[231].

Conclusion : Après 57 années d'indépendance, n'est-il pas temps pour le Sénégal d'avoir des textes qui organisent le droit des biens ? Le décret de 1932 parvenait à organiser les immeubles immatriculés et les droits réels immobiliers. Mais avec son abrogation, la loi de 2011 installe un vide en droit sénégalais car, ne reprenant pas le renvoi et, ne légiférant pas non plus à la place.

Les immeubles n'épuisent pas le problème. Les meubles souffrent des mêmes tares. Quels textes les organisent au Sénégal ?

Par ailleurs, l'erreur étant humaine, la Haute juridiction ne gagnerait-elle pas à étendre le champ du rabat d'arrêt à la rectification des erreurs de droit ? Certes, comme le souligne un Maître à penser, « admettre la rectification des erreurs de droit par le rabat d'arrêt, c'est prendre le risque de l'utilisation systématique de cette procédure par les plaideurs mécontents »[232] mais la mise en place d'un organisme de filtrage protégera de l'esprit de chicane.

[231] J. CARBONNIER, Droit civil, Introduction – Les personnes – La famille, l'enfant, le couple, précité, p. 245.

[232] S. GUINCHARD, Le droit a-t-il encore un avenir à la Cour de cassation ? (Qui cassera les arrêts de la Cour de cassation ?), précité, p. 774.

Arrêt n° 12
Sénégal, Cour suprême, Chambre civile et commerciale, 21 décembre 2016, 104

Action en justice – demande de destruction de constructions entravant l'accès à sa propriété – qualité à agir du demandeur – personne se plaignant d'un trouble de voisinage
Trouble de voisinage – cas – constructions sur un passage non aedificandi constitutives d'obstacles à l'ensoleillement et à l'aération du lot du voisin

M. N c/ Mme D

Solution :

Aux termes des dispositions de l'article 1-2 du code de procédure civile, tous ceux qui justifient d'un intérêt légitime peuvent, en prenant l'initiative d'une demande, obtenir du juge une décision sur le fond de leur prétention, sous réserve des cas où la loi subordonne le droit d'agir à des conditions spéciales, ou attribue ce choix aux seules personnes qu'elle qualifie pour élever une prétention, ou pour défendre un intérêt déterminé.

C'est à bon droit qu'une cour d'appel a reçu l'action d'un demandeur qui se plaignait d'un trouble de voisinage imputé à son voisin en raison des travaux d'extension de sa villa sur un passage menant à sa propriété.

A légalement justifié sa décision la cour d'appel qui ordonne la destruction des constructions entreprises par un voisin aux motifs qu'il a créé un trouble manifestement illicite, en les réalisant sur un passage non aedificandi, qui de surcroît, ne relève pas de sa propriété et qu'ils constituent des obstacles à l'ensoleillement et à l'aération du lot de l'intimé.

Texte :

La Cour suprême,

Ouï Monsieur Waly FAYE, Conseiller, en son rapport ;

Ouï Monsieur Oumar DIEYE, Avocat général, en ses conclusions tendant au rejet du pourvoi ;

Après en avoir délibéré conformément à la loi ;

Attendu, selon l'arrêt attaqué (Dakar, 28 mai 2015 n° 95), rendu en référé, que M. N a effectué des travaux d'extension de sa villa sur un passage menant à la propriété de Mme D ; que cette dernière l'a assigné en démolition de ces constructions ;

Sur le premier moyen tiré de la violation de l'article 544 du code civil français :

Attendu que M. N fait grief à l'arrêt de rejeter la fin de non-recevoir tiré du défaut de qualité à agir alors, selon le moyen, que la dame D. non seulement n'a articulé aucun intérêt justifiant sa demande en démolition devant le premier juge, mais surtout, il résulte des dispositions légales notamment de l'article 544 du code civil français, applicable au Sénégal, que le droit de propriété confère à son titulaire le droit de jouir et de disposer des choses de la manière la plus absolue ;

Mais attendu qu'ayant énoncé qu'il ressort des dispositions de l'article 1-2 du code de procédure civile que tous ceux qui justifient d'un intérêt légitime peuvent, en prenant l'initiative d'une demande, obtenir du juge une décision sur le fond de leur prétention, sous réserve des cas où la loi subordonne le droit d'agir à des conditions spéciales, ou attribue ce choix aux seules personnes qu'elle qualifie pour élever une prétention, ou pour défendre un intérêt déterminé, la cour d'appel en a exactement déduit que Mme D, qui se plaignait d'un trouble de voisinage imputé à M. N, avait qualité à agir ;

D'où il suit que le moyen est mal fondé ;

Sur le second moyen tiré d'un défaut de motif constitutif d'un défaut de base légale, pris en ses deux branches réunies :

Attendu que M. N fait encore grief à l'arrêt d'accueillir la demande, aux motifs que d'une part, les documents qui ont servi à l'instruction de sa demande de délivrance d'une autorisation de construire sont insusceptibles de contrebalancer ou même de contester l'existence de la bande de terre séparant les deux propriétés qui est établie et reconnue par le Service de l'Urbanisme et d'autre part, l'existence des constructions sur ledit passage n'a été contestée par aucune partie alors, selon le moyen :

1°) que bénéficiaire d'une autorisation de construire délivrée par l'autorité compétente, il était en droit de procéder aux constructions ainsi approuvées ;

2°) qu'aucune servitude de passage n'existe entre leurs deux villas ;

Mais attendu qu'ayant retenu que M. N a créé un trouble manifestement illicite, en procédant à des travaux de constructions sur un passage non aedificandi, qui de surcroît, ne relève pas de sa propriété, et constaté que les constructions sont des obstacles à l'ensoleillement et à l'aération du lot de l'intimée, la cour d'appel a satisfait à l'exigence de motivation et légalement justifié sa décision ;

D'où il suit que le moyen est mal fondé ;

Par ces motifs :

Rejette le pourvoi ;

Condamne M. N aux dépens ;

Observations :

1.- M. N. devait-il avoir une autorisation de construire ?

L'obtention d'une autorisation de construire est exigée pour toute entreprise de construction de quelle que nature que ce soit ou de modification de constructions existantes sur le territoire des communes ainsi que dans les agglomérations désignées par arrêté du Ministre chargé de l'Urbanisme[233]. L'autorisation est accordée après la vérification de certaines conditions.

La personne qui sollicite l'autorisation doit être le propriétaire ou son mandataire[234]. Le requérant doit joindre à sa demande un titre de propriété[235]. Cette condition précisée par le décret d'application du

---

[233] Art. 68 du Code de l'urbanisme.

[234] Art. 70 du Code de l'urbanisme.

[235] Art. R. 190 du décret n° 2009-1450 du 30 décembre 2009 portant partie règlementaire du Code de l'Urbanisme.

Code de l'urbanisme ne semble pas avoir été respectée. En effet, il ressort de l'arrêt que le passage, support des constructions, « ne relève pas (de la propriété) » de M. N. Cette information ne pouvait échapper à la vigilance des autorités chargées d'accorder l'autorisation car le titre de propriété atteste de la superficie de l'immeuble objet du droit réel.

Par ailleurs, aux termes des dispositions de l'article R. 209 du décret n° 2009-1450 du 30 décembre 2009 portant partie règlementaire du Code de l'Urbanisme, « l'autorisation de construire ne peut être accordée que si les constructions projetées sont conformes aux dispositions législatives et réglementaires et notamment aux règles fixées par les sous-titres II et III ci-après, ainsi qu'à l'alignement et, s'il y a lieu au nivellement fixé par l'autorité compétente. L'autorisation de construire ne peut être accordée pour la modification de bâtiments situés sur un terrain où la construction est interdite, ou de bâtiments frappés de servitudes particulières et notamment d'alignement ». La personne qui sollicite l'autorisation doit donc avoir un certificat d'urbanisme[236]. Il indique si la parcelle de terrain sur laquelle il porte peut-être affectée à la construction. Dans le cas où le terrain ne peut pas être affecté à la construction ou utilisé pour la réalisation d'une opération déterminée, le certificat d'urbanisme en énonce les motifs tirés des dispositions et servitudes d'urbanisme.

Outre le certificat d'urbanisme, l'autorisation de construire est refusée si les constructions par leur situation, leurs dimensions ou l'aspect extérieur des bâtiments ou ouvrages à édifier ou à modifier sont de nature à porter atteinte à la salubrité ou à la sécurité publique, au caractère ou à l'intérêt des lieux avoisinants[237]. En l'espèce, comme le soulève le juge, « les constructions sont des obstacles à l'ensoleillement et à l'aération du lot » du voisin.

Il est ainsi surprenant que les autorités aient accordé une autorisation de construire à M. N.

---

[236] Art. 67 du Code de l'urbanisme.

[237] Art. R. 212 du décret n° 2009-1450 du 30 décembre 2009 portant partie règlementaire du Code de l'Urbanisme.

2.- Sur le trouble de voisinage.

Dans l'arrêt du 21 décembre 2016, le juge retient « un trouble manifestement illicite ». Sans utiliser la même qualification, il rejoint ainsi le juge français par rapport aux troubles qui méritent d'être sanctionnés.

En France, il est de jurisprudence constante que « nul ne doit causer à autrui un trouble anormal de voisinage »[238]. Ainsi, s'il est vrai que le droit de propriété est absolu, il n'en demeure pas moins qu'il ne doit être le moyen de créer des troubles excédant la normalité à des tiers. Le trouble normal de voisinage est donc naturellement toléré. C'est le trouble que chacun de nous est amené à supporter dans la vie en société sans pouvoir s'en plaindre. Une place importante reste ainsi reconnue au juge de la qualification du trouble.

Pour le droit français, le respect des dispositions légales ou réglementaires n'exclut pas l'existence d'un trouble anormal de voisinage[239]. En d'autres termes, les juges ont installé une autonomie de la notion de trouble anormal à l'égard de la notion de faute. Cette jurisprudence est salutaire car épargnent les plaignants de la difficulté d'avoir à prouver la faute. C'est seulement sur le fondement du droit de propriété que le trouble de voisinage doit être appréhendé.

Il résulte de l'arrêt d'espèce que le fait d'avoir obtenu des pouvoirs publics une autorisation administrative n'exonère pas de la responsabilité envers les voisins, si le bénéficiaire génère des troubles de voisinage manifestement illicite. Cette position qui pourrait être interprétée comme traduisant un penchant autonomiste reste en parfaite cohérence avec le droit administratif. Les

---

238 Cass. civ., 2e, 19 novembre 1986, Bull. 1986, II, n° 172, pourvoi n° 84-16.379 : « N'a pas déduit les conséquences de ses propres constatations et a par suite violé le principe suivant lequel nul ne doit causer à autrui un trouble anormal de voisinage l'arrêt qui, ayant constaté que le bruit provenant d'un compresseur installé dans une cave était doux et régulier, a ordonné cependant l'isolation de ce compresseur et la pose d'un capot de protection au motif que son propriétaire l'avait fait pour un autre compresseur »

239 Cass. civ. 3e, 10 juill. 2001, n° 00-12.768, Dubet et a. c/ Grégoire et a. ; Cass. civ. 3e, 24 octobre 1990, n° 88- 19.383 : Bull. civ. III, n° 205 ; D. 1991, somm., p. 309.

autorisations administratives sont toujours délivrées sous réserve du droit des tiers[240].

Les troubles de voisinage sont aussi sanctionnés dans les immeubles en copropriété.

La copropriété des immeubles bâtis est organisée au Sénégal par la loi n° 88-04 du 16 juin 1988 et son décret d'application n° 2002-160 du 15 février 2002[241]. Chaque copropriétaire à un droit réel sur un lot composé d'une partie privative et d'une quote-part des parties communes.

Aux termes des dispositions de l'article 9 de la loi, le copropriétaire « use et jouit librement des parties privatives et des parties communes sous la condition de ne porter atteinte ni aux droits des autres copropriétaires ni à la destination de l'immeuble ». Au visa de ce texte, la chambre civile de la Cour suprême a cassé l'arrêt du cour d'appel qui, « pour rejeter la demande de démolition des constructions, (…) retient, par motifs adoptés, que le vendeur des appartements, la société SEBEL INVEST, a attesté que les cours avant et arrière des appartements du rez-de-chaussée sont privées et relèvent du droit exclusif du propriétaire qui en dispose librement sans préjudicier aux tiers ou violer la loi ; qu'il relève également, par motifs propres, que lorsqu'un promoteur a décidé, sans violer la loi, que l'immeuble vendu en copropriété contient des parties privées et des parties communes, le copropriétaire acquéreur d'un appartement sans réserve de sa part sur la convention d'acquisition n'est pas fondé à remettre en cause les droits d'un autre copropriétaire qui, outre son droit de propriété, a bénéficié du promoteur d'une attestation en vertu de laquelle la partie qu'elle a occupée est privée ». Pour la haute juridiction, « en se déterminant ainsi, sans rechercher, ainsi qu'il le lui avait été demandé, si les constructions ne portaient pas atteinte au droit de jouissance paisible des autres copropriétaires, la cour d'appel n'a pas donné de base légale à sa décision »[242]. Ainsi,

---

[240] « L'autorisation de construire est délivrée par arrêté du maire ou du président du conseil rural sous réserve du droit des tiers et de l'administration », art. R. 208 du décret n° 2009-1450 du 30 décembre 2009 portant partie règlementaire du Code de l'Urbanisme.

[241] J.O. n° 6051 du samedi 15 juin 2002.

[242] CS, ch. civ., arrêt n° 82 du 19 octobre 2016, S. KANE et Y. BODIAN, La jurisprudence de la chambre civile et commerciale de la Cour suprême, CREDILA,

dans un immeuble en copropriété, « le copropriétaire n'a pas le droit de faire ce qu'il veut, même dans sa partie privative »[243].

<u>Complément de jurisprudence</u> : Droit français

✓ Le juge français a consacré le voisin occasionnel : « mais attendu que la cour d'appel a retenu à bon droit que le propriétaire de l'immeuble auteur des nuisances, et les constructeurs à l'origine de celles-ci sont responsables de plein droit vis-à-vis des voisins victimes, sur le fondement de la prohibition du trouble anormal de voisinage, ces constructeurs étant, pendant le chantier, les voisins occasionnels des propriétaires lésés »[244].

✓ Un entrepreneur principal, non présent sur le chantier, ne pouvait pas être l'auteur d'un trouble anormal du voisinage[245].

✓ La responsabilité des intervenants intellectuels à l'acte de construire peut être engagée sur le fondement de la théorie des troubles anormaux du voisinage à la condition que les troubles soient « en relation de cause directe avec la réalisation des missions » confiées aux personnes dont la responsabilité est recherchée[246]. L'absence d'occupation matérielle du fonds voisin ne suffisait pas à « exclure l'existence d'une relation de cause directe entre les troubles subis et les missions respectivement confiées aux architectes et aux bureaux d'études »[247].La relation de causalité directe entre les troubles subis et les intervenants à l'acte de construire doit être établie[248].

Annales Africaines, Nouvelle série, vol. 1, avril 2018, n° 8, p. 183 et s. Dans cette affaire, un propriétaire avait réalisé des constructions dans la cour de son appartement situé au rez-de-chaussée d'un immeuble. Le propriétaire de l'appartement de dessus l'a assigné en démolition des constructions au motif que les travaux ont été édifiés sur une partie commune et qu'ils lui ont causé des désagréments.

[243] S. KANE et Y. BODIAN, La jurisprudence de la chambre civile et commerciale de la Cour suprême, précité, p. 184.

[244] Cass. civ. 3e, 22 juin 2005, arrêt n° 03-20068.

[245] Cass. civ. 3e, 21 mai 2008, arrêt n° 07-13769.

[246]Cass. civ. 3e, 9 février 2011, arrêt n° 09-71570 et 09-72494.

[247]Cass. civ. 3e, 28 avril 2011, arrêt n° 10-14516.

[248]Cass. civ. 3e, 19 octobre 2011, arrêt n° 10-15303 et 10-15810.

Arrêt n° 13
Sénégal, Cour de cassation, 19 juillet 2006, 71

Insuffisance de motifs constitutive d'une violation de l'article 381 du Code des obligations civiles et commerciales ;
Violation de l'article 250 alinéa 1 du code de procédure civile.
Insuffisance de motifs constitutive d'une violation de l'article 555 du Code civil français

Amadou Ly c/ Délia Niang

Solution :

La cour d'appel de Dakar a infirmé l'ordonnance du juge des référés qui s'était déclaré incompétent pour connaître de l'action de Délia Niang tendant à la destruction des impenses édifiées par Amadou Ly pour empiétement. En d'autres termes, le juge des référés est compétent pour prendre des mesures de remise en état pour faire cesser un trouble manifestement illicite.

Texte :

LA COUR :

OUI Monsieur Ely Manel DIENG, Conseiller, en son rapport ;

OUI Monsieur François DIOUF, Avocat Général, représentant le Ministère Public en ses conclusions ;

Après en avoir délibéré conformément à la loi ;

VU la loi organique n° 92.25 du 30 mai 1992 sur la Cour de cassation ;

Vu les textes reproduits en annexe :

Attendu, selon l'arrêt attaqué, que les constructions entreprises par Amadou LY, propriétaire du titre foncier n° 1391/DG ayant empiété sur l'immeuble objet du TF n° 1392/DG appartenant à Délia NIANG, celle-ci a saisi le juge des référés pour entendre ordonner la destruction des impenses édifiées, sous astreintes de 100.000 F. par jour de retard, et pour être autorisé à y procéder, en cas de carence de LY, aux frais de ce dernier ;

Attendu que, par l'arrêt déféré, la Cour d'appel a infirmé l'ordonnance du juge des référés qui s'était déclaré incompétent ;

Sur le premier moyen tiré de l'insuffisance de motifs constitutive d'une violation de l'article 381 du Code des Obligations Civiles et Commerciales, en ce qu'il a toujours invoqué l'irrecevabilité de l'action de Délia NIANG pour défaut de qualité et d'intérêt à agir et la Cour d'appel n'a pas suffisamment motivé sa décision sur la question et a violé les dispositions de l'article 381 du Code des Obligations Civiles et Commerciales, en ne recherchant et en exigeant pas la preuve d'un droit réel au profit de la dame NIANG sur l'immeuble objet du TF 1392/DG ;

Mais attendu ayant énoncé que « Délia NIANG, titulaire sur l'immeuble objet du titre foncier n° 1392/DG d'un droit d'usage ou d'un bail emphytéotique comme le soutient Amadou LY, dispose bien d'un droit qui lui confère qualité et intérêt à agir », la Cour d'appel a légalement justifié sa décision ;

D'où il suit que le moyen n'est pas fondé ;

Sur le deuxième moyen tiré de la violation de l'article 250 alinéa 1 du Code de Procédure Civile, en ce que « la Cour d'appel, statuant en référé, s'est comportée comme un juge de fond, préjudiciant au principal, autant dans l'appréciation des faits, dans l'interprétation de la règle de droit applicable, que dans la nature et la portée de la mesure qu'elle a prise, en fondant l'empiètement allégué sur des conclusions expertales, qu'elle a analysé comme constitutif d'un trouble manifestement illicite, alors qu'il est admis que le juge des référés est le juge de l'urgence et de l'évidence et, dès lors, pour la constatation et l'appréciation des faits, il ne saurait écarter la mise en œuvre de l'article 555 du Code Civil Français, elle a retenu l'existence de deux règles applicables et admet que «la distinction est tenue » en envisageant leur simple applicabilité sans les énoncer, alors que le droit positif sénégalais ne connaît qu'une seule disposition applicable, l'article 555, qu'il s'agisse d'empiètement ou de construction par un tiers sur le terrain d'autrui d'où des difficultés sérieuses, d'autant que la mesure prise épuise la contestation et s'analyse en une mesure de fonds, puisqu'elle a ordonné la destruction de la construction qu'elle estime avoir empiété sur le fonds voisin, mettant ainsi fin au litige, alors qu'elle devait se borner à ordonner des mesures provisoires ».

Mais attendu qu'ayant exactement énoncé, d'une part, que la règle selon laquelle le juge de référés est le juge de l'urgence et de l'évidence, n'enlève aucunement à celui-ci le pouvoir d'analyser les termes d'un rapport d'expertise pour constater ou apprécier les faits qui lui sont soumis, l'urgence ou l'évidence pouvant être établies par les constatations ou conclusions de l'expert dans son rapport et, d'autre part, que l'article 555 du Code Civil Français s'applique aux constructions sur le terrain d'autrui et la règle «nul ne peut être contraint à céder sa propriété » à l'empiètement d'un fonds voisin, la Cour d'appel qui, a fait application de cette seconde règle, a ordonné la destruction des constructions irrégulières édifiées sur le terrain de Délia NIANG, prescrivant ainsi à juste titre une mesure de mise en état pour faire cesser un trouble manifestement illicite ;

D'où il suit que le moyen n'est pas fondé ;

Sur le troisième moyen pris d'une insuffisance de motifs constitutive d'une violation de l'article 555 du Code Civil Français, en ce que la Cour d'appel n'avait pas à écarter la mise en œuvre des dispositions susvisées en estimant que «le juge des référés a confondu deux règles qui sont utilisées différemment selon qu'il s'agit de construction édifiée sur le terrain d'autrui ou d'empiètement d'un fonds voisin », sans indiquer la deuxième règle qui serait en concours avec l'article 555 ;

Mais attendu qu'ayant relevé que « l'immeuble de Amadou LY a empiété sur la parcelle dont est titulaire Délia NIANG », qui dispose d'un droit réel sur le titre foncier n° 1392/DG, la Cour d'appel, qui a retenu que, d'une part, la règle « nul ne peut être contraint à céder sa propriété » doit recevoir application, peu importe la bonne ou mauvaise foi de la partie qui a empiété et, d'autre part, «le juge des référés est compétent pour prendre des mesures de remise en état pour faire cesser un trouble manifestement illicite », a légalement justifié sa décision ;

D'où il suit que le moyen n'est pas fondé ;

PAR CES MOTIFS

Rejette le pourvoi de Amadou LY formé contre l'arrêt numéro 81 rendu le 09 février 2001 par la Cour d'appel de Dakar ;

Le condamne aux dépens ;

Ordonne confiscation de l'amende consignée ;

Président : Ibrahima GUEYE, Président de Chambre ; Conseiller : Pape Makha NDIAYE ; Conseiller-Rapporteur : Ely Manel DIENG ; Avocat général : François DIOUF ; Avocats : Mes Guédel NDIAYE et Associés ; Abdoulaye BABOU.

Origine de la décision

Pays : *Sénégal*

Juridiction : *Cour de cassation*

Date de la décision : 19/07/2006

Date de l'import : 14/10/2011

Arrêt n° 14
Sénégal, Cour suprême, Chambre civile et commerciale, 06 mai 2015, 50

Action en justice – le criminel tient le civil en l'état – action en expulsion de l'occupant condamné au pénal pour occupation illégale de terrain d'autrui – condition – caractère définitif du jugement pénal

Demandeurs : *CHARLES HADDAD*
Défendeurs : *OUSSEYNOU SECK*

Solution :

Viole l'article 4 du CPP, la cour d'appel qui ordonne l'expulsion d'une partie en relevant qu'elle a été condamnée au pénal par défaut pour occupation illégale de terrain et qu'en l'absence de preuve de sa comparution à la date de l'audience, son opposition est non avenue, alors qu'il est sursis au jugement de l'action exercée devant la juridiction civile, tant qu'il n'a pas été prononcé définitivement sur l'action publique, lorsque celle-ci a été mise en mouvement.

Texte :

La Cour suprême,

Après en avoir délibéré conformément à la loi ;

Attendu, selon l'arrêt confirmatif attaqué, qu'Ousseynou Seck, attributaire d'un terrain, a saisi le tribunal régional de Thiès d'une action en expulsion et en paiement de dommages et intérêts dirigée contre Charles Haddad ;

Sur le quatrième moyen tiré de la violation de l'article 4 du code de procédure pénale ;

Vu ledit texte ;

Attendu que pour confirmer le jugement entrepris, la cour d'appel a relevé que « le sieur Haddad a déjà été condamné par le tribunal régional de Thiès à six mois d'emprisonnement ferme par défaut pour occupation illégale de terrain » et retenu qu' « en l'absence de preuve de sa comparution à la date de l'audience, son opposition est non avenue, faisant produire au jugement du 27 juin 2005, qui est devenu définitif, ses pleins effets ; qu'il y a lieu en conséquence d'appliquer la règle selon laquelle « le pénal tient le civil en état » ;

Qu'en statuant ainsi, alors qu'il est sursis au jugement de l'action exercée devant la juridiction civile, tant qu'il n'a pas été prononcé définitivement sur l'action civile, lorsque celle-ci a été mise en mouvement, la cour d'appel a violé le texte susvisé ;

Par ces motifs, et sans qu'il soit besoin de statuer sur les autres moyens :

Casse et annule, dans toutes ses dispositions, l'arrêt n° 281 rendu le 21 novembre 2013, entre les parties, par la cour d'appel de Dakar ;

Moyen annexé au présent arrêt

Quatrième moyen tiré de la violation de l'article 4 du Code de procédure pénale

Attendu que l'arrêt a dit appliquer la règle « le criminel tient le civil en l'état » :

« Que dès lors, en l'absence de preuve de sa comparution à la date de l'audience, son opposition est non avenue conformément aux dispositions susvisées, faisant produire au jugement correctionnel du 27 juin 2005, qui est devenu définitif, ses pleins effets ; qu'il y a lieu en conséquence, d'appliquer la règle selon laquelle, « le pénal tient le civil en l'état », que Charles Haddad ayant été déclaré coupable d'occupation illégale de terrain d'autrui, et condamné à six mois d'emprisonnement ferme, d'ordonner son expulsion de la parcelle litigieuse et de confirmer le jugement entrepris » ; Attendu que la règle «le criminel tient le civil en l'état » signifie que lorsqu'il y a une action pénale pendante qui est de nature à influer sur la solution d'une action civile également pendante, le juge civil sursoit à statuer en attendant la décision pénale ;

Que c'est ce qui résulte de l'article 4 du code de procédure pénale : « L'action civile peut être aussi exercée séparément de l'action publique. Toutefois, il est sursis au jugement de cette action exercée devant la juridiction civile, tant qu'il n'a pas été prononcé définitivement sur l'action publique, lorsque celle-ci a été mise en mouvement » ;

Qu'en l'espèce, l'arrêt attaqué a fait application de ce texte, non pas pour rendre une décision qui serait un sursis à statuer, mais curieusement pour invoquer les effets du jugement correctionnel du 27 juin 2005, puis ordonner l'expulsion de M. Haddad de la parcelle litigieuse par confirmation du jugement entrepris ;

Ce faisant, l'arrêt attaqué a assurément fait une fausse application de cet article 4 du code de procédure pénale ;

Il en a d'autant fait une fausse application qu'il a annihilé tout pouvoir d'appréciation du juge civil sur des questions qui lui sont soumises, au motif de l'existence d'un jugement pénal ;

Que cela est assurément méconnaître le sens et la portée de cette disposition, surtout lorsqu'il est avéré, comme en l'espèce, que même si le jugement pénal du 27 juin 2005 avait acquis une autorité définitive de la chose jugée, il n'aurait pas suffi à régler les questions dont était saisi le juge civil ;

Que, dès lors, l'arrêt attaqué pèche par une violation de l'article 4 du code de procédure pénale, justifiant sa cassation et son annulation.

✓ **Complément de jurisprudence**

Sénégal, Cour suprême, Chambre civile et commerciale, 19 mars 2014, 28

Demandeurs : *ABDOU KARIM GAYE*

Défendeurs : *ALIOU WADE*

Solution :

L'autorité de la chose jugée au pénal sur le civil s'attachant à ce qui a été décidé par le juge pénal sur l'existence du fait qui forme la base commune de l'action civile et de l'action pénale, sur sa qualification ainsi que sur la culpabilité de celui à qui le fait est imputé, une cour d'Appel qui a relevé que le juge pénal a statué sur les faits de prévention d'occupation illégale appartenant à autrui et ne s'est pas prononcé sur une demande d'expulsion dont il n'a pas été saisi, en a déduit, à juste titre, que cette décision du juge pénal ne pouvait s'imposer à l'instance civile.

Texte :

La Cour suprême,

Vu la loi organique n° 2008-35 du 8 août 2008 sur la Cour suprême ;

Après en avoir délibéré conformément à la loi ;

Attendu que le défendeur soulève la déchéance au motif que la signification a été faite à domicile élu alors que l'article 38 de la loi organique susvisée exige qu'elle soit faite à personne ou au domicile réel ;

Mais attendu que la signification a été faite à personne ;

Qu'il s'ensuit que la déchéance n'est pas encourue ;

Attendu, selon l'arrêt attaqué, qu'Abdou Karim Gaye, relaxé du délit d'occupation illégale du TF n° 3967/DG, a été, cependant, expulsé dudit titre par le juge civil qui, dans le même temps, a débouté Aliou Wade de sa demande en payement de dommages-intérêts ;

Sur le moyen unique en sa première branche pris de la violation du principe de l'autorité de la chose jugée posée par l'article 4 alinéa 2 du code de procédure pénale, en ce que, pour rejeter la fin de non-recevoir tirée de l'autorité de la chose jugée, le juge a fait une confusion entre l'autorité de la chose jugée au criminel sur le criminel et l'autorité de la chose jugée au criminel sur le civil ;

Mais attendu que l'autorité de la chose jugée au pénal sur le civil s'attache à ce qui a été décidé par le juge pénal sur l'existence du fait qui forme la base commune de l'action civile et de l'action pénale, sur sa qualification ainsi que sur la culpabilité de celui à qui le fait est imputé ;

Et attendu que, pour rejeter la fin de non-recevoir tirée de l'autorité de la chose jugée soulevée par le défendeur, l'arrêt qui relève que le juge pénal a statué sur les faits de prévention d'occupation illégale de terrain appartenant à autrui et ne s'est pas prononcé sur une demande d'expulsion dont il n'a pas été saisi, en déduit, à juste titre, que cette décision du juge pénal ne pouvait s'imposer à l'instance civile ;

D'où il suit que le moyen est mal fondé en sa première branche ;

Sur le moyen unique en sa seconde branche pris de la violation du principe de l'effet dévolutif de l'appel, en ce que la cour d'Appel, après avoir confirmé le jugement entrepris sur le rejet de la fin de non-recevoir et l'expulsion, a alloué à Aliou Wade, des dommages-intérêts, alors que l'appel incident ne peut se concevoir que dans les limites de l'appel principal ;

Mais attendu qu'en vertu de l'effet dévolutif de l'appel, les juges du fond, saisis d'un appel principal et d'un appel incident, se trouvent investis de l'ensemble du litige pour qu'il soit statué à nouveau en droit et en fait dans la limite de ces appels ;

Qu'il s'ensuit que le moyen est mal fondé ;

Par ces motifs,

Rejette le pourvoi formé par Abdou Karim Gaye contre l'arrêt n° 627 rendu le 5 septembre 2011 par la cour d'Appel de Dakar ;

Le condamne aux dépens.

Dit que le présent arrêt sera imprimé, qu'il sera transcrit sur les registres de la cour d'Appel de Dakar, en marge ou à la suite de la décision attaquée.

Arrêt n° 15
Sénégal, Cour suprême, Chambre civile et commerciale, 18 novembre 2015, 124

Marché à forfait – Augmentation du prix – Exécution par entrepreneur

Demandeurs : *SIDY NDIAYE*

Défendeurs : *SOCIÉTÉ MONIZ DA MAIA SERRA ET FORTUNATO EMPREITEIROS, DITE MSF*

Solution :

Selon les articles 441, 448 et 442 du code des obligations civiles et commerciales, en cas de marché à forfait portant sur des travaux immobiliers où le maître d'œuvre a fait établir un devis descriptif ou arrêter un plan, en fixant le prix du travail à réaliser, l'entrepreneur est tenu d'exécuter l'ouvrage conclu pour la somme arrêtée et ne peut réclamer aucune augmentation, sous réserve de modification du marché, convenue dans les mêmes formes que le contrat primitif et suivant un prix fixé à l'avance ; qu'en revanche, dans le marché sur devis, l'estimation, article par article, permet de fixer le prix global lors de l'achèvement des travaux, en tenant compte de ceux qui ont été réellement accomplis.

N'a pas mis la Cour suprême à même d'exercer son contrôle, la cour d'appel qui, pour cantonner la créance réclamée à celui du devis initial, se borne à retenir que le sous-traitant y a bien indiqué le décompte détaillé de chaque prestation ainsi que la somme globale à payer ; que ce devis, accepté par le maître d'ouvrage et sur lequel il s'est basé pour faire les premiers règlements, a dès lors valeur de contrat liant les deux parties et que le montant de la facture pour des travaux supplémentaires de décapage, à défaut d'avenant, ne s'impose pas au maitre d'ouvrage, sans au préalable rechercher si les parties avaient entendu convenir d'un marché à forfait ou d'un marché sur devis.

Texte :

La Cour suprême,

Vu la loi organique n° 2008-35 du 8 août 2008 sur la Cour suprême ;

Après en avoir délibéré conformément à la loi ;

Attendu que Sidy Ndiaye, qui a exécuté le contrat de sous-traitance portant sur la réalisation de grandes pistes à l'intérieur du Parc national de Niokolokoba (PNNK) au profit de la société Société Moniz Da Maia Serra et Fortunato dite MSP, a obtenu du tribunal régional de Dakar la condamnation de celle-ci à lui payer la somme de 62 286 129 Fcfa représentant le coût des travaux effectués ;

Que par l'arrêt attaqué (Dakar, n° 311, le 9 août 2012), la cour d'appel a ramené ce montant à la somme de 34 004 810 FCFA ;

Sur le troisième moyen pris d'un défaut de base légale, en ce que la cour d'appel a retenu que le devis du 27 mars 2009 a valeur de contrat au sens de l'article 80 du code des obligations civiles et commerciales (COCC), faisant ainsi confusion entre le devis estimatif et le contrat d'entreprise, sans indiquer en quoi le devis estimatif fixait définitivement l'état de droit entre les parties alors qu'il est acquis que le maître d'œuvre ne peut opposer l'absence d'avenant ou d'autorisation écrite pour se soustraire au paiement des travaux voulus par lui qui modifient le contrat initial en bouleversant son économie ;

Vu le texte visé au moyen, ensemble les articles 441, 448 et 442 du code des obligations civiles et commerciales ;

Attendu, selon ces derniers textes, qu'en cas de marché à forfait portant sur des travaux immobiliers où le maître d'œuvre a fait établir un devis descriptif ou arrêter un plan, en fixant le prix du travail à réaliser, l'entrepreneur est tenu d'exécuter l'ouvrage conclu pour la somme arrêtée et ne peut réclamer aucune augmentation, sous réserve de modification du marché, convenue dans les mêmes formes que le contrat primitif et suivant un prix fixé à l'avance ; qu'en revanche, dans le marché sur devis, l'estimation, article par article, permet de fixer le prix global lors de l'achèvement des travaux, en tenant compte de ceux qui ont été réellement accomplis ;

Attendu que, pour infirmer le jugement entrepris sur le montant de la créance en le cantonnant à celui du devis à savoir 34 004 810 Fcfa, la cour d'appel s'est bornée à relever qu' « il ressort des éléments du dossier que (...) l'intimé Sidy Ndiaye a bien indiqué dans le devis du 27 mars 2009 proposé le décompte détaillé de chaque prestation, en quantité et prix unitaire, les frais d'installation du chantier ainsi que la somme globale à payer ; que ce devis accepté par MSF et sur laquelle elle s'est basée pour faire les premiers règlements , a dès lors valeur de contrat liant les deux parties (...) que le montant de la facture n° 24 du 30 novembre 2009 qui est supérieur à celui prévu dans le devis concernant le décapage évalué à 34 004 810 Fcfa, à défaut d'avenant, ne s'impose pas à la MSF qui est en droit de refuser de payer la différence entre ladite facture et le devis initial ;

Qu'en se déterminant ainsi, sans au préalable rechercher si les parties avaient entendu convenir d'un marché à forfait ou d'un marché sur devis, la cour d'appel n'a pas mis la Cour suprême à même d'exercer son contrôle ;

Par ces motifs :

Et sans qu'il soit besoin de statuer sur les premier et deuxième moyens,
Casse et annule l'arrêt n° 311 du 09 août 2012 de la cour d'appel de Dakar ;

Renvoie la cause et les parties devant la cour d'appel de Saint-Louis ;

Dit que le présent arrêt sera imprimé, qu'il sera transcrit sur les registres de la cour d'appel de Dakar, en marge ou à la suite de la décision attaquée.

Arrêt n° 16
Sénégal, Cour suprême, Chambre civile et commerciale, 05 août 2015, 100

Marché à forfait – Augmentation du prix

Demandeurs : *EL HADJI ALIOUNE FALL*
Défendeurs : *ALLÉ SECK*

Solution :

Dans le marché à forfait, l'entrepreneur ne peut demander une augmentation du prix s'il n'y a pas une modification du contrat intervenue dans la même forme que pour la conclusion du contrat initial.

Texte :

La Cour suprême,

Vu la loi organique n° 2008-35 du 8 août 2008 sur la Cour suprême ;

Après en avoir délibéré conformément à la loi ;

Sur la recevabilité du pourvoi :

Attendu que M. Allé Seck a contesté la recevabilité du pourvoi, en faisant valoir qu'il a été introduit plus de deux mois après la remise de l'expédition de l'arrêt par le greffier en chef ;

Attendu que seule la signification de la décision fait courir le délai du pourvoi ;

D'où il suit que le pourvoi est recevable ;

Attendu, selon l'arrêt attaqué (Dakar, 11 février 2013 n° 40), que M. Allé Seck avait confié à M. El Hadj Alioune Fall la construction d'un bâtiment ; que M. Fall, estimant que M. Seck lui doit le coût de travaux supplémentaires, a saisi le juge des référés pour la désignation d'un expert ; que, par jugement du 20 novembre 2007, le tribunal a entériné les conclusions de l'expert et condamné M. Seck à payer à M. Fall la somme de 84 983 329 F outre celle de 3 000 000 F à titre de dommages-intérêts ; qu'un arrêt du 20 novembre 2007 a infirmé ce jugement et ordonné une contre-expertise ; qu'à la suite du dépôt du rapport de contre-expertise, M. Fall a assigné M. Fall en reprise d'instance ;

Sur le moyen unique, tiré de la violation de l'article 1-6 du code de procédure civile : Attendu qu'il est fait grief à l'arrêt de rejeter la demande en paiement au motif qu'elle constituerait une demande en augmentation du prix forfaitaire, alors, selon le moyen, que les parties avaient convenu d'un prix forfaitaire au mètre-carré construit de 57 913 F ; qu'en décidant le contraire, la juridiction a procédé à une qualification inexacte des faits de l'espèce, et a ainsi violé les dispositions de l'article 1-6 du COCC en vertu desquelles (…(le juge doit donner ou restituer aux faits leur exacte qualification ; Mais attendu qu'ayant relevé qu'aucune modification du contrat dans les mêmes formes que pour la conclusion du contrat initial n'est intervenue, la cour d'appel en a déduit exactement que l'entrepreneur ne peut prétendre au paiement d'une somme supplémentaire et n'a droit qu'au reliquat que M. Seck a reconnu lui devoir ;

D'où il suit que le moyen est mal fondé ;

Par ces motifs :

Rejette le pourvoi ;

Condamne El Hadj Alioune Fall aux dépens ;

Dit que le présent arrêt sera imprimé, qu'il sera transcrit sur les registres de la cour d'appel de Dakar, en marge ou à la suite de la décision attaquée.

Complément de jurisprudence

1.- Sénégal, Cour de cassation, 07 avril 2004, 79

Pourvoi en matière civile et commerciale; sur le deuxième moyen: contrat d'entreprise; autorisation de construire; diligences ; maitre de l'ouvrage ; entrepreneur; mandat écrit (nécessaire).

Saïkou THIAM - ADAUA c/ Khadidiatou DIALLO

Il n'appartient pas à l'entrepreneur d'effectuer les démarches nécessaires pour l'obtention du permis de construire établi au nom du propriétaire sauf si ce dernier le constitue formellement pour l'accomplissement des formalités prescrites pour la délivrance de ce document.

Ainsi ne donne pas de base légale à sa décision la Cour d'appel statuant en référé et qui, pour retenir qu'il appartient à l'entrepreneur de rechercher l'autorisation de construire, se borne à énoncer que ce dernier n'a pas rapporté la preuve de l'exécution de son obligation.

Texte :

LA COUR:

OUI Monsieur Papa Makha NDIAYE, Conseiller, en son rapport;

OUI Monsieur Ndary TOURE, Avocat général représentant le Ministère public en ses conclusions;

Après en avoir délibéré conformément à la loi ;

Vu la loi organique n° 92.25 du 30 mai 1992 sur la Cour de cassation ;

ATTENDU, selon l'arrêt confirmatif attaqué, que l'Agence Sénégalaise de l'Association pour le Développement d'une Architecture et d'un Urbanisme Africains, dite ADAUA Sénégal, a réalisé, en exécution d'un contrat d'entreprise, un bâtiment à usage d'habitation pour le compte de Khadidiatou DIALLO, qui lui réclame le plan de construction et l'autorisation de construire;

Sur le deuxième moyen tiré de la violation de la loi;

ATTENDU qu'il est grief à l'arrêt attaqué d'avoir violé l'article 437 du Code des Obligations Civiles et Commerciales, en ce que la Cour d'appel a confirmé l'ordonnance du premier juge, qui s'est déterminé, sur le fondement de l'article 9 du Code des Obligations Civiles et Commerciales, en retenant qu'au moment de la réalisation des travaux, les documents administratifs nécessaires à l'exécution du contrat ne pouvaient être qu'au nom de l'ADAUA, à qui, il revient, dès lors, de rapporter la preuve de la remise du plan de construction et l'autorisation de construire à Khadidiatou DIALLO, alors, selon le moyen, que le devis estimatif et quantitatif ainsi que la série de plan, au nombre de un constituent les seuls documents prévus par le contrat d'entreprise qui liait les parties et, du régime duquel, il résulte, conformément à l'article 437 du Code des Obligations Civiles et Commerciales, que le procès-verbal de réception, approuvé sans réserve, est libératoire puisqu'en cette matière, c'est la délivrance qui opère restitution de la matière fournie par le maître d'ouvrage;

ATTENDU que pour ordonner la remise du plan de construction et l'autorisation de construire par Saïkou THIAM et l'ADAUA à Khadidiatou DIALLO sous astreinte de cent mille francs par jour de retard, la Cour d'appel a confirmé l'ordonnance de référé du Tribunal Régional de Thiès qui retient que « s'agissant de la remise de plan de construction et de l'autorisation de construire, en application de l'article 9 du Code des Obligations Civiles et Commerciales, il revient aux défendeurs de rapporter la preuve de l'exécution de leurs obligations;

ATTENDU qu'en se déterminant ainsi, sans relever si, dans le contrat d'entreprise, Khadidiatou DIALLO avait constitué l'ADAUA Sénégal pour accomplir toutes les demandes et formalités nécessaires à l'obtention de l'autorisation de construire, la Cour d'appel n'a pas donné de base légale à sa décision;

PAR CES MOTIFS

Et sans qu'il y ait lieu de statuer sur le premier moyen;

Casse et annule l'arrêt numéro 577 rendu le 29 novembre 2001 par la Cour d'appel de Dakar;

Remet, en conséquence la cause et les parties au même et semblable état où elles étaient avant ledit arrêt et, pour être -fait droit, les renvoie devant la Cour d'appel de Dakar autrement composée;

Condamne la défenderesse aux dépens.

2.- Sénégal, Cour suprême, 05 septembre 2012, 81

Contrats et obligations – contrat d'entreprise – rupture – rupture unilatérale du maître d'œuvre – condition – indemnisation complète de l'entrepreneur

---

Demandeurs : *SCI LES BOUGAINVILLIERS*

Défendeurs : *EL HADJI MAMADOU LAMINE DIAO*

Solution :

Aux termes de l'article 445 du Code des obligations civiles et commerciales « tant que l'ouvrage n'est pas terminé, le maître de l'œuvre peut toujours se départir du contrat en payant le travail fait et en indemnisant complètement l'entrepreneur ».

Viole ce texte, une Cour d'Appel qui a subordonné la faculté de rupture unilatérale du maître de l'œuvre à la faute de l'entrepreneur.

Texte :

LA COUR SUPRÊME,

Vu la loi organique n° 2008-35 du 8 août 2008 sur la Cour suprême ;

Vu les moyens annexés ;

Après en avoir délibéré conformément à la loi ;

Attendu que par l'arrêt attaqué, la Cour d'Appel de Dakar a condamné la SCI Les Bougainvilliers à payer à Mamadou Lamine Diao la somme de cinq millions de francs (5 000 000) à titre de dommages et intérêts pour rupture unilatérale de contrat ;

Sur le premier moyen, en sa première branche, tiré de la violation des articles 122 et 445 du Code des obligations civiles et commerciales, en ce que la Cour d'Appel s'est employée à démontrer que la SCI Les Bougainvilliers n'aurait pu rompre le contrat qu'en prouvant « que ce qui restait du délai ne permettait pas de finir les travaux », alors que, selon l'article 445 précité, le maître de l'œuvre a la faculté de résiliation unilatérale qui n'est pas soumise à la préexistence d'une faute ;

Vu l'article 445 précité ;

Attendu qu'aux termes de ce texte « tant que l'ouvrage n'est pas terminé, le maître de l'œuvre peut toujours se départir du contrat en payant le travail fait et en indemnisant complètement l'entrepreneur » ;

Attendu que pour condamner la SCI Les Bougainvilliers au paiement, la Cour d'Appel, après avoir énoncé qu'il n'est pas contesté que le travail effectué a été intégralement payé, a retenu que le maître d'ouvrage n'a pas prouvé l'existence d'une faute de l'entrepreneur susceptible de justifier une rupture du contrat ;

Qu'en statuant ainsi alors que la faculté de rupture unilatérale du maître de l'œuvre n'est pas subordonnée à l'existence d'une faute de l'entrepreneur, la Cour d'Appel a violé le texte susvisé ;

PAR CES MOTIFS :

Casse et annule l'arrêt n° 657 rendu le 12 septembre 2011 par la Cour d'Appel de Dakar ;

Renvoie la cause et les parties devant la Cour d'Appel de Saint-Louis ;

✓ **Cour suprême, civ. com., arrêt n° 21 du 6 avril 2016**, Bulletin Cour suprême, juin 2018 n° 11-12, STUART GEOFFREY SINGER c/ BEAD, BATICOM, PLOMBELEC ET COMEBAT

CONTRAT – CONTRAT D'ENTREPRISE DE TRAVAUX IMMOBILIERS – RESPONSABILITÉ SOLIDAIRE DE L'ARCHITECTE AVEC L'ENTREPRE-NEUR FAUTIF –

Il résulte de l'article 449 alinéa 2 du code des obligations civiles et commerciales que l'architecte maître d'œuvre qui a un devoir de surveillance et de direction des travaux, et d'assistance du maître de l'ouvrage à leur achèvement, est solidairement responsable avec l'entrepreneur des fautes de celui-ci.

Viole ce texte, la cour d'appel qui met hors de cause l'architecte au motif que ses obligations contractuelles se limitent à l'interprétation ou la réalisation du plan et excluent les malfaçons.

Arrêt n° 17
Sénégal, Cour suprême, Chambre civile et commerciale, 02 septembre 2015, 114

Bail à usage d'habitation – Fin - Préavis

Demandeurs : *LA SCI AMINA*
Défendeurs : *LA SOCIETE SHAFA CONSTRUCTION WEST AFRICA SA*

Solution :

Selon les dispositions d'ordre public des articles 571 et 576 du code des obligations civiles et commerciales, le preneur ne peut mettre fin au bail à usage d'habitation que par un préavis de congé servi au bailleur par acte extrajudiciaire.

N'a pas tiré les conséquences légales de ses propres constations la cour d'appel qui, pour débouter le bailleur de sa demande de paiement de loyers, énonce que même si la correspondance du preneur ne remplit pas les caractéristiques du congé, le loyer est la contrepartie de l'exécution par le bailleur de ses obligations, c'est-à-dire la mise des locaux à la disposition du locataire, or le preneur a définitivement quitté les lieux en restituant les clés, puis indique que l'exécution du contrat de bail a été de ce fait interrompue, le bailleur ayant repris possession des lieux.

Texte :

La Cour suprême,

Vu la loi organique n° 2008-35 du 8 août 2008 sur la Cour suprême ;

Après en avoir délibéré conformément à la loi ;

Sur la déchéance soulevée par la défenderesse ;

Attendu que la société SHAFA Construction West Africa soulève la déchéance au motif que la requête a été signifiée à l'adresse de ses conseils en instance d'appel, alors que l'article 38 de la loi organique susvisée prévoit que la requête doit être signifiée à la partie adverse ;

Attendu que, même si la signification a été faite à l'adresse de ses conseils, la partie adverse a produit un mémoire et pu présenter ses moyens de défense ;

D'où il suit que la déchéance n'est pas encourue ;

Sur le premier et le second moyen réunis ;

Vu les articles 571 et 576 du code des obligations civiles et commerciales ;

Attendu, selon ces dispositions qui sont d'ordre public, que le preneur ne peut mettre fin au bail à usage d'habitation que par un préavis de congé servi au bailleur par acte extrajudiciaire ;

Attendu que, pour débouter la SCI Amina de sa demande de paiement de loyers, la cour d'appel a énoncé que, « même si la correspondance du 10 mars 2010 établie par la société SHAFA ne remplit pas les caractéristiques du congé, il y a lieu de faire observer que le loyer est la contrepartie de l'exécution par le bailleur de ses obligations, c'est-à-dire la mise des locaux à la disposition du locataire, or, en l'espèce, la SCI Amina ne conteste pas qu'au courant du mois d'avril 2010, la société SHAFA a définitivement quitté les lieux en lui restituant les clés ; » et retenu « que l'exécution du contrat de bail a été de ce fait interrompue, le bailleur ayant repris possession des lieux ; que dès lors la contrepartie de loyers ne se justifie plus » ;

En statuant ainsi, la cour d'appel, qui n'a pas tiré les conséquences légales de ses propres constations, a violé les textes visés au moyen ;

Par ces motifs :

Et sans qu'il soit besoin de statuer sur le premier moyen ;

Casse et annule l'arrêt n° 288 du 18 avril 2014, rendu par la cour d'appel de Dakar ;

Observations :

1.- Le COCC organise, dans ses article 567 et suivants les baux à usage d'habitation. Cependant, ce régime juridique dépasse ces baux pour s'intéresser à un domaine plus vaste. Aux termes de l'article 568, il s'agit principalement du louage de :

- locaux à usage d'habitation ;
- locaux à usage professionnel sans caractère commercial, industriel ou artisanal ;
- locaux pris en location par une personne morale de droit public pour y installer des services ou des agents ;
- locaux pris en location par des personnes morales exerçant une activité désintéressée, notamment par des associations déclarées et des syndicats professionnels ;
- locaux pris en location par des entreprises commerciales, industrielles ou artisanales à usage exclusif d'habitation pour leur personnel[249] ;
- locaux pris en location par des entreprises commerciales, industrielles ou artisanales pour y installer exclusivement des bureaux.

Un bail entre une commune et un particulier ne sera pas soumis à l'article 568 COCC lorsqu'il comporte une clause exorbitante du droit commun[250].

---

[249] Le fait que le preneur soit autorisé, d'après les stipulations contractuelles, à y loger des tiers, ne saurait remettre en cause la qualification dès lors que l'exclusivité de l'usage des locaux est relative à leur habitation par les personnes susvisées ; CA Dakar, 12 juin 2012, SARL Les Résidences les Jardins c/ Société Wartsila, arrêt n° 233, Bulletin des arrêts rendus par la Cour d'Appel de Dakar en matière civile et commerciale, 2013, vol. 1, p. 81.

[250] C. Cass., chambre civile et commerciale, 21 janvier 1998, Commune de Dakar c/ I. SARR, arrêt n° 49, Recueil des arrêts de la Cour de cassation, année 1993-1998, Editions GIRAF, 2001, p. 325. Dans cette affaire, il y avait « une clause exorbitante du droit commun selon laquelle la résolution ou la résiliation sera prononcée d'office sans mise en demeure préalable, par arrêté du Ministre chargé des Finances ».

2.- Le bail portant sur ces différents locaux ne peut être conclu que sous l'une des deux formes suivantes :

- Soit pour une durée de trois années renouvelable par tacite reconduction pour des périodes triennales ;
- Soit pour une durée indéterminée.

3. Comme soulignée par la haute juridiction, lorsque le bail est à durée indéterminée, le preneur peut y mettre fin par un préavis de congé servi deux mois avant au bailleur par acte extrajudiciaire[251]. En l'espèce, la « correspondance du 10 mars 2010 établie par la société SHAFA ne remplit (donc) pas les caractéristiques du congé ». Quelle est la sanction ?

A lire l'arrêt de la Cour suprême, le contrat ne peut être rompu à l'initiative du preneur que dans le respect du préavis. En d'autres termes, contrairement aux dires de la Cour d'appel, le preneur encore lié à son bailleur, lui doit les loyers échus, malgré le fait qu'il ait quitté les lieux en lui restituant les clés. La solution des « juges de la corniche » laisse apparaitre la recherche d'équilibre voulue par le législateur sénégalais dans la protection des parties au contrat de bail à usage d'habitation. L'importance d'un tel contrat exigeait une protection de la partie faible, le locataire, sans méconnaître les intérêts du bailleur[252].

4.- L'article 576 COCC organise les modalités de rupture du contrat de bail à durée indéterminée. Il offre la possibilité au preneur et au bailleur de rompre le contrat sans pour autant être poursuivi[253]. Sur le fondement d'un congé servi dans des délais déterminés, chacune des parties peut mettre fin au contrat[254]. Cependant, si pour le bailleur le préavis est organisé dans son contenu[255], le locataire bénéficie d'une liberté par rapport au fond.Le contenu de la lettre de congé du locataire est libre, mais cette dernière doit obligatoirement

---

[251] Art. 576 al. 1 COCC.

[252] Il résulte de l'article 569 du COCC que les dispositions de la section sur le bail à usage d'habitation sont d'ordre public.

[253] Par rapport à la fin du bail pour inexécution d'une obligation contractuelle, C. A. W. NDIAYE, Droit sénégalais des contrats immobiliers, précité, p. 189 et s.

[254] Le délai est de deux (02) mois pour le preneur et six (06) mois pour le bailleur.

[255] Art. 576 al. 2 COCC : A peine de nullité le congé délivré doit contenir toutes les indications énumérées à l'alinéa 3 de l'article 574.

indiquer la date d'effet qui prend en compte le délai à respecter[256]. La liberté reconnue au locataire reste toutefois encadrée. Outre le délai imposé, le préavis est servi par acte extrajudiciaire. La violation de ces obligations résultant de l'article 576 COCC est sanctionnée par la continuation du contrat. Le contrat étant « mal rompu », il est ressuscité.

Aux termes des dispositions de l'article 571 COCC, le bail à usage d'habitation ne peut prendre fin que par la résiliation constatée, exclusivement par le juge des référés, ou par un préavis de congé servi dans les seuls cas et conditions fixées. En l'espèce, le preneur devait se soumettre aux exigences de l'article 576 COCC. Certes, il n'a pas à donner les raisons de son départ mais se doit de permettre au bailleur de se préparer car une rupture brutale du contrat peut sérieusement affecter ses prévisions. La période de congé permet la recherche de futurs locataires. En outre, le locataire est tenu de payer le loyer et les charges, même s'il décide de quitter le logement avant la date convenue, à moins de trouver un accord avec le propriétaire. Même s'il peut être discuté la pertinence de l'exigence d'un acte extrajudiciaire plutôt, par exemple, qu'une lettre avec accusée de réception, la volonté du législateur par rapport à la fin du bail est claire : protéger la stabilité du locataire mais aussi préserver les prévisions du bailleur. En considération de ces objectifs, la rupture du contrat de bail se fait dans le respect des exigences des articles 571 à 583 du COCC. Faute pour le locataire de n'avoir pas respecté une telle obligation, il reste lié par le contrat, comme le souligne la haute juridiction[257].

5.- La conséquence que le juge de cassation tire de la survie du rapport contractuel se heurte au régime juridique des contrats synallagmatiques. Dans les contrats synallagmatiques, les contractants s'obligent par réciprocité l'un envers l'autre. La particularité de ces contrats réside dans la réciprocité des obligations

---

[256] La date de réception marque le point de départ du préavis. Jusqu'à la fin de cette période (deux mois, jour pour jour). Un locataire ayant donné son congé peut souhaiter revenir sur sa décision. Dans ce cas, il doit en informer le propriétaire. Seul un accord de ce dernier permet d'annuler la résiliation du bail.

[257] Pour le congé donné par le bailleur, cf. arrêt n° 19.

qui en découlent[258]. Chaque partie est tenue à l'égard à l'autre. Chaque partie est à la fois créancière et débitrice de l'autre. Il y a une corrélation, une interdépendance des obligations ; les obligations des parties se servent mutuellement de cause. Ce raisonnement semble avoir inspiré la solution de la Cour d'appel qui considérait que, puisque « la SCI Amina ne conteste pas qu'au courant du mois d'avril 2010, la société SHAFA a définitivement quitté les lieux en lui restituant les clés ; » « que l'exécution du contrat de bail a été de ce fait interrompue, le bailleur ayant repris possession des lieux ; que dès lors la contrepartie de loyers ne se justifie plus ». Argumenter ainsi viole malheureusement la spécificité du droit des baux à usage d'habitation.

Le caractère d'ordre public des modalités de rupture du contrat de bail à usage d'habitation[259] n'offre pas la possibilité aux parties de s'en émanciper. « Libres de contracter ou de ne pas contracter, d'adopter toute espèce de clauses de modalités, les parties ne peuvent cependant porter atteinte par conventions particulières à l'ordre public ou aux bonnes mœurs »[260]. Une rupture en dehors des règles ne pouvait alors être retenue. Cependant, le bailleur est-il en droit de réclamer les loyers ?

La réponse à une telle interrogation doit se faire par l'affirmative mais à préciser selon la nature du contrat. Dans le cadre d'un contrat de bail à durée déterminée, le contrat « mal rompu » exige de la part du locataire à payer les mensualités restantes. Par contre, si c'est un contrat à durée indéterminée, seuls les deux mois de la période de préavis devraient être réclamés. Si cette solution trouve sa justification dans la force obligatoire par rapport au contrat à durée déterminée, elle peut s'expliquer par la nécessité de préserver les prévisions du bailleur dans le contrat à durée indéterminée. La prévision est certes présente dans les deux situations. Néanmoins, elle est beaucoup plus exposée lorsque la durée du contrat n'est pas fixée. Ainsi, le congé offre aux parties l'occasion de se protéger des conséquences d'une rupture inattendue.

---

[258] A l'opposé, le contrat est unilatéral lorsqu'il engendre des obligations à la charge d'une seule des parties. Le caractère unilatéral est à apprécié par rapport à l'obligation est non par rapport aux parties.

[259] Art. 569 COCC.

[260] Art. 42 COCC.

Dans l'affaire traitée, le locataire devrait alors verser, sans préjudice de tous autres dommages et intérêts, deux (02) mois de loyers au bailleur. Exiger plus de mensualités installe une insécurité juridique et ne se justifie pas. Du fait de la reconnaissance au locataire d'une liberté de rompre son contrat à durée indéterminée à tout moment, la garantie du bailleur se limite à la période de congé. Ses prévisions sont, par conséquent, à calquer sur cette période.

Arrêt n° 18
Sénégal, Cour suprême, Chambre civile et commerciale, 15 juillet 2015, 88

Bail à usage d'habitation – Paiement loyer - Application de la loi n° 2014-03 du 22 janvier 2014 portant baisse des loyers des baux à usage d'habitation

Demandeurs : *SEYDOU NOUROU SECK*
Défendeurs : *BOUBACAR SOULEYMANE DIALLO*

Solution :

Selon les articles 169 alinéa 1 et 553 du code des obligations civiles et commerciales (COCC) le débiteur peut se libérer en utilisant la procédure des offres réelles suivies de consignations, si le créancier refuse de recevoir le paiement et le loyer étant quérable, sauf stipulation contraire, le preneur doit le payer au terme convenu.

Viole ces textes la cour d'appel qui retient que les envois ne constituent et ne peuvent également pas être qualifiés de paiements ou consignations réguliers, valables et libératoires pour n'avoir pas été faits conformément aux articles 166, 170 du COCC et 566 du CPC susvisés, alors que l'acceptation par le bailleur de recevoir les envois des loyers dus via le système Poste One, attestés par des reçus, et réalisés par le locataire, vaut paiement valable et libératoire des loyers litigieux.

Texte :

La Cour suprême,

Vu la loi organique n° 2008-35 du 8 août 2008 sur la Cour suprême ;

Après en avoir délibéré conformément à la loi ;

Attendu, selon l'arrêt infirmatif attaqué, que Seydou Nourou Seck, locataire de la villa n° 8383 sise à Sacré-Cœur à Dakar, a envoyé via le système Poste One la somme mensuelle de 49 700 FCFA au titre des loyers dus de janvier à mars 2014, déduction faite des 29 % prévus par l'article 1er de la loi n° 2014-03 du 22 janvier 2014, portant baisse des loyers des baux à usage d'habitation, au bailleur Boubacar Souleymane Diallo lequel, estimant que celui-ci est exclu du bénéfice de ladite loi, l'a assigné en expulsion des lieux loués ;

Sur les premier et second moyens réunis :

Vu les articles 169 alinéa 1 et 553 du code des obligations civiles et commerciales (COCC) :

Attendu, selon ces textes, que le débiteur peut se libérer en utilisant la procédure des offres réelles suivies de consignations, si le créancier refuse de recevoir le paiement et que le loyer étant quérable sauf stipulation contraire, le preneur doit le payer au terme convenu ;

Attendu que, pour infirmer l'ordonnance du 21 mai 2014, la cour d'appel a relevé que « le litige en l'espèce est consécutif au refus du bailleur de prendre paiement des loyers de son locataire après déduction de la baisse prévue par la loi n° 2014-03 du 22 janvier 2014, portant baisse des loyers des baux à usage d'habitation, motif pris de ce que son locataire ne peut se prévaloir des dispositions de l'article 1er de la loi parce que son loyer a été fixé sur la base d'une surface corrigée effectuée à dire d'expert suivant rapport du 7 février 2005 versé au dossier », et retenu que « les envois ne constituent et ne peuvent également pas être qualifiés de paiements ou consignations réguliers, valables et libératoires pour n'avoir pas été faits conformément aux articles 166, 170 du COCC et 566 du CPC susvisés » ;

Qu'en statuant ainsi, alors que l'acceptation par le bailleur de recevoir les envois des loyers dus via le système Poste One, attestés par les reçus des 7 février, 6 mars et 9 avril 2014, et réalisés par le locataire, vaut paiement valable et libératoire des loyers litigieux, la cour d'appel a violé les textes susvisés ;

Par ces motifs :

Casse et annule l'arrêt n° 240 du 23 juillet 2014, rendu par la cour d'appel de Dakar ;

Observations :

1.-Le preneur, dans un contrat de bail, supporte l'obligation de payer les loyers, mais aussi d'entretien et d'utilisation en bon père de famille du bien[261]. Le loyer est quérable et doit être payé au terme convenu[262].

Le paiement doit être fait par le débiteur personnellement lorsqu'en raison de la nature de l'obligation le créancier a intérêt à ce qu'elle soit exécutée par le débiteur lui-même ou lorsqu'il en a été ainsi expressément convenu[263]. Le paiement peut cependant être effectué par un tiers. Dans ce cas, le bailleur peut refuser l'exécution offerte par le tiers si le locataire lui a manifesté son opposition.

2.- Aux termes des dispositions de l'article 166 COCC, le paiement doit être fait au créancier[264]. Cependant, ce dernier peut refuser de le prendre parce que ne se reconnaissant pas en être créancière, ou estimant que le paiement qui lui est offert ne correspond pas à ce qui était convenu. Tel paraissait être le cas en l'espèce.

---

[261] C. A. W. NDIAYE, Droit sénégalais des contrats immobiliers, L'Harmattan, 2017, p. 163 et s.

[262] Art. 553 COCC. Pour payer valablement, celui qui paie doit avoir la propriété des biens qui font l'objet du paiement. Le débiteur qui a exécuté la prestation due ne peut contester le paiement en raison de sa propre incapacité.

[263] Art. 163 et s. COCC.

[264] Il peut être fait valablement à son représentant, à ses héritiers ou au cessionnaire de la créance. Le paiement fait de bonne foi à celui qui se présente apparemment comme le créancier est valable. Le paiement fait au créancier n'est point valable, s'il était incapable de le recevoir, à moins que le débiteur ne prouve que le paiement a tourné au profit du créancier.

Confirmé pour la Cour d'appel, le bailleur prétend avoir refusé de prendre paiement des loyers de son locataire après déduction de la baisse prévue par la loi n° 2014-03 du 22 janvier 2014, portant baisse des loyers des baux à usage d'habitation, motif pris dece que son locataire ne peut se prévaloir des dispositions de l'article 1er de la loi parce que son loyer a été fixé sur la base d'une surface corrigée effectuée à dire d'expert suivant rapport du 7 février 2005 versé au dossier[265].

3.- Le refus d'un créancier de recevoir paiement ne libère pas le débiteur. Pour cela, il doit utiliser la procédure des offres réelles suivies de consignation. Le débiteur fait offrir la somme par un huissier « à deniers découverts » c'est-à-dire en présentant au créancier la somme offerte en paiement. Aux termes des dispositions de l'article 566 du CPC, si le créancier refuse les offres, le débiteur peut, pour se libérer, consigner la somme en observant les formalités prescrites par l'article 567 CPC[266]. La procédure des offres réelles reste cependant tributaire du refus du créancier de recevoir paiement de la part de son débiteur. Or, en l'espèce, c'est l'existence de ce refus que la haute juridiction remet en cause.

4.- Pour le bailleur et la Cour d'appel, « les envois ne constituent et ne peuvent également pas être qualifiés de paiements ou consignations réguliers, valables et libératoires pour n'avoir pas été faits conformément aux articles 166, 170 du COCC et 566 du CPC susvisés ». Mais, comme le souligne la haute juridiction, « l'acceptation par le bailleur de recevoir les envois des loyers dus via le système Poste One, attestés par les reçus des 7 février, 6 mars et 9 avril 2014, et réalisés par le locataire, vaut paiement valable et

---

[265] Sur le régime de la fixation des loyers, C. A. W. NDIAYE, Droit sénégalais des contrats immobiliers, précité, p. 178 et s.

[266] Aux termes des dispositions de cet article, il n'est pas nécessaire pour la validité de la consignation qu'elle ait été autorisée par le juge; il suffit: 1°/ qu'elle ait été précédée d'une sommation signifiée au créancier et contenant l'indication du jour, de l'heure et du lieu où la chose offerte sera déposée; 2°/ que le débiteur se soit dessaisi de la chose offerte en la remettant dans le dépôt indiqué par la loi pour recevoir les consignations avec les intérêts jusqu'au jour du dépôt; 3°/ qu'il y ait eu procès-verbal dressé par l'officier ministériel, de la nature des espèces offertes, du refus qu'a fait le créancier de les recevoir, ou de sa non-comparution et enfin du dépôt; 4°/ qu'en cas de non-comparution de la part du créancier le procès-verbal du dépôt lui est signifié avec sommation de retirer la chose déposée.

libératoire des loyers litigieux ». En d'autres termes, il ne saurait être retenu, en l'espèce, un refus pour le bailleur de recevoir paiement. Par conséquent, le débat sur « les offres réelles » devenait inopportun.

5.- Aujourd'hui, le destin du paiement en argent est de devenir numérique avec le développement sans cesse croissant des moyens de paiements. Ils désignent tous les instruments qui, quel que soit le support ou le procédé technique utilisé, permettent à toute personne de transférer des fonds. Ce sont des « techniques juridiques destinées à permettre le paiement du créancier et plus généralement le transfert de fonds, sans manipulation de monnaie (billet et pièces) ». Il s'agit notamment, selon l'article 7 de la loi bancaire[267], des chèques bancaires, chèques de voyage, cartes de paiement et de retrait, virements ou avis de prélèvement, cartes de crédit et transferts électroniques de fonds.

Le transfert électronique de fonds est un échange électronique d'un compte à un autre. Il regroupe, entre autres, le transfert rapide d'argent et la monnaie électronique[268].

La monnaie électronique est une valeur monétaire représentant une créance sur l'émetteur qui est stockée sur un support électronique ou sur un support de même nature, émise sans délai contre la remise de fonds d'un montant dont la valeur n'est pas inférieure à la valeur monétaire émise et acceptée comme moyen de paiement par des personnes physiques ou morales autres que l'émetteur[269].Par contre, le transfert rapide d'argent est l'opération par laquelle une somme d'argent déposée par un donneur d'ordre au guichet d'un prestataire habilité ou d'un sous-agent, est remise, dans un bref délai, à un bénéficiaire, à un autre guichet d'un prestataire habilité ou d'un sous-agent, grâce à un système informatique

---

[267] Loi n° 2008-26 du 28 juillet 2008 portant réglementation bancaire,J.O. n° 6437 du samedi 8 novembre 2008.

[268] Pour une étude de ces mécanismes, C. A. W. NDIAYE, Le transfert électronique de fonds, L'Harmattan, 2018.

[269] cf. art. 1re du Règlement 15/2002 et art. 1re de l'Instruction n° 008-05- 2015 régissant les conditions et modalités d'exercice des activités des émetteurs de monnaie électronique dans les Etats membres de l'UMOA.

sécurisé fonctionnant en temps réel ou quasiment[270]. C'est le cas en l'espèce avec le système Poste One.

6.- Ayant accepté les paiements de loyers via le système Poste One, la Cour suprême considère, à raison, que le bailleur est mal fondé en voulant transférer le débat sur le terrain des offres réelles. Le débiteur s'est acquitté des exigences de l'article 553 COCC[271]. Le refus de prendre paiement est une condition nécessaire pour l'exigence de la procédure des offres réelles.

7.-Sur la preuve du paiement. En l'espèce, le paiement a été prouvé par « les reçus ». En effet, en matière de transfert rapide d'argent, le sous-agent[272] délivre à chaque client un bordereau d'opération devant comporter notamment : l'identité du bénéficiaire ; l'identité du donneur d'ordre ; la date de l'opération ; le montant du transfert ; le taux de change appliqué, le cas échéant et le nom du mandant du sous-agent.

Outre le cas d'espèce, le paiement est un fait juridique qui se prouve par tous les moyens. La preuve du paiement obéit, sauf dispositions contraires de la loi, aux règles du droit commun de la preuve[273]. Pour la jurisprudence, c'est un fait juridique qui doit suivre le régime juridique de la preuve en ce domaine[274].

8.- L'intérêt pour le preneur de réclamer une quittance. Aux termes des dispositions de l'article 582 du COCC sur le bail à usage d'habitation, le bailleur à l'obligation de remettre quittance au preneur lors du paiement du loyer et de délivrer reçu chaque fois que le locataire effectue un paiement partiel, quittance ou reçu devant

---

[270] Art. 1, BCEAO, Instruction n° 013-11-2015 relative aux modalités d'exercice de l'activité de transfert rapide d'argent en qualité de sous-agent au sein de l'UMOA.

[271] « Le preneur doit payer le loyer au terme convenu. Le loyer est quérable sauf stipulation contraire ».

[272] Seuls les prestataires habilités et les sous-agents peuvent faire du transfert rapide d'argent. Le sous-agent est la personne physique ou morale qui exerce l'activité de transfert rapide d'argent sous la responsabilité d'un intermédiaire agréé ou d'un système financier décentralisé. Sur la question, C. A. W. NDIAYE, Le transfert électronique de fonds, précité, p. 29 et s.

[273] Art. 179 COCC.

[274] C. Cass., chambre civile et commerciale, 1 fév. 1995, P. M. NDOYE c/ G. THOME, arrêt n° 25, Recueil des arrêts de la Cour de cassation, année 1993-1998, Editions GIRAF, 2001, p. 181.

mentionner le détail des sommes versées avec l'imputation que le locataire entend leur donner.

Cette quittance présente beaucoup d'avantage pour le preneur. En cas de mutation du droit de propriété sur l'immeuble dans lequel se situent les lieux loués, le nouveau propriétaire est substitué de plein droit dans les obligations du bailleur et poursuit l'exécution du bail, lorsqu'il y a convention écrite, quelle qu'en soit la durée ou même, en cas de bail verbal, dès lors que les lieux sont occupés par un premier détenteur de quittances de loyer régulières[275].

Par ailleurs, s'il est vrai que le bail se prouve selon les règles du droit commun, pour le bail verbal dont l'exécution a commencé, le montant des loyers peut être prouvé par les quittances[276].

La délivrance d'une quittance pour le principal fait présumer le paiement des intérêts[277].

9.- Sur la prescription. Les loyers sont soumis à la prescription quinquennale. Aux termes de l'article 224 COCC, les obligations à exécution périodique telles que les loyers, les arrérages ou les intérêts se prescrivent par cinq ans pour chacun de leurs termes. Cette prescription n'est suspendue que par la force majeure ou le cas fortuit empêchant le créancier de poursuivre l'exécution forcée de l'obligation.

L'énumération contenue dans l'article 224 n'est pas exhaustive. La prescription quinquennale qui y est édictée s'applique, au-delà des cas énumérés, à toutes sortes d'obligations périodiques. Par suite, la taxe d'enlèvement des ordures ménagères exigible à la fin de chaque année est soumise à ladite prescription dans le cadre des relations entre le bailleur et le locataire qui s'est contractuellement engagé à l'acquitter[278].

---

[275] Art. 580 du COCC.

[276] Art. 546 du COCC. Lorsqu'il n'existe point de quittance, le montant du loyer peut être établi par l'affirmation du bailleur. Le preneur, s'il le préfère, demande l'estimation par expert à ses frais avancés.

[277] Art. 181 du COCC.

[278] CA Dakar, chambre civile et commerciale, 23 juillet 2010, Immobilière SA (ISA) c/ Tobacco Marketing Consulting SARL (TMC), arrêt n° 554, Bulletin des arrêts rendus par la Cour d'Appel de Dakar en matière civile et commerciale, 2011, vol. n° 1, p. 71.

10.- Complément de jurisprudence

Ne peut prétendre à une indemnité d'occupation le propriétaire qui a prêté sa maison et ne peut rapporter la preuve de l'existence d'un contrat de bail conclu ultérieurement[279].

11.- Sur la saisie conservatoire. Il résulte des dispositions de l'article 55 de l'Acte uniforme portant organisation des procédures de recouvrement et des voies d'exécution que, pour ce qui concerne la saisie conservatoire, une autorisation préalable de la juridiction compétente n'est pas nécessaire en cas de défaut de paiement dûment établi d'un loyer impayé après commandement dès lors que celui-ci est dû en vertu d'un contrat de bail d'immeuble écrit.

La saisie conservatoire peut porter sur tous les biens mobiliers, corporels ou incorporels, appartenant au débiteur. Elle les rend indisponibles.

[279]C. cass., ch. civ. et com., arrêt n° 76 du 10 septembre 2003, R. nd. D. c/ M. ND, juricaf. Org.

Arrêt n° 19
Sénégal, Cour suprême, 19 décembre 2007, 136

Bail - bail à usage d'habitation – rupture – congé donne par le bailleur– nullité –

Demandeurs : *Jean Bernard LABILLE*
Défendeurs : *La Compagnie AXA ASSURANCE*

Solution :

A violé l'article 574 du code des obligations civiles et commerciales en ses alinéas 1er et 3e, la Cour d'appel qui, pour valider les congés, a retenu que l'essentiel était de statuer sur le maintien des lieux des locataires par rapport à la nature des travaux, alors que pour être valable, le congé doit comporter les mentions prescrites à peine de nullité.

Texte :

LA COUR

Après en avoir délibéré conformément à la loi ;

Vu la loi organique n° 92-25 du 30 mai 1992 sur la Cour de cassation ;

Attendu, selon l'arrêt infirmatif attaqué, que Jean Bernard LABILLE et Yousseph SALEH étaient liés à la Société AXA Assurances par des baux à durée indéterminée portant sur des appartements sis au 69 Rue Kléber ; que courant janvier et février 1999, AXA a servi des congés à LABILLE et SALEH pour démolition de l'immeuble aux fins de reconstruction ; que par jugement du 31 juillet 2001, le tribunal régional de Dakar a déclaré les congés irréguliers ;

Sur le premier moyen tiré de la violation des dispositions de l'article 574 du code des obligations civiles et commerciales en ses alinéas 1er , 3e, en ce que la Cour d'appel, pour valider les congés, a décidé que l'essentiel était de « statuer sur le maintien des lieux des locataires par rapport à la nature des travaux », alors que, selon le texte visé au moyen, en cas de refus de renouvellement du bail pour démolition et reconstruction des locaux, le préavis doit, à peine de nullité, indiquer, entre autres, la nature et la description des travaux projetés et le nom, le cas échéant, de l'architecte et celui de l'entreprise suivant et exécutant les travaux, or, les motifs énoncés sur les congés, en ce qui concerne la nature et la description des travaux projetés ainsi que les noms de l'architecte et de l'entreprise exécutant les travaux, sont erronés ;

Vu l'article 574 du code des obligations civiles et commerciales, ensemble l'article 569 du même code ;

Attendu que selon les dispositions de cet article, lorsque le bailleur refuse le renouvellement du bail pour démolition et reconstruction des locaux, il doit signifier au preneur un préavis qui doit, à peine de nullité, indiquer, entre autres, la nature et la description des travaux projetés et le nom, le cas échéant, de l'architecte et celui de l'entreprise suivant et exécutant les travaux ;

Attendu que, pour valider les congés, l'arrêt infirmatif retient que l'essentiel était de « statuer sur le maintien des lieux des locataires par rapport à la nature des travaux » ;

Attendu qu'en statuant ainsi, alors que pour être valable, le congé doit comporter des mentions prescrites à peine de nullité, la Cour d'appel a violé les textes susvisés ;

Et sans qu'il y ait lieu de statuer sur les autres moyens ;

Casse et annule l'arrêt n° 477 rendu le 7 novembre 2002 par la chambre civile et commerciale de la Cour d'appel de Dakar ;

Observations :

1.-Le bail à usage d'habitation[280] est à durée indéterminée lorsque le terme n'a pas été fixé. C'est aussi le cas, si la durée fixée par les parties est inférieure ou supérieure à trois (03) ans. En effet, l'article 571 COCC, disposition d'ordre public[281], ne prévoit la formation du contrat de bail à usage d'habitation que pour une durée de trois (3) années renouvelable par tacite reconduction, ou pour une durée indéterminée[282].

2.-La liberté étant difficilement conciliable avec les engagements perpétuels, dans les contrats à durée indéterminée, on permet à une partie de se délier. Chaque partie a un droit de rupture unilatérale. Toutefois, l'exercice de ce droit ne saurait porter atteinte aux droits du cocontractant. Ainsi, concernant le bail à usage d'habitation, le législateur préserve les droits des parties par l'exigence d'un préavis et son encadrement[283].

3. Le bailleur personne physique ou la société civile constituée exclusivement entre parents et alliés jusqu'au quatrième degré peuvent donner préavis de congé à six mois au preneur lorsqu'ils décident d'exercer leur droit de reprise pour habiter les lieux ou les faire habiter par son conjoint, ses ascendants, ses descendants en

---

[280] V. C.A.W. NDIAYE, Droit sénégalais des contrats immobiliers, L'Harmattan, 2017, p. 179 et s.

[281] Art. 569 COCC.

[282] CA Dakar, 12 juin 2012, SARL Les Résidences les Jardins c/ Société Wartsila, arrêt n° 233, Bulletin des arrêts rendus par la Cour d'Appel de Dakar en matière civile et commerciale, 2013, vol. 1, p. 81.

[283] Pour une étude approfondie de la fin du bail à usage d'habitation, C.A.W.NDIAYE, Droit sénégalais des contrats immobiliers, précité, p. 191 et s. Pour le bail à usage professionnel, p. 210 et s., aussi C.A.W.NDIAYE, Droit des entreprises individuelles, L'Harmattan, 2018, n° 211 et s.

ligne directe ou ceux de son conjoint[284]. D'une combinaison des articles 576, al. 3 et 574 COCC, le bailleur, qu'il soit ou non une personne physique, peut également mettre fin au bail lorsqu'il décide de reprendre les lieux pour les démolir et les reconstruire, en notifiant le préavis de rupture, servi, à peine de nullité, six mois avant. Même si l'arrêt ne fait référence qu'à l'article 574 COCC, il constitue, avec l'article 576, les fondements de l'affaire en cause[285].

4.- « Pour démolition de l'immeuble aux fins de reconstruction », le bailleur a servi des congés dont la validité est contestée. L'article 574 auquel renvoie l'article 576, al. 3, COCC soumet la validité du congé à des conditions de fond et de forme. En d'autres termes, le préavis doit, à peine de nullité, indiquer :

✓ la nature et la description des travaux projetés ;

✓ la référence complète du permis de construire ;

✓ le nom, le cas échéant, de l'architecte et celui de l'entreprise suivant et exécutant les travaux ;

✓ l'engagement du bailleur de ne pas faire occuper les lieux, à quelque titre que ce soit, sauf pour gardiennage du chantier, depuis le déguerpissement du locataire jusqu'à la réception de l'immeuble reconstruit ;

✓ la reproduction intégrale de l'article 583 COCC.

Cependant, pour valider les congés, la Cour d'appel décide que l'essentiel était de « statuer sur le maintien des lieux des locataires par rapport à la nature des travaux ». Cette décision surprenante n'a heureusement pas surpris la religion des juges de la Cour suprême. Pour être valable, le congé doit comporter les mentions prescrites à peine de nullité.

Par ailleurs, seule la démolition-reconstruction est prise en compte. Ainsi, la reprise des lieux en vue d'une rénovation n'est pas légitime.

---

[284] Art. 576 COCC.

[285] L'article 574 traite de la fin du bail à usage d'habitation à durée déterminée. Même si l'article 576 du même code y renvoi, il reste le fondement de principe du régime de la fin du bail à durée indéterminée lorsqu'il est à usage d'habitation. En outre, l'absence d'efforts d'adaptation de l'article 574 au contexte de l'article 576 peut rendre la compréhension de l'arrêt difficile.

Lorsque le bail porte sur des locaux auxquels sont applicables à la fois les règles du bail à usage d'habitation et celles du bail à usage professionnel, l'acte portant congé doit comporter la reproduction de l'article 583 du COCC dans le corps dudit exploit pour le bail à usage d'habitation et celle de l'article 125 AUDCG pour le bail à usage professionnel[286].

5.- Quelles peuvent être les conséquences lorsque le préavis est annulé[287] ? En application des dispositions de l'article 571 COCC, si le préavis ne respecte pas ses conditions de validité, le contrat sera poursuivi. S'il était à durée déterminée, il sera fait application de la règle de la tacite reconduction pour une période de trois (03) ans renouvelables[288].

Le locataire qui a quitté les lieux loués peut solliciter sa réintégration mais également une demande de condamnation à des dommages et intérêts.

6.-À l'expiration du délai de préavis, le locataire est « déchu de tout titre d'occupation des locaux loués ». Il devient un occupant sans droit ni titre et doit donc quitter les lieux. Dans le cas contraire son expulsion peut être ordonnée par simple ordonnance de référé.

7.-Le propriétaire qui signifie son intention de reprise pour démolir et reconstruire les lieux doit commencer les travaux dans le délai de trois mois suivant le jour de l'éviction du locataire et ne peut faire occuper les lieux, à quelque titre que ce soit, sauf pour gardiennage du chantier, jusqu'à la réception de l'immeuble reconstruit[289]. Faute par lui de satisfaire à l'une quelconque de ces obligations, il sera redevable envers le locataire évincé ou ses ayants droit d'une indemnité forfaitaire égale à vingt-quatre (24) mensualités de loyer calculées au dernier taux payé par ledit locataire sans préjudice de tous autres dommages et intérêts.

---

[286] CA Dakar, chambre civile et commerciale, 8 février 2010, Dame L. De SOUZA MENDES DIAS c/ S. BASSE, arrêt n° 126, Bulletin des arrêts rendus par la Cour d'appel de Dakar en matière civile et commerciale, 2011, vol. n° 1, p. 24.

[287] V. arrêt n° 17 pour le congé donné par le preneur.

[288] Art. 571 COCC.

[289] Art. 583 COCC.

Arrêt n° 20
Sénégal, Cour suprême, 18 juillet 2007, 17

Pourvoi – Moyen – Irrecevabilité – Cas – Moyen incompréhensible – Applications diverses
Immeuble – Vente d'immeuble – Effets - Transfert de propriété – Obligations du nouvel acquéreur – Respect des baux antérieurs

Demandeurs : *Rokhayatou DIAGNE*
Défendeurs : *La Société Africaine Immobilière*

Solution :

Est irrecevable le moyen rédigé de telle façon, qu'il est impossible de savoir ce qui est reproché à l'arrêt attaqué.

A fait une exacte application de l'article 565 du COCC, la Cour d'appel qui a considéré qu'en cas de vente d'immeuble, le transfert de propriété a pour conséquence de transférer sur l'acquéreur le respect des baux antérieurs.

Texte :

Arrêt n° 17 du 18 juillet 2007

LA COUR

Après en avoir délibéré conformément à la loi ;

Vu la loi organique n° 92-25 du 30 mai 1992 sur la Cour de cassation ;

Attendu, selon l'arrêt attaqué, que par ordonnance du 28 janvier 1991 le juge des référés a ordonné la réintégration de la dame Rokhaya DIAGNE dans les locaux « Le Chantilly » 45 boulevard de la République sous astreinte de 50 000 Francs par jour de retard ;

Que la dite ordonnance a été confirmée le 17 mars 1994 par la Cour d'appel de Dakar statuant contradictoirement à l'encontre de la Dame DIAGNE et par défaut à l'encontre de l'appelante la SAIH ;

Que sur opposition de cette dernière, la Cour d'appel a déclaré de nul effet l'arrêt du 17 mars 1994 et infirmé l'ordonnance du 28 janvier 1991 ;

Sur le premier moyen tiré de la violation du principe du contradictoire, en ce que la Cour d'appel a annulé l'arrêt rendu, le 17 mars 1994, par défaut contre la SAIH, qui a interjeté appel de l'ordonnance, constitué conseil et bénéficié de plusieurs renvois, alors que, d'une part, au regard du principe du contradictoire, le plaideur doit être dans l'ignorance totale de la procédure en cours, et d'autre part, le défaut de dépôt de conclusions ne saurait être assimilé à un défaut de comparution ;

Mais attendu que le moyen est rédigé de telle façon qu'il est impossible de savoir ce qui est reproché à la décision attaquée ; qu'il ne peut qu'être déclaré irrecevable ;

Sur le second moyen tiré de la violation de l'article 565 du code des obligations civiles et commerciales, en ce que le juge d'appel a estimé que « dans l'intervalle de temps écoulé, la vente de l'immeuble a eu lieu par acte en date des 19 juillet et 18 décembre 1990 ; que ce transfert de propriété a eu pour conséquence de transférer sur l'acquéreur le respect des baux antérieurs conformément à l'article 565 du code des obligations civiles et commerciales qui précise que si le bailleur vend la chose louée, l'acquéreur doit respecter le bail s'il est authentique et s'il a date certaine », alors que, d'une part, il est évident et non contesté, qu'à supposer que le local soit vendu, l'acquéreur devrait respecter le bail s'il est authentique et s'il a date certaine et d'autre part, toutes ces conditions étant remplies, l'arrêt, en décidant le contraire, a violé le texte de loi précité ;

Mais attendu qu'en relevant « que dans l'intervalle de temps écoulé, la vente de l'immeuble a eu lieu par acte des 19 juillet et 18 décembre 1990 », pour en déduire « que ce transfert de propriété a eu pour conséquence de transférer sur l'acquéreur le respect des baux antérieurs conformément à l'article 565 du COCC qui précise que si le bailleur vend la chose louée, l'acquéreur doit respecter le bail authentique et ayant date certaine », la Cour d'appel, loin d'avoir méconnu le texte invoqué, en a fait l'exacte application ;

D'où il suit que le moyen n'est pas fondé ;

PAR CES MOTIFS

Rejette le pourvoi de Rokhayatou DIAGNE formé contre l'arrêt n° 310 du 4 juillet 1996 rendu par la Cour d'appel de Dakar ;

Ordonne la confiscation de l'amende consignée ;

La condamne aux dépens ;

Observations :

1.- La conclusion d'un contrat de bail n'interdit pas au bailleur d'effectuer des actes de dispositions sur l'immeuble. Toujours propriétaire, il peut le donner en hypothèque ou même le vendre. La question reste celui du sort du bail. L'acquéreur n'étant pas partie au contrat, est-il tenu de le respecter ?

Comme le soulève l'arrêt de la Cour suprême, « si le bailleur vend la chose louée, l'acquéreur doit respecter le bail s'il est authentique ou s'il a date certaine »[290]. Pour préserver la stabilité du locataire, l'article 565 COCC pose ainsi une véritable dérogation à l'effet relatif des contrats.

L'obligation pour l'acquéreur de respecter le contrat en cours n'existe que dans deux hypothèses. Contrairement aux juges qui semblent en faire des conditions cumulatives, il résulte de l'article

[290] Art. 565 COCC.

565 du COCC que l'acte authentique et la date certaine sont des conditions alternatives.

2.- L'acte sous seing privé acquiert date certaine à l'égard des tiers du jour où il a été enregistré, du jour du décès d'une des parties ou du jour ou l'acte a été mentionné dans un acte dressé par un officier public[291].

L'intérêt de la prise en compte de la date certaine réside dans l'impératif de cohérence qui s'imposait au législateur. Le bail sous forme authentique est une exception. Sauf disposition contraire, le contrat de bail est un contrat consensuel[292]. Sa forme relève du pouvoir discrétionnaire des parties ; il peut être passé par écrit ou verbalement. Ainsi, par application du droit commun, le contrat de bail est formé dès le seul échange de consentement des parties sur ses éléments essentiels. L'accord des parties sur l'objet et les loyers forme le contrat.

Une atteinte au consensualisme se situe cependant au niveau de la loi de 2011 portant régime de la propriété foncière. Les baux d'immeuble excédant trois (3) années doivent, en vue de l'inscription au livre foncier, être constatés par acte authentique sauf dérogations législatives[293].

3.- La condition de la date certaine se trouve faciliter par le régime de l'enregistrement. Le contrat de bail doit faire l'objet d'un enregistrement. Il est assujetti aux droits d'enregistrement dans le délai d'un moins, à compter de sa date ou de l'entrée en possession[294]. S'il est vrai que l'inobservation de cette exigence n'est pas sanctionnée par la nullité du bail, elle n'implique pas le respect d'un écrit. Le droit d'enregistrement est dû, que le contrat soit écrit ou verbal, sous seing privé ou authentique[295].

---

[291] Art. 24 al. 2 COCC. Il fait foi de sa date entre les parties et leurs ayants-cause à titre universel.

[292] Art. 545 COCC.

[293] Art. 47 de la Loi n° 2011-07 du 30 mars 2011 portant régime de la propriété foncière (J.O. n° 6607 du samedi 13 août 2011). Les règles de forme édictées à l'alinéa 1re de l'article 47 ne s'appliquent pas, à la condition que lesdits faits, conventions ou sentences soient constatés par écrit dans les formes déterminées par la loi, aux actes passés par l'Etat et les autres personnes publiques.

[294] Art. 464 Code général des impôts.

[295] Art. 452 et 464 Code général des impôts.

4.- qu'arrivera-t-il si le bail n'est pas sous forme authentique et n'a pas date certaine ? Une lecture *a contrario* de l'article 565 COCC permet de conclure que le nouveau propriétaire n'aura pas à le respecter. Le transfert de propriété sonnera la fin du contrat de bail. Cette situation, fort déplorable pour le locataire ne semble lui laisser que la possibilité de demander des dommages et intérêts. Mais de quel locataire s'agit-il ? La question trouve sa pertinence dans le fait que l'article 565 COCC est une disposition d'ordre générale. Elle ne régit pas le bail à usage d'habitation. En effet, aux termes des dispositions de l'article 580 COCC, en la matière, en cas de mutation du droit de propriété sur l'immeuble dans lequel se situent les lieux loués, le nouveau propriétaire est substitué de plein droit dans les obligations du bailleur et poursuit l'exécution du bail, lorsqu'il y a convention écrite, quelle qu'en soit la durée ou même, en cas de bail verbal, dès lors que les lieux sont occupés par un premier détenteur de quittances de loyer régulières. Cette solution est en parfaite cohérence avec la volonté législative de protéger le locataire[296]. Se pose alors la question de savoir pourquoi la décision du juge n'a pas visée un tel article. Certes, en l'espèce, l'obligation pour l'acquéreur de respecter le bail a été retenu. Pour autant, le juge se devait de rester fidèle à la loi au risque d'exposer le locataire d'un bail à usage d'habitation. Le régime de l'article 580 étant plus protecteur mais aussi traduisant un choix législatif, le serviteur de la loi doit s'en référer.

5.- Alors que l'article 565 vise la vente, la généralité adoptée par l'article 580 permet, au moins dans le bail à usage d'habitation, d'admettre aussi toutes les autres aliénations. Il en sera ainsi de l'échange, de l'apport en société (en pleine propriété), de la donation, etc.

6.- Le transfert du bail n'a d'effets que pour l'avenir. En d'autres termes, l'acquéreur ne devient créancier que des loyers ultérieurs. Il ne saurait non plus invoquer des manquements du preneur antérieurs à l'aliénation. En contrepartie, il ne prend en charge que les

---

[296] Le droit OHADA considère que « le bail (à usage professionnel) ne prend pas fin par la cessation des droits du bailleur sur les locaux donnés à bail. Dans ce cas, le nouveau bailleur est substitué de plein droit dans les obligations de l'ancien bailleur et doit poursuivre l'exécution du bail », Art. 110 AUDCG.

obligations futures du vendeur dans le cadre du bail[297]. L'acquéreur devient, pour l'avenir, parti au contrat de bail à la place du bailleur-vendeur[298]. Avec la vente de l'immeuble loué, le bail n'installe pas une cession de contrat, encore moins de créance.

La cession de créance est une convention par laquelle le créancier transmet à une autre personne son droit contre son débiteur. Aux termes des dispositions de l'article 241 COCC, sans le consentement du débiteur[299], le créancier peut céder son droit à un tiers à moins que la cession ne soit interdite par la loi[300], la convention ou la nature de l'obligation. Il semble difficile de pouvoir expliquer le sort du bail dans la vente d'un immeuble loué par cette règle. En effet, l'acquéreur de l'immeuble loué devient une véritable partie au contrat de bail avec des droits et des obligations. Pour autant, la qualification de cession de contrat ne saurait aussi être retenue. L'article 244 COCC exige le consentement du cocontractant pour l'efficacité d'une telle cession[301]. Dans la vente d'un immeuble loué, nous sommes beaucoup plus dans une transmission forcée et accessoire du bail à l'acquéreur de l'immeuble. Le législateur installe une véritable subrogation légale de l'acquéreur dans les droits et obligations du bailleur-vendeur. Pour le locataire aussi le transfert s'opère de plein droit. Il s'impose à lui. Il ne peut pas de se délier du contrat sur ce fondement.

7.- L'importance des conséquences de l'engagement de l'acquéreur exige un consentement éclairé pour la validité du contrat de vente de l'immeuble loué. Ce dernier devrait pouvoir être annulé

---

[297] Le transfert opère sans rétroactivité, France, Cass. civ., 3e, 14 mai 1974, Rev. trim. dr. civ. 1975.132, obs. Cornu.

[298] A. BENEBENT, Droit des contrats spéciaux civils et commerciaux, LGDJ, 10e éd., p. 269 : « tout ce qui est antérieur à la cession de la chose reste personnel aux rapports du preneur avec le bailleur initial et le nouveau propriétaire de la chose ne peut ni s'en prévaloir ni se le voir opposé ».

[299] Le consentement du débiteur n'est pas requis à titre de validité. Cependant, la cession doit être constatée par écrit et lui être signifiée pour être opposable.

[300] Exemple avec l'article 270 du Code de la famille : « s'il n'en est autrement décidé par la loi, l'obligation alimentaire est intransmissible. Elle est incessible, insaisissable et exclusivement attachée à la personne du créancier ».

[301] Art. 244 al. 2 COCC : « La cession de contrat est opposable au contractant cédé et lui profite, du jour ou son consentement a été constaté par écrit ».

pour dol (surtout réticence dolosive) en cas de silence du bailleur-vendeur[302].

8.- Complément de jurisprudence

Doit être cassé, l'arrêt de la cour d'appel qui a ordonné l'expulsion des preneurs d'un bail portant sur un titre foncier qui a connu une mutation du droit de propriété alors que cette situation emporte de plein droit substitution de bailleur et la fin du bail est régie par des dispositions d'ordre public qui attribuent compétence exclusive à la juridiction des référés pour constater la résiliation du bail et qui offrent la faculté au bailleur de servir, soit un congé, soit un refus de renouvellement[303].

---

[302] Depuis 1954, la jurisprudence française admet la réticence comme un dol. « Le dol peut être constitué par le silence d'une partie dissimulant à son cocontractant un fait qui, s'il avait été connu de lui, l'aurait empêché de contracter ; mais le silence ainsi gardé doit être relatif à une circonstance ou un fait que le cocontractant était excusable de ne pas connaître. Cass. soc., 1er avril 1954 bull. civ., Sect. Soc.

[303] C. Cass., ch. civ., arrêt n° 74 du 18 mai 2005, O. K. S. D. c/ O. et F. S. J, juricaf.org.

Arrêt n° 21
Sénégal, Cour suprême, 06 mars 2013, 21

Prescription acquisitive en matière immobilière

Demandeurs : *HAMIDOU GAMO DIALLO*
Défendeurs : *OUMY SY*

Solution :

La prescription acquisitive n'étant pas prévue en droit sénégalais, il ne peut être reproché à la Cour d'Appel de n'avoir pas soulevé d'office la fin de non-recevoir tirée de la prescription acquisitive décennale.

Texte :

LA COUR SUPRÊME,

Après en avoir délibéré conformément à la loi ;

Attendu, selon l'arrêt confirmatif attaqué, que le Tribunal régional de Matam a ordonné la restitution par Hamidou Gamo DIALLO à Oumar SY de l'original de l'autorisation d'occuper le lot n° 147 sous astreinte ;

Sur le premier moyen pris de la violation de l'article 129 du Code de procédure civile (CPC), en ce que la Cour d'Appel n'a pas soulevé d'office la fin de non-recevoir tirée de la prescription acquisitive décennale au profit de Hamidou Gamo DIALLO qui a bénéficié de la jouissance sur la propriété de la parcelle objet du lot n° 147 à Ourossogui de 1979 à 2009, année à laquelle Oumar SY a réclamé la propriété de l'immeuble, alors que cette exception est d'ordre public selon l'article précité ;

Mais attendu que la prescription acquisitive n'existant pas en droit sénégalais, l'article visé au moyen n'a pu être violé ;

D'où il suit que le moyen n'est pas fondé ;

Sur le second moyen tiré d'une insuffisance de motifs, en ce que pour ordonner la restitution du titre de propriété, la Cour d'Appel n'a, ni pris en considération les documents produits par le demandeur au pourvoi pour évaluer leur sens, leur portée et leur force probante, ni apprécié l'analyse qu'il en a faite, ni encore moins procédé à une analyse propre pour justifier la décision retenue, mais s'est limitée à une simple affirmation du genre « la pertinence des motifs déférés n'a été contrebalancée par aucun moyen sérieux d'autant qu'aucun écrit, seul élément de preuve admise en matière de transaction immobilière, n'est produit à l'effet d'établir l'existence de la vente encore moins la preuve de l'immatriculation de la parcelle », alors qu'en déniant toute valeur juridique au permis d'occuper, la Cour n'a pas tiré les conséquences juridiques de ses constatations, en déboutant toutes les parties de leur prétention sur la parcelle ;

Mais attendu que, sous couvert de ce grief, le moyen ne tend qu'à remettre en cause les appréciations souveraines des juges du fond ;

D'où il suit qu'il est irrecevable ;

PAR CES MOTIFS :

Rejette le pourvoi formé par Hamidou Gamo DIALLO contre l'arrêt n° 22 rendu le 12 juin 2012 par la Cour d'Appel de Saint-Louis ;

Le condamne aux dépens ;

Dit que le présent arrêt sera imprimé, qu'il sera transcrit sur les registres de la Cour d'Appel de Saint-Louis, en marge ou à la suite de la décision attaquée ;

Ainsi fait, jugé et prononcé par la Cour suprême, chambre civile et commerciale en son audience publique tenue les jour, mois et an que dessus et où étaient présents Messieurs :

PRÉSIDENT : Mouhamadou DIAWARA ; CONSEILLER-RAPPORTEUR : Waly FAYE ; CONSEILLERS : Jean Louis Paul TOUPANE, Mouhamadou Bachir SÈYE et Amadou Lamine BATHILY ; AVOCAT GÉNÉRAL : Abdourahmane DIOUF ; AVOCATS : Maîtres NDIAYE, NDIONE & PADONOU ; GREFFIER : Macodou NDIAYE.

Origine de la décision

Pays : *Sénégal*

Juridiction : *Cour suprême*

Formation :

Date de la décision : 06/03/2013

Fonds documentaire : *Bulletin des arrets*

Observations :

Sur la prescription acquisitive.

La formulation de la solution peut créer la confusion. En considérant que « la prescription acquisitive n'étant pas prévue en droit sénégalais », la haute juridiction généralise sur une question faisant l'objet de distinction de la part du législateur. Ce dernier fait la distinction selon qu'il s'agit de l'Etat ou de d'autres personnes.

Aux termes des dispositions de l'article 33de la Loi n° 2011-07 du 30 mars 2011 portant régime de la Propriété foncière[304], « la prescription ne peut, en aucun cas, constituer un mode d'acquisition

[304]J.O. n° 6607 du samedi 13 août 2011.

de droits réels sur des immeubles immatriculés ou de libération des charges grevant les mêmes immeubles.

Toutefois, un immeuble immatriculé abandonné pendant trente années consécutives par ses propriétaires ou occupants légitimes est considéré comme vacant et incorporé au domaine de l'Etat dans les formes et conditions fixées par décret ».

Pour des observations complémentaires, v. arrêt n° 8.

Arrêt n° 22
Sénégal, Cour suprême, 15 novembre 2012, 98

Occupation illégale de terrain appartenant à autrui – Fait justificatif – Détention d'un certificat administratif

Demandeurs : *SERIGNE OUSMANE DIALLO*
Défendeurs : *BAYE MAMADOU CAMARA*

Solution :

Justifie sa décision une Cour d'Appel qui, pour écarter le délit d'occupation illégale de terrain appartenant à autrui, relève que le prévenu s'est prévalu d'un certificat administratif.

Texte :

LA COUR SUPRÊME,

Après en avoir délibéré conformément à la loi ;

Sur le moyen unique tiré du défaut de motifs

Attendu que le demandeur fait grief à l'arrêt attaqué d'avoir confirmé le jugement entrepris en se fondant sur un motif dubitatif, alors qu'aux termes des articles 472 et 500 du Code de procédure pénale, tout jugement ou arrêt doit contenir les motifs propres à le fonder ;

Attendu que pour renvoyer Serigne Ousmane Diallo des fins de la poursuite du chef d'occupation illégale de terrain appartenant à autrui, l'arrêt attaqué a énoncé qu'il disposait d'un acte administratif et la partie civile d'un acte sous seings privés et a déduit du défaut de cette dernière qu'elle n'avait pas de moyens à faire valoir au soutien de son appel ;

Attendu qu'en se déterminant ainsi, abstraction faite de ce dernier motif qui est surabondant, la Cour d'Appel a justifié sa décision ;

PAR CES MOTIFS :

Rejette le pourvoi formé par Serigne Ousmane Diallo contre l'arrêt n° 933 rendu le 18 novembre 2011 par la Cour d'Appel de Dakar ;

Le condamne aux dépens ;

Dit que le présent arrêt sera imprimé, qu'il sera transcrit sur les registres de la Cour d'Appel de Dakar en marge ou à la suite de la décision attaquée ;

Ordonne l'exécution du présent arrêt à la diligence du Procureur général près la Cour suprême.

PRÉSIDENT : Mamadou Badio CAMARA ; CONSEILLERS : Adama NDIAYE, Mbacké FALL, Habibatou Babou WADE, Waly FAYE ; RAPPORTEUR : Habibatou BABOU WADE ; AVOCAT GÉNÉRAL : Ndiaga YADE ; AVOCAT : Mes NDIAYE, NDIONE, PADONOU ; GREFFIÈRE : Awa DIAW.

Arrêt n° : 23
Sénégal, Cour suprême, Chambre civile et commerciale, 18 novembre 2015, 127

Obligation de conseil – Responsabilité du notaire – Relation entre professionnels

Demandeurs : *LA Compagnie bancaire de l'Afrique de l'ouest – CBAO, GROUPE ATTIJARIWAFA BANK SÉNÉGAL*
Défendeurs : *SERIGNE MBAYE BADIANE*

Solution :

A légalement justifié sa décision la cour d'appel qui, ayant constaté qu'après avoir, demandé au notaire de faire inscrire, à son profit une hypothèque de premier rang, la banque lui a demandé par la suite de surseoir aux formalités d'inscription de la garantie, avant de signer plus tard sans réserve l'acte d'ouverture de crédit portant, cette fois, une promesse d'hypothèque de second rang à son profit, retient que la banque qui a agi en connaissance de cause eu égard surtout à sa qualité de professionnel, est malvenue à reprocher au notaire instrumentaire d'avoir commis une faute en violant ses premières instructions.

Texte :

La Cour suprême,

Vu la loi organique n° 2008-35 du 8 août 2008 sur la Cour suprême ;

Après en avoir délibéré conformément à la loi ;

Attendu, selon l'arrêt attaqué (Dakar, 10 octobre 2014 n° 544), que par une correspondance du 30 novembre 2001, la CBAO, Groupe Attijriwafa Bank Sénégal SA (CBAO) avait demandé à Maître Serigne Mbaye Badiane, notaire, de faire inscrire une hypothèque de premier rang sur l'immeuble offert en garantie par un client ; que par une autre lettre du 12 décembre 2001, la banque a demandé au notaire de surseoir aux formalités d'inscription de la garantie ; que le 20 décembre 2001, la CBAO a signé l'acte d'ouverture de crédit au profit de son client, mentionnant une hypothèque de second rang au profit de la banque ; que celle-ci, estimant que le notaire a violé la correspondance du 30 novembre 2001, l'a assigné en déclaration de responsabilité ;

Sur le moyen unique pris en ses deux branches réunies tirées de la violation des articles 118, 119, 120 et 123 du code des obligations civiles et commerciales (COCC) :

Attendu que la banque fait grief à l'arrêt d'écarter la faute du notaire, alors selon le moyen :

1°) qu'en dressant un acte portant promesse d'hypothèque en lieux et places d'une hypothèque ferme contrairement aux instructions de la lettre du 30 novembre 2001 tandis qu'il a effectivement reçu paiement des frais d'inscription de l'hypothèque, le notaire a commis un manquement qualifié de faute professionnelle ;

2°) que la signature de l'acte notarié du 20 décembre 2001 en connaissance de cause invoquée par la Cour sans aucune référence au comportement du notaire ne peut constituer un fait justificatif surtout que celui-ci mentionnait expressément que l'inscription devait être faite par acte à établir par le notaire soussigné ;

3°) que le notaire n'est pas déchargé de son devoir de conseil du fait de la compétence de son client comme tente de le faire croire l'arrêt attaqué ;

Attendu que la banque fait encore grief à l'arrêt de disculper définitivement Maître Serigne Mbaye Badiane, au motif qu'en faisant engager une procédure d'inscription forcée et de validation de ladite sûreté pour le compte de l'intimée, le notaire, qui n'est pas tenu d'une obligation de résultat quant à cette procédure judiciaire, a rempli sa mission, alors selon le moyen :

1°) qu'en procédant à un tel raisonnement, la cour d'appel reconnaît au moins que le notaire était effectivement débiteur d'une obligation vis-à-vis de la CBAO, celle d'inscrire une hypothèque conventionnelle ;

2°) que par cette obligation, il engage sa responsabilité du simple fait que l'obligation n'est pas exécutée et ne peut échapper à cette responsabilité qu'en prouvant la survenance d'un cas de force majeure ;

3°) que la Cour a donc procédé à une mauvaise qualification de l'obligation qui pesait sur la tête du notaire en retenant une simple obligation de moyens, d'autant plus que l'article 123 al 1 du COCC dispose clairement : est en faute le débiteur qui n'a pas exécuté l'obligation précise dont il pouvait garantir l'exécution ;

Mais attendu qu'ayant constaté « qu'après avoir, par correspondance du 30 novembre 2001, demandé à Maître Sérigne Mbaye Badiane, notaire, de faire inscrire, à son profit une hypothèque de premier rang, la banque a, par une correspondance du 12 décembre 2001 demandé audit notaire de surseoir aux formalités d'inscription de la garantie », puis relevé « que ce n'est que le 20 décembre 2001 qu'elle signait sans réserve l'acte d'ouverture de crédit portant, cette fois, une promesse d'hypothèque de second rang à son profit, la banque est malvenue à reprocher au notaire instrumentaire d'avoir violé la correspondance du 30 novembre 2001 portant instruction à ce dernier de faire inscrire une hypothèque de premier rang ; qu'en effet, les instructions contenues dans ladite correspondance ont été suspendues par le courrier en date du 12 décembre 2001 adressé au notaire lui demandant de suspendre les formalités de prise de garantie », avant d'ajouter « qu'en outre, la banque en faisant sur la lettre du 10 décembre 2001 que lui a adressée l'appelante, les annotations des 14 et 15 décembre 2001 suivantes : « notaire doit revoir à la baisse ses honoraires ainsi que le contenu de l'acte d'ouverture de crédit, car il ne s'agit plus d'une inscription hypothécaire, mais d'une simple promesse d'hypothèque », pour en retenir « qu'en signant le 20 décembre 2001, postérieurement à ces annotations, l'acte d'ouverture de crédit comportant promesse d'hypothèque, la banque a agi en connaissance de cause eu égard surtout à sa qualité de professionnel », la cour d'appel a pu en déduire que le notaire n'a commis aucune faute ;

D'où il suit que le moyen est mal fondé ;

Par ces motifs :

Rejette le pourvoi ;

Condamne la CBAO aux dépens ;

Dit que le présent arrêt sera imprimé, qu'il sera transcrit sur les registres de la cour d'appel de Dakar, en marge ou à la suite de la décision attaquée.

Origine de la décision

Pays : *Sénégal*

Juridiction : *Cour suprême*

Formation : *Chambre civile et commerciale*

Date de la décision : 18/11/2015

Date de l'import : 12/06/2017

Fonds documentaire ?: *Bulletin des arrets*

Observations :

1.-Les notaires sont des officiers publics institués pour recevoir les actes et contrats auxquels les parties veulent donner ou doivent donner le caractère de l'authenticité attaché aux actes de l'autorité publique pour en assurer la date, en conserver le dépôt, en délivrer des grosses, expéditions et extraits. Cependant, outre la mission d'authentificateur, ils ont une obligation de conseil.

Aux termes des dispositions de l'article 1er du décret n°2002-1032 du 15 octobre 2002 modifiant le décret n° 79-1029 du 5 novembre 1979 fixant le statut des notaires[305],les notaires « doivent conseiller

[305]J.O. n° 6070 du samedi 26 octobre 2002. Par ailleurs, souligne le même article, les notaires assurent le service public de la preuve et de l'authenticité. Ils doivent aussi s'assurer de la validité et de l'efficacité des actes qu'ils rédigent. Il est à noter que le statut des notaires a connu des évolutions avec le décret n° 2009-328 du 8 avril 2009

leurs clients quel que soit l'acte qu'on leur demande de recevoir et quelle que soit l'étendue de leur intervention ».

Le fait pour un client d'agir « en connaissance de cause eu égard surtout à sa qualité de professionnel » permit-il de dispenser le notaire de son obligation ?

2.- Il résulte de la formulation faite par l'article 1er du décret n°2002-1032, que l'obligation de conseil qui pèse sur le notaire reste maintenue « quel que soit l'acte qu'on leur demande de recevoir et quelle que soit l'étendue de leur intervention ». Le législateur ne s'intéresse donc pas à la qualité du client. Le professionnel, comme le profane, a droit à être conseillé par le notaire. Devrait alors être déclaré responsable, le notaire qui n'apporte pas la preuve de l'exécution de son obligation de conseil.

3.- Alors que l'information consiste à « porter à la connaissance du client des éléments d'information de façon purement objective et précise, en vue de lui permettre de décider en toute connaissance de cause »[306], le conseil est beaucoup plus précis. Comme le soulignent certains auteurs[307], l'information est d'ordre général et préalable à l'exécution du contrat, tandis que le conseil serait occasionnel, donné en fonction des besoins pour tel projet. Si l'obligation d'information peut être définit comme la transmission d'une information dont le contenu est déterminé de manière objective, l'obligation de conseil est plus lourde. C'est une obligation qui peut impliquer des recherches ou études préalables. Elle peut même porter sur l'opportunité des décisions à prendre. L'obligation de conseil « consisterait à agir sur la décision du cocontractant en l'éclairant sur l'opportunité du contrat, sur ses avantages et inconvénients »[308].

4.- <u>Complément de jurisprudence</u>

✓ « Commet une faute engageant sa responsabilité civile, le notaire qui ne fournit pas de conseils dictés par des informations

---

abrogeant et modifiant certaines dispositions du décret n° 2002-1032 du 15 octobre 2002 fixant le statut des notaires, J.O. n° 6481 du Samedi 25 juillet 2009.

[306] R. HATTAB, De l'obligation de conseil des prestataires de service d'investissement, thèse, Presses universitaires de Strasbourg, 2006, n° 41.

[307] B. VIGNERON, Quels recours pour les épargnants victimes des aléas de la bourse ? Droit et Patrimoine, Janvier 1997, p.51

[308] J. DJOUDI et F. BOUCARD, La protection de l'emprunteur profane, *D.* 2008, chron. p. 503.

reçues, fait preuve de négligence dans la garde des actes reçus en dépôt et, de surcroît, use d'un temps anormalement long pour accomplir la mission confiée par son client. Le préjudice tant moral que matériel résultant d'une telle faute mérite réparation »[309].

✓ Le notaire à qui la loi a confié, en sa qualité d'officier public et dans un intérêt public de sécurité juridique, outre la mission d'authentificateur et de conseil, celle de donner aux parties le but qu'elles poursuivent, est tenu de fournir un acte valable ne contenant que des conventions permises et produisant les résultats que celles-ci attendent ; que n'ayant pas vérifié ou du moins ne s'étant pas assuré que l'immeuble acquis (...) ne pouvait être vendu avant la liquidation de la communauté des biens, engage sa responsabilité professionnelle et demeure responsable du préjudice que les parties litigantes pourraient subir du fait des conséquences de ses agissements[310].

✓ C'est à bon droit que la Cour d'appel, après avoir constaté que la vente immobilière litigeuse a été faite par le clerc, en dehors de ses fonctions et après les heures de travail et hors de l'étude du notaire, a écarté toute responsabilité de celui-ci, recherchée aussi bien es- nom qu'es - qualité de commettant[311].

Les précisions apportées par le juge sont importantes car « le commettant est encore responsable lorsque le préposé a agi, au moins apparemment, dans l'exercice de ses fonctions »[312]. « En cas d'abus de fonction, un lien de causalité ou de connexité avec l'exercice des fonctions suffit à rendre le commettant responsable »[313].

✓ L'obligation pour le notaire de garantir la validité des actes peut avoir des conséquences sur le plan pénal. Les manquements à son obligation de vérifier les droits d'un vendeur ont permis d'engager sa responsabilité pénale pour complicité d'escroquerie. En

---

309 CA de Dakar, arrêt n° 255 du 10 avril 2009, Me Moustapha THIAM c/ Société PES, Bulletin des arrêts rendus par la Cour d'Appel de Dakar en matière civile et commerciale, 2011, vol. n° 1, p. 308.

310 CA Dakar, 15 décembre 2011, A. M. THIAW c/ A. SY, J. THIAKANE, Maître M. DIENG Tanor et Conservateur de la propriété foncière, arrêt n° 728, Bulletin des arrêts rendus par la Cour d'Appel de Dakar en matière civile et commerciale, 2013, vol. 1, p. 134.

311 C. cass., arrêt n° 107 du17 juillet 2002, M. F. c/ P. I. K, juricaf. Org.

312 Art. 147 du COCC.

313 Art. 148 du COCC.

l'espèce, Ab. un vendeur d'un immeuble a été condamné pour escroquerie pour avoir accompli de multiples transactions sous le prétexte de promesses de vente portant sur l'immeuble objet de TF 6515/DG en se faisant passer comme mandataire des propriétaires. Pour le juge, « Considérant que la complicité prévue par les articles 45, 46 du Code pénal, suppose l'aide ou l'assistance avec connaissance dans la réalisation de l'infraction reprochée à l'auteur principal ; Considérant comme l'a soutenu le premier juge, qu'en offrant son cadre à Ab. sans procéder aux vérifications d'usage qui s'imposaient à eux compte tenu de leur statut de notaire et de clerc de notaire, X et Y ont bien mis en confiance les victimes d'autant plus que la décision de la Cour d'appel à laquelle ils font allusion n'était pas définitive ; Considérant que les actes pris par le notaire Me X et son clerc Y, notamment les promesses de vente qui datent de 1997 et la substitution de pouvoir par M. au profit de Ab., prouvent à suffisance l'implication de l'étude de Me X dans l'opération de vente de parcelles par Ab. aux acquéreurs plaignants ; Considérant, comme l'a bien soutenu le premier juge, qu'il résulte de ces actes authentiques que Ab. ne disposait pas d'attributs juridiques au moment de faire les promesses de vente ; Considérant que le notaire était tenu par les règles de la solennité et de l'autorité que lui confère son office de procéder aux vérifications nécessaires avant de dresser des promesses de ventes ; Considérant qu'il résulte de ce qui précède que le notaire et son clerc étaient présents à toutes les étapes des différents actes accomplis par l'auteur principal du délit ; Considérant qu'en agissant ainsi alors que le litige portant sur le titre foncier en question n'était pas encore résolu de manière définitive, Me X et son clerc Monsieur X qui ont reçu les actes de vente et rassuré les victimes de la sincérité des opérations, ne pouvaient ignorer qu'il s'agissait là d'une entreprise frauduleuse planifiée par Ab. et à laquelle ils ont participé en toute connaissance de cause ; Considérant que la complicité d'escroquerie est établie.... »[314].

✓ Il résulte des articles premier du décret n° 2002-1032 du 15 octobre 2002 fixant le statut des notaires, et 461 et 465 du code des obligations civiles et commerciales que le notaire n'est compétent

[314] CA Dakar, Ch. corr. 1, arrêt n° 660 du 12 octobre 2009, Revue EDJA n° 84, Trimestre Jan.-Fév.-Mars, 2010, p. 97 et s.

que pour recevoir les actes et contrats auxquels les parties veulent donner ou doivent donner le caractère de l'authenticité attaché aux actes de l'autorité publique, pour en assurer la date, en conserver le dépôt, en délivrer des grosses, expéditions et extraits ; il ne peut dès lors disposer des fonds reçus de l'acquéreur d'un immeuble, sans un pouvoir exprès du vendeur, propriétaire de ces fonds.

Encourt la censure, l'arrêt d'une cour d'Appel qui rejette l'action d'un vendeur d'immeuble, demandant le remboursement d'une somme que le notaire a prélevée sur le prix de vente, sur instruction de l'acquéreur, pour payer à l'administration fiscale les frais de transformation du bail en titre foncier[315].

✓ Le notaire, soumis à une obligation de prudence et de diligence, est tenu, lorsqu'il est chargé d'établir l'acte de vente d'un immeuble immatriculé, d'accomplir, dans un délai raisonnable, les formalités en vue de son inscription à la conservation foncière, afin d'assurer son opposabilité aux tiers, s'il a reçu des parties tous les documents nécessaires ainsi que les frais[316].

5.- Discussion

Aux termes des dispositions de l'article 1er du décret n°2002-1032, les notaires « doivent s'assurer de la validité et de l'efficacité des actes qu'ils rédigent ». Une distinction est donc faite entre la validité des actes et leur efficacité. Si, par rapport au notaire, la validité de l'acte peut être appréhendée sur le terrain des conditions d'existence, l'efficacité devrait beaucoup plus interpeller la cause subjective du contrat, le mobile des contractants. C'est le cas, par exemple, de celui qui achète un terrain pour y bâtir. L'obligation du notaire de garantir l'efficacité exige alors de sa part la demande d'un certificat d'urbanisme. Mais l'obligation d'assurer l'efficacité

[315] C. S., arrêt n° 23 du 01 février 2017, JEANNE D'ARC DE DAKAR c/ M. M. : l'Association sportive et culturelle la Jeanne d'Arc de Dakar (l'ASC) a cédé à la société BENJA SA le droit au bail qu'elle détenait sur un immeuble immatriculé, par acte notarié dressé par maître A. Sur instructions de la société BENJA SA, le notaire a prélevé du reliquat du prix qu'elle a versé une certaine somme qu'il a remis au chef du bureau des domaines pour la transformation du bail en titre foncier. L'ASC a assigné le notaire en remboursement de ce montant.

[316] Cour suprême, arrêt n° 101 du 17 novembre 2021, Maître H. A. G c/ M. T. et autre, Bulletin des arrêts de la Cour suprême n° 23-24, 2021, p. 73 et s.

n'installe-t-elle pas le notaire dans un cadre beaucoup plus général, celui de l'analyse économique du droit[317] ?

L'analyse économique du droit étudie l'efficacité des règles juridiques[318]. Elle se contente d'observer la règle de droit, afin de jauger son efficacité, laquelle, de fondement, devient alors critère. L'efficacité s'identifie à l'obtention de la plus grande valeur économique possible. Elle consiste ainsi à appliquer les outils d'analyse et les critères de jugement des économistes à l'explication et à l'évaluation des règles juridiques. Elle mesure l'aptitude d'une règle à remplir sa finalité : celle-ci peut être économique, ou encore sociale. Dans cette optique, la norme est envisagée comme un instrument mis au service de l'obtention d'un but. E. Mackay parle ainsi de « réalisme américain »[319].

Par les obligations de conseil, de garantir la validité et d'efficacité des actes, la sécurité juridique portée par le notaire retrouve tout son sens et exige de sa part beaucoup plus que la simple rédaction des actes. Outre la maîtrise des normes, il est attendu sur le terrain de l'ingénierie juridique.

---

[317] La discipline s'est développée surtout aux États-Unis à partir du début des années soixante, avec les travaux précurseurs de Ronald COASE, lauréat du prix Nobel d'Économie (R. COASE (1960), The Problem of Social Cost, Journal of Law and Economics. Cet article est considéré comme le point de départ de l'analyse économique du droit).

[318]v, M.-A. FRISON-ROCHE et S. BONFILS, Les grandes notions du droit économique, Introduction et documents, PUF 2005, p. 4. Pour l'auteur, « l'efficacit est la notion clé du droit économique ».

[319] V., E. MACKAAY, Le juriste a-t-il le droit d'ignorer l'économiste ?, Revue de la Recherche Juridique 1987-2, L'analyse économique du droit, Colloque d'Aix-en - Provence p. 419-427, spec. p.420.

Arrêt n° 24
Sénégal, Cour suprême, 06 mai 2009, 21

Cassation – moyen – irrecevabilité – cas – défaut de caractérisation de la violation de la loi invoquée
Violation des articles 454 et 455 du code la famille et 381 du COCC.
Annulation procès-verbal de partage – annulation inscription

Demandeurs : *Mamadou WADE*

Défendeurs : *Héritiers Ibrahima GUÉYE et autres*

Solution :

Est irrecevable le moyen qui se borne à viser des textes, sans indiquer en quoi l'arrêt attaqué les a violés.

Texte :

LA COUR,

Après en avoir délibéré conformément à la loi ;

Attendu que par l'arrêt confirmatif déféré, la Cour d'Appel a annulé le morcellement des titres fonciers effectué en violation des droits des héritiers omis dans le partage de la succession conformément à l'article 561 al 2 du code de procédure civile de même que l'inscription du titre foncier 1819/R au nom de Bati BOSS ;

SUR LA RECEVABILITÉ

Attendu que les défendeurs ont soulevé l'irrecevabilité du pourvoi au double motif que la requête n'indique pas les noms et domicile des parties d'une part, et d'autre part, la signification n'a pas été faite individuellement à chacun des défendeurs ;

Attendu que les défendeurs ont, d'une part, produit un mémoire, fait valoir leurs moyens de défense et n'ont pas prouvé que les irrégularités alléguées de nature purement formelle à les supposer établies, leur ont causé un quelconque préjudice et d'autre part, le pourvoi a été signifié aux héritiers de Ibrahima Guéye et Oumar Ndoye nommément visés dans l'exploit d'huissier en date des 12, 15 et 17 avril 2008 et le séquestre qui soulève l'irrecevabilité du recours ne précise pas les parties constituant l'indivision qui n'ont pas été appelées ;

Qu'il s'ensuit que l'irrecevabilité n'est pas encourue ;

Sur les premier et deuxième moyens réunis pris, d'une part, de la violation des articles 454 et 455 du code la famille et 381 du code des obligations civiles et commerciale, et d'autre part, de celle des articles 561 al 2 du code de procédure civile, 9 et 384 du code des obligations civiles et commerciales ;

Mais, attendu que les moyens se sont bornés à viser des textes sans indiquer en quoi l'arrêt attaqué les a violés ; qu'ils ne peuvent qu'être déclarés irrecevables ;

Sur le troisième moyen tiré de la violation des articles 60 et 75 du code de procédure civile ;

Mais, attendu que pour confirmer les premiers juges, l'arrêt attaqué retient que « il est constant que le procès-verbal de partage de 1994 a été annulé par le Tribunal de Rufisque laquelle annulation a été confirmée en appel par le Tribunal régional hors classe de Dakar ; ainsi, c'est à bon droit que le premier juge, conformément au décret de 1932 et à l'article 561 al 2 du code de procédure civile, a ordonné l'annulation des morcellements effectués en violation des droits des héritiers omis dans le partage de la succession conformément à l'article 561 al 2 du code de procédure civile de même que l'inscription du titre foncier 1819/R au nom de Bati BOSS » ;

Qu'en l'état de ces énonciations et constatations, les juges d'appel ont légalement justifié leur décision ;

Sur le quatrième moyen tiré de la violation des articles 254, 257, 403 et 525 du code de la famille ;

Mais attendu que les juges d'appel, qui n'avaient pas à appliquer les textes dont la violation est alléguée, n'ont pu les violer ;

D'où il suit que le moyen est irrecevable ;

PAR CES MOTIFS

Rejette le pourvoi formé par Ac Am contre l'arrêt n° 41 rendu le 21 janvier 2008 par la Cour d'Appel de Dakar ;

Condamne Ac Am aux dépens ;

Ordonne la confiscation de l'amende consignée ;

Dit que le présent arrêt sera imprimé, qu'il sera transcrit sur les registres de la Cour d'Appel de Dakar, en marge ou à la suite de la décision attaquée ;

Ainsi fait, jugé et prononcé par la Cour suprême, Chambre civile et commerciale en son audience publique tenue les jour, mois et an que dessus et où étaient présents Messieurs :

Président : Ibrahima GUÉYE ; Conseillers : Mouhamadou DIAWARA, Cheikh Tidiane COULIBALY, Jean Louis TOUPANE, Chérif SOUMARÉ ; Rapporteur : Cheikh Ahmed Tidiane COULIBALY ; Avocat général : Abdourahmane DIOUF ; Avocat : Youssoupha CAMARA ; Greffier : Ac Ap.

MOYENS ANNEXES

Sur le premier moyen tiré de la violation des articles 454 et 455 du code la famille et 381 du COCC

Attendu qu'il est constant que l'immeuble objet du TF n° 1654/R était à l'origine d'une superficie de 122 ha, 191 ares et 113 ca (S/c 2) ;

Il a été partagé entre :

Ledit immeuble ainsi morcelé en trois (3) parties si bien qu'il en a résulté entre autre l'immeuble objet du TF n° 3519 de Rufisque de 51 ha 41 a 00 ca.

Il résulte de l'état de droits réels établi le 8 mai 2008 par le conservateur de la propriété foncière et des droits fonciers de Rufisque que l'immeuble objet du TF n° 3519/R est la propriété de Ab Be, Birame Cissé, El Bf Am, Aw Am, Bl Am, Bj Am, Ad Am, Ao Am, Af Am, Aj Am, Awa Wade, Ac Am Ah Am et Ad Am (S/c 2).

Aucune des personnes dont le nom a été cité ci-avant à l'exception de Ac Am n'a été installée dans la cause ayant abouti à l'arrêt n° 41 du 21 janvier 2008.

En effet, étaient parties au dit procès ;

- « Messieurs Bb et Ac An représentant les héritiers de feu Ibrahima Guéye à savoir : Bd An, At An, Bk An, Ah Ae, Ap Ba Ae, Ap Aa Ae ».

- « Monsieur Ax Ap, Administrateur séquestre ».

- « Les héritiers de Ak Ap à savoir : Ag Ap, Bg Ap, Ac Ap, Al Ap et Bc An Ap représentés par Bj Ap et Ac Ar ».

- « Bh Au ».

- « Maniang Seck es qualité d'héritier de Az Ai ».

- « Thiaba Sall ».

- « Ac Am ».

Il résulte des dispositions des articles 454 et 455 du code de la famille que dans le cadre de l'indivision en général et pour cause de décès, de manière spécifique, chaque indivisaire dispose sur le bien indivis des mêmes droits et supporte les pertes proportionnellement à sa quote-part à moins qu'il y ait une convention d'indivision.

Il est utile de rappeler que l'article 459 du même code régissant l'indivision successorale renvoie aux articles 449 à 458 dudit code.

En vertu de l'article 381 du COCC, l'acquisition du droit réel résulte de la mention au titre foncier du nom du nouveau titulaire du droit.

C'est en raison de cet aspect que dans une procédure concernant les mêmes parties à peu de noms près et, relativement au jugement n° 1571 du Tribunal régional Hors Classe de Dakar du 25 juillet 2006 confirmant l'ordonnance du Président du Tribunal départemental de Rufisque n° 153/04 du 9 novembre 2004, la Cour de Cassation a, par un arrêt n° 61 du 16 avril 2008, déclaré irrecevable les pourvois en cassation formés par Maniang Seck et les héritiers de feu Ibrahima Guéye au motif « qu'en raison de l'indivisibilité du litige produisant les mêmes effets à l'égard de tous les héritiers, ceux-ci doivent être appelés à l'instance de cassation » (S/c 4).

En application de cette jurisprudence, l'arrêt de la Cour d'Appel de Dakar n° 41 du 21 janvier 2008 qui n'a pas respecté cette règle tirée de l'effet de l'indivision et des articles 454 et 455 du code de la famille et 381 du COCC, mérite d'être cassé et annulé.

Deuxième moyen du litige tiré de la violation des articles 561 al 2 du code de procédure civile, 9 et 384 du COCC, 172, 173 et 174 du décret du 26 juillet 1932 portant organisation du régime foncier en AOF.

Attendu que pour rendre l'arrêt n° 41 du 21 janvier 2008, le juge d'appel a estimé que le procès-verbal de partage de 1994 ayant été annulé par le Tribunal de Rufisque (annulation confirmée en appel) « c'est à bon droit que le premier juge conformément au décret de 1932 et à l'article 561 alinéa 2e du code de procédure civile a ordonné l'annulation des morcellements effectués en violation des droits des héritiers omis dans le partage de la succession conformément à l'article 561 alinéa 2 du code de procédure civile de même que l'inscription du titre foncier 1819/R au nom de Bati Boss ».

L'article 561 alinéa 2 du code de procédure civile dispose que :

« Si toutes les parties sont d'accord pour approuver l'état liquidatif, l'homologation peut être demandée, même par les tuteurs de mineurs et d'incapable et sans autorisation du conseil de famille par voie de requête collective. En ce cas, le jugement est rendu en Chambre du conseil et il n'est pas susceptible d'appel à moins que le Tribunal n'ait ordonné d'office une rectification quelconque ».

En quoi l'annulation des morcellements effectués sur les titres fonciers 1651/R, 1612/R, 1653/R, 1654/R, 1731/R et 1819/R est conforme à l'article 561 alinéa 2 du code précité ?

En rien assurément.

Bien au contraire, c'est plutôt le procès-verbal de partage homologué par le Tribunal départemental de Rufisque le 16 juin 1994 qui a été établi et homologué conformément au dit article 561 alinéa 2 du code précité.

À preuve, ce sont les personnes dont les noms étaient inscrits sur ledit titre foncier qui auraient établi ledit titre foncier à l'unanimité.

C'est dire que le procès-verbal de partage homologué le 16 juin 1994 était insusceptible d'appel et a fortiori d'action en annulation.

En vertu de l'article 384 du COCC, l'étendue du droit réel immobilier est fixé par le titre foncier ».

C'est dire que le droit de propriété revendiqué par les prétendus héritiers de Bi Av et Bi As Ap ne peut être pris en considération que s'il résulte des mentions figurant sur les titres fonciers n° 1651/R, 1652/R, 1653/R,1654/R, 1553/R, 1731/R et 1819/R et au tout le moins des mentions figurant au livre foncier tenu par le conservateur de la propriété et des droits fonciers de Rufisque (articles 172, 173 du décret du 26 juillet 1932 portant réorganisation du régime de la propriété foncière en AOF).

En violation de ces articles 561 alinéa 2 du code de procédure civile, 384 et 9 du COCC et 172, 173 et 174 du décret du 26 juillet 1932), le premier juge tout comme le juge d'appel ont procédé à l'annulation des morcellements effectués sur les titres fonciers sus-décrits.

En effet, il résulte de l'article 172 dudit décret de 1932 que : « l'immeuble « à l'égard duquel ont été omis ou inexactement reportés dans les copies de titre ou dans les certificats d'inscription, un ou plusieurs des droits inscrits qui doivent y figurer légalement en demeure affranchi ou libéré d'autant dans les mains du nouveau possesseur, sauf la responsabilité du Conservateur, s'il y a lieu.

Néanmoins, cette disposition ne préjudicie pas au droit des créanciers hypothécaires de se faire colloquer suivant l'ordre qui leur appartient, tant que le prix n'a pas été payé par l'acquéreur ou que l'ordre ouvert entre les créanciers n'est pas définitif ».

Dans le cas d'espèce, les immeubles objets des TF 1654 et 1734/R ayant été mutés aux noms des héritiers Wade, cette propriété ne peut plus être remise en cause dit l'article 172 du décret du 26 juillet 1932 sauf par les créanciers hypothécaires c'est-à-dire les créanciers y inscrits.

Or les héritiers de Bi Av et Bi As Ap n'ont pas cette qualité.

Ainsi, le premier juge tout comme le juge d'appel ont violé ledit article en procédant à l'annulation des morcellements faits aux noms des héritiers de Boubacar Wade.

En sus, les articles 173 et 174 dudit décret ont prévu que :

Article 173 : « Lorsque des omissions ou des erreurs ont été commises dans la rédaction du titre foncier ou des inscriptions, les parties intéressées peuvent en demander la rectification.

Le conservateur peut également effectuer d'office et sur sa responsabilité la rectification des irrégularités provenant de son chef.

Dans tous les cas, les premières inscriptions doivent être laissées intactes et les corrections sont inscrites à la date courante ».

Article 174 : « Si le conservateur refuse de procéder aux rectifications ou si les parties n'acceptent pas les rectifications opérées, le Tribunal saisi sur requête, statue par jugement en Chambre civile ».

En application de ces articles 173 et 174 du décret du 26 juillet 1932, la Cour d'Appel de Dakar, par un arrêt n° 493 du 5 juillet 2007, infirme d'office (aucune partie ne l'avait demandé) le jugement du Tribunal régional Hors Classe de Dakar du 20 décembre 2005 au motif que la procédure instituée par les articles 173 et 174 n'était pas respectée et au motif que le Tribunal régional Hors Classe de Dakar était incompétent pour annuler les mutations des TF n° 4500 et 4501/DP aux noms de Amar et Aq Ap (S/c arrêt de la Cour d'Appel de Dakar n° 493 du 5 juillet 2007).

Et pourtant, c'est la même Cour qui a de manière contraire agréé l'annulation de morcellements effectués sur les TF n° 1651/R,

1652/R, 1653/R,1654/R, 1553/R, 1731/R et 1819/R au motif que le procès-verbal de partage les concernant avait été annulé.

Il s'en infère que l'arrêt n° 41 du 21 janvier 2008 mérite cassation pour violation des articles suscités.

Il échet de le casser et de l'annuler.

Sur la violation des articles 490 du code de la famille et 87 du COCC

Attendu qu'aux termes de l'article 490 du code de la famille.

« Le partage même partiel peut également être annulé lorsqu'il a subi un préjudice de plus du quart dans l'évaluation, au partage des biens compris dans son lot ».

Ce texte suppose que cet héritier soit en matière immobilière l'héritier du propriétaire d'immeuble dont le droit résulte de l'article 381 du COCC.

Dans le cas d'espèce aucune des personnes qui prétendent être héritiers de Bi Av et Bi As Ap n'a rapporté la preuve que celles-ci étaient propriétaires des titres fonciers n° 1651/R, 1652/R, 1653/R,1654/R, 1553/R, 1731/R et 1819/R en se conformant aux conditions des articles 381 et 384 du COCC.

Dans ces conditions, les articles 489 et 490 du code de la famille leur interdisent de remettre en cause le partage homologué le 16 juin 1994.

Nonobstant la clarté de ces textes, le juge d'appel a confirmé le jugement du Tribunal régional Hors Classe de Dakar du 23 juin 2006 ayant déclaré recevable l'action des héritiers de feu Ak Ap, de Ax Ap et de Bh Au qui est une action en annulation d'un procès-verbal de partage établi conformément à l'article 561 alinéa 2 du code de procédure civile.

Ce faisant, il a violé les articles 489 et 490 du code de la famille.

Aussi, l'arrêt n° 41 du 21 janvier 2008 mérite d'être cassé et annulé.

Troisième moyen tiré de la violation des articles 60 et 73 du code de procédure civile

Attendu que pour confirmer le jugement du Tribunal régional Hors Classe de Dakar du 21 juin 2006 déféré à sa censure, le juge d'appel a estimé que c'est en conformité avec le décret du 1932 que le premier juge a ordonné l'annulation des morcellements effectués en violation des droits des héritiers omis dans le partage de la succession.

Il s'est abstenu de viser une disposition du décret de 1932 pouvant servir de base légale à ladite décision.

L'article 60 du code de procédure civile dispose en son alinéa 2 que :

« Dans tous les cas, sauf stipulations légales contraires, les jugements, en toute matière, sont prononcées publiquement et doivent être motivés à peine de nullité.

Se fondant sur les dispositions de l'article 73 du code de procédure civile, la Cour d'Appel de Dakar a retenu que « les motifs du jugement participent de l'autorité de la chose jugée (arrêt n° 177 du 19 juin 1970 Coleci / État du Sénégal).

En motivant sa décision, par un texte dans sa généralité alors que ledit texte ne contient aucune disposition spécifique à l'annulation des morcellements effectués en violation des droits des héritiers omis dans le partage de la succession, la Cour d'Appel de Dakar a violé les articles sus cités.

C'est la preuve que sa décision manque de base légale.

Il échet de l'annuler purement et simplement.

Quatrième moyen tiré de la violation des articles 254, 257, 403, 404 et 575 du code de la famille

Attendu que le juge d'appel a annulé lesdits morcellements en se fondant sur la prétention des héritiers Bi Av et Bi As Ap.

Ceux-ci avaient prétendu que Bi Av et Bi As Ap décédées à une date lointaine non déterminée, avaient laissé comme habiles à lui succéder suivant la lignée maternelle, plusieurs héritiers inconnus et connus comme Ay Ap dit « Oumar ».

Ils avaient prétendu sans aucune preuve à l'appui que Bi Av et Bi As Ap seraient les propriétaires des 1651/R, 1652/R, 1653/R, 1654/R, 1553/R, 1731/R et 1819/R.

À ce jour, il n'y a jamais eu de jugement d'hérédité indiquant les héritiers des deux sœurs Bi Av et Bi As Ap décédées avant 1946 et aucune procédure fondée sur les articles 254, 257, 403, 404, 415 et 571 du code de la famille n'a été faite.

D'ailleurs, l'enquête de Gendarmerie qui a été ordonnée par le Président du Tribunal départemental de Rufisque dans son ordonnance du 9 novembre 2004, afin de déterminer leur successibles n'a jamais été effectuée.

En outre, la dernière ordonnance n° 176/2006 du 5 octobre 2006 par laquelle cette juridiction désignait des notaires pour dresser un acte de notoriété de Bi Av et Bi As Ap pour déterminer leurs héritiers n'a pu également être exécutée, les notaires ayant indiqué, dans leur lettre du 15 janvier 2007, l'impossibilité d'une telle mission (s/c 6).

C'est pourquoi l'un des avocats de la partie adverse a saisi, à nouveau, le Tribunal départemental de Rufisque pour lui demander de statuer par jugement d'hérédité puisqu'il n'y en a jamais eu pour les deux sœurs et ce, soixante ans après.

Ce faisant l'arrêt n° 41 de la Cour d'Appel de Dakar du 21 janvier 2008 mérite cassation.

Arrêt n° 25
Cour suprême, arrêt n° 76 du 1er juillet 2015[320]

Partage – attribution préférentielle – jugement attribuant l'immeuble à une partie des héritiers – méconnaissance de la nature commodément partageable de l'immeuble partage – attribution préférentielle – pluralité d'héritiers demandeurs – office du juge – nécessité de prise en compte de la nature commodément partageable de l'immeuble

Aminata Kane et Aïssatou Gueye c/ Cheikhou Kane et autres.

Solution :

Selon l'article 476 alinéa 1 et 2 du code de la famille, nonobstant l'opposition d'un ou de plusieurs de ses copartageants, le conjoint survivant ou tout autre héritier peut demander par voie de partage l'immeuble ou partie d'immeuble servant effectivement d'habitation au conjoint ou à l'héritier.

Viole ce texte la cour d'appel qui a attribué intégralement le bloc de l'immeuble R+2 à une partie des héritiers qui n'occupent qu'une partie du deuxième étage, alors qu'il se déduit de ses propres constations que l'immeuble est commodément partageable en nature entre les héritiers.

[320] Bulletin Cour suprême, février 2017.

Texte :

La Cour suprême,

Vu la loi organique n° 2008-35 du 8 août 2008 sur la Cour suprême ;

Après en avoir délibéré conformément à la loi ;

Attendu que Cheikhou Kane et autres soulèvent la déchéance au motif que la requête a été signifiée à domicile élu ;

Mais attendu que la partie adverse a produit un mémoire et a pu présenter ses moyens de défense dans les mêmes délais légaux ;

D'où il suit que la déchéance n'est pas encourue ;

Attendu, selon l'arrêt confirmatif attaqué (Dakar, T.R. n° 72 du 19 mai 2014), que le tribunal régional de Dakar a attribué à titre préférentiel à Cheikhou Kane et autres, l'immeuble objet du titre foncier n° 9641/ DG, dépendant de la succession de feu Oumar Kane, ordonné le paiement de la moitié de la soulte immédiatement après le jugement de partage et le surplus en cinq (5) annuités à compter dudit jugement et renvoyé la cause et les parties devant les juridictions compétentes pour les opérations de liquidation et partage ;

Sur le moyen unique en sa deuxième branche, tiré de la violation des dispositions de l'article 476 du code de la famille en ce que l'arrêt attaqué a attribué intégralement le bloc de l'immeuble R+2 à une partie des héritiers qui n'occupent qu'une partie du deuxième étage au motif que « l'attribution ne repose non plus sur la qualité d'un immeuble non partageable entre les héritiers », alors, selon ce texte, que l'immeuble étant un bloc composé d'un rez-de-chaussée (RDC), occupé par les requérantes et de deux étages dont le premier abritent des locataires et le second, les défendeurs pour partie ainsi que des locataires, donc, non occupé effectivement et intégralement par les attributaires préférentiels, est parfaitement divisible puisqu'étant constitué de plusieurs appartements dont chaque héritier occupant peut demander l'attribution préférentielle de la partie de l'immeuble qu'il occupe effectivement ;

Vu l'article 476 alinéa 1 et 2 du code de la famille ;

Attendu, selon ce texte, que nonobstant l'opposition d'un ou de plusieurs de ses copartageants, le conjoint survivant ou tout autre héritier peut demander par voie de partage l'immeuble ou partie d'immeuble servant effectivement d'habitation au conjoint ou à l'héritier ;

Attendu qu'après avoir relevé que l'immeuble, composé d'un rez-de-chaussée (RDC) occupé par les requérantes et de deux étages dont le premier abritent des locataires et le second, les défendeurs pour partie ainsi que des locataires, ce dont il se déduit que l'immeuble est commodément partageable en nature entre les héritiers et retenu que « les conditions d'application des dispositions de l'article 476 dudit texte de loi aux intimés n'étant pas contestées par les appelantes, il échet de confirmer le jugement entrepris en toutes ses dispositions», la cour d'appel a violé le texte susvisé ;

Sur le moyen unique en sa troisième branche, tiré de la violation des dispositions de l'article 476 du code de la famille en ce que le juge d'appel a outrepassé sa compétence en accordant des délais de paiement de cinq annuités à compter d'un éventuel jugement de partage alors que l'article susvisé confère uniquement cette possibilité au président du tribunal avec des délais qui ne pourront excéder cinq annuités ;

Vu l'article 476 alinéa 5 du code de la famille ;

Attendu, selon ce texte, que le président du tribunal pourra accorder, pour le paiement de la soulte, des délais qui ne pourront être supérieurs à cinq ans ; sauf convention contraire, le surplus de la soulte devra être payé immédiatement par l'attribution ;

Par ces motifs :

Et sans qu'il soit besoin de statuer sur la première branche du moyen unique ;

Casse et annule l'arrêt n° 72 du 19 mai 2014, rendu par la cour d'appel de Dakar ;

Remet, en conséquence, la cause et les parties au même et semblable état où elles étaient avant ledit arrêt et, pour être fait droit, les renvoie devant la cour d'appel de Thiès ;

Dit que le présent arrêt sera imprimé, qu'il sera transcrit sur les registres de la cour d'appel de Dakar, en marge ou à la suite de la décision attaquée.

Ainsi fait, jugé et prononcé par la Cour suprême, chambre civile et commerciale en son audience publique tenue les jour, mois et an que dessus et où étaient présents Madame et Messieurs :

PRÉSIDENT : El Hadji Malick Sow ; CONSEILLER-RAPPORTEUR : Waly Faye ; CONSEILLERS : Adama Ndiaye, Souleymane Kane, Amadou Lamine Bathily, Babacar Diallo ; AVOCAT GÉNÉRAL : Oumar Dièye ; Avocats : Maître Nafissatou Diouf Mbodj et Maître Bidjele Fall ; GREFFIER : Maurice Dioma Kama.

Observations :

1.- L'attribution préférentielle est une modalité du partage en droit des successions. C'est une dérogation aux rigueurs parfois excessives qui président au partage judiciaire. Elle est marquée principalement par le souci d'assurer à l'un des cohéritiers le maintien de ses conditions de vie en lui permettant de conserver son lieu d'habitation. En effet, nonobstant l'opposition d'un ou plusieurs de ses copartageants, le conjoint survivant ou tout autre héritier peut demander l'attribution, par voie de partage, de l'immeuble ou partie d'immeuble lui servant effectivement d'habitation[321].

2.-Complément de jurisprudence

✓ A violé l'article 476 alinéas 1 et 2 du code de la famille, une cour d'Appel qui attribue par voie de partage un immeuble servant d'habitation et une entreprise sans vérifier si la villa sert effectivement d'habitation au bénéficiaire et s'il participait effectivement à l'exploitation de l'entreprise au jour du décès de son auteur[322].

✓ Selon l'article 476 du code de la famille, le conjoint survivant ou tout autre héritier peut demander l'attribution préférentielle, par voie de partage, de l'immeuble lui servant effectivement d'habitation.

Encourt la cassation, l'arrêt d'une cour d'Appel qui, adoptant les motifs du premier juge, a retenu que l'immeuble n'était plus compris dans l'actif successoral de l'auteur, du fait de sa mutation au nom

321 Art. 476 CF.

322 C.S., civ. com., arrêt n° 68 du 2 juillet 2014, juricaf.org.

des héritières demanderesses, alors que celles-ci sont toutes deux les enfants de la défunte et que l'immeuble litigieux appartient à cette dernière et fait partie de la masse successorale dont elles ont hérité[323].

✓ A violé, par refus d'application, les articles 476 et 481 du code de la famille, la Cour d'Appel qui, pour rejeter une demande d'annulation d'une attribution préférentielle, a énoncé « qu'il est de jurisprudence établie que les juges ne peuvent décider que, faute pour le débiteur de payer la soulte dans les conditions fixées par ceux-ci, celui-ci sera déchu du bénéfice de l'attribution préférentielle », puis a retenu que « c'est vainement que les appelants invoquent l'article 481 du code de la famille, qui n'a pas vocation à s'appliquer, l'attribution préférentielle étant différente du partage visé par ce texte » ; alors qu'aucune disposition n'a expressément écarté l'attribution préférentielle du champ d'application de l'article 481 du code de la famille[324].

[323] C.S., civ. com., arrêt n° 40 du 16 avril 2014, A. NIANG c/ O. BENGA, juricaf.org
[324] C. S., civ. com., arrêt n° 19 du 15 avril 2009, A MANE et autres c/ F. NDIAYE es nom, es qualité de ses enfants, juricaf.org.

ANNEXE

Article 476 du code de la famille

Attribution préférentielle

Nonobstant l'opposition d'un ou plusieurs de ses copartageants, le conjoint survivant ou tout autre héritier peut demander l'attribution, par voie de partage, de l'entreprise commerciale, industrielle, artisanale ou agricole, à l'exploitation de laquelle il participait effectivement au jour du décès. Si l'entreprise était exploitée sous forme sociale, le conjoint survivant ou l'héritier peut demander l'attribution, sous les mêmes conditions, des droits sociaux dépendant de la succession.

Il en est de même en ce qui concerne l'immeuble ou partie d'immeuble servant effectivement d'habitation au conjoint ou à l'héritier ou en ce qui concerne le droit au bail des locaux leur servant d'habitation.

La demande est portée devant le président du Tribunal qui statue compte tenu des intérêts en présence et conditions prévues à l'article 547 du code de procédure civile.

Les biens faisant l'objet de l'attribution sont estimés à leur valeur au jour du partage. À défaut d'accord entre les parties, l'estimation est faite par experts choisis par les parties ou désignés par le Président du Tribunal.

Le Président du Tribunal pourra accorder, pour le paiement de la moitié de la soulte, des délais qui ne pourront être supérieurs à cinq ans ; sauf convention contraire, le surplus de la soulte devrait être payé immédiatement par l'attribution. La partie de la soulte dont le paiement sera ainsi différé produira intérêt au taux légal.

Au cas de vente partielle, le produit de ces ventes sera versé aux copartageants et imputé sur la fraction de la soulte restant due.

Article 481 du code de la famille

Résolution

Le partage peut être résolu pour cause de non-paiement d'une soulte.

Complément jurisprudence :

✓ Ne donne pas de base légale à sa décision accordant l'attribution préférentielle d'un bien aux héritiers d'un légataire, une

Cour d'appel qui ne recherche pas si ceux-ci ont vocation à solliciter le bénéfice des dispositions de l'article 476 du code de la famille[325].

✓ A violé le texte du paragraphe premier de l'article 476 du Code de la Famille, le jugement qui, pour débouter des héritiers de leurs demandes en attribution préférentielle, a énoncé qu'ils doivent à la succession plus que leurs parts successorales suite à des fautes de gestion alors que la seule exigence est la participation effective à l'exploitation de l'entreprise, au jour du décès[326].

✓ Pour accueillir la demande d'attribution préférentielle de l'immeuble objet du titre foncier n° 19 035/DG faisant partie de la succession de Awa MBAYE, présentée par Babacar MBAYE, la Cour d'Appel retient que «ce dernier qui soutient habiter effectivement l'immeuble de la défunte Awa MBA YE, sa nièce, avec sa famille et ses petits-enfants, verse au dossier à l'appui de ses prétentions, d'une part, des certificats de domicile établis par le délégué du quartier dit abattoirs attestant que Mbaye et sa famille habitent à la rue 5 x 8 Médina dans l'immeuble litigieux, et, d'autre part, un procès-verbal de constat d'huissier reproduisant les déclarations de témoins, confirmant l'habitation effective dudit immeuble par Babacar MBAYE;

ATTENDU qu'en se déterminant par de tels motifs, sans rechercher si les documents pris en considération établissaient que l'occupation effective de MBAYE se situait au jour du décès, les juges du fond n'ont pas donné de base légale à leur décision[327].

✓ Ne justifie légalement sa décision, une cour d'Appel qui, sans vérifier si l'indivision successorale avait pris fin, notamment par un partage définitif et irrévocable ou par une vente, a rejeté la demande d'attribution préférentielle formulée par chacune des parties aux motifs que l'immeuble dont l'attribution est sollicitée, a été muté au nom des demandeurs qui en sont ainsi devenus propriétaires dans

---

[325] C. S., arrêt n° 6 du 3 janvier 2007, M. DIAWARA c/Hoirs J. A. Louis GAYE, juricaf.org.

[326] C. C., civ. com., arrêt n° 88 du 15 juin 2005, G. et P. NACOUZI c/ M. NACOUZI, juricaf.org.

[327] C. C., civ. com., arrêt n° 67 du 20 mars 1996, FALL Latt Faye c/ MBAYE Babacar, juricaf.org.

l'indivision et qui ne se trouvait plus dans le patrimoine de leur auteur[328].

✓ Selon l'article 476 du code de la famille, le conjoint survivant ou tout autre héritier peut demander au président du tribunal, qui statue compte tenu des intérêts en présence, l'attribution préférentielle de l'immeuble ou partie de l'immeuble lui servant effectivement d'habitation ; et en vertu des articles 547 et 548 du code de procédure civile, lorsque le partage doit être fait en justice, la partie la plus diligente se pourvoira et qu'entre deux demandeurs, la poursuite appartient à celui qui a fait viser le premier l'original de son exploit par le greffier[329].

✓ Selon l'article 476 du code de la famille, nonobstant l'opposition d'un ou de plusieurs de ses copartageants, le conjoint survivant ou tout autre héritier peut demander l'attribution, par voie de partage, de l'immeuble ou partie de l'immeuble servant effectivement d'habitation au conjoint ou à l'héritier ; que la demande est portée devant le président du tribunal qui statue compte tenu des intérêts en présence, dans les formes et conditions prévues à l'article 547 du code de procédure civile.

N'a pas satisfait aux exigences de ce texte, la cour d'Appel qui a rejeté une demande d'attribution préférentielle d'un héritier aux motifs qu'il doit une importante somme à la succession dont une partie sous forme de prêt accordé par le séquestre de la succession et

---

328 CS, ch. civ. com., arrêt n° 14 du 07 avril 2020, AJ A c/ AL AK dite BENGA, « Ab AH est décédée à Dakar le 22 octobre 1998, laissant comme habiles à lui succéder deux filles, AL AK et AJ A et un fils Aa AK ; que celui-ci ayant renoncé à la succession, ses deux sœurs ont fait procéder à l'inscription de leurs noms sur l'immeuble immatriculé 8119/GRD, composant l'actif successoral ; que par actes des 25 juin et 26 juin 2008, AJ A et AL AK ont chacune demandé l'attribution préférentielle de l'immeuble. Pour débouter AJ A et AL AK de leur demande d'attribution préférentielle, la Cour d'appel retient, par motifs propres et adoptés, que l'immeuble, objet du TF n° 8119/GRD ayant été muté au nom des requérantes qui en sont ainsi devenues propriétaires dans l'indivision, ne se trouvait plus dans le patrimoine de leur auteur. Or, précise la Cour suprême, « l'inscription par les héritiers des droits réels immobiliers à eux transmis par l'effet du décès de leur auteur a pour objet de rendre les droits transmis et publiés opposables au tiers sans modifier leur nature de biens immeubles successoraux ; que, dès lors, tout héritier remplissant les conditions peut en demander l'attribution préférentielle »

329 CS., ch. civ. com., arrêt n° 80 du 18 novembre 2020, Veuve FATOU FALL et enfants c/A C Y ET 11 AUTRES.

que cette situation prouve la faiblesse de son assise financière et fait douter de sa capacité à respecter les clauses financières de l'attribution préférentielle, notamment le paiement immédiat de la moitié de la soulte et le règlement des dettes qu'il doit à la succession, alors que ces motifs sont impropres à établir que l'attribution préférentielle était de nature à nuire aux intérêts en présence[330].

3.-Pour une étude de l'attribution préférentielle, cf. C. A. W. NDIAYE, Droit sénégalais des contrats immobiliers, L'Harmattan, 2017, p. 54 et s.

330 C. S., arrêt n° 32 du 01 mars 2017, A B c/ CET AUTRES.

Arrêt n° 26
Cour suprême, arrêt n° 15 du 05 février 2020

Immeuble — Immeuble Immatriculé — Nullité De Tout Accord Sur Le Paiement D'un Supplément Au Prix Fixé Dans Le Contrat — Cas De Simulation

---

La SCI YAMALÉ c/ Les Résidences de NGOR

Solution :

Selon les dispositions de l'article 385 du code des obligations civiles et commerciales, dans les contrats portant sur des immeubles immatriculés, tout accord de quelque nature qu'il soit, tendant à exiger un supplément au prix fixé dans le contrat, est nul.

Viole ces dispositions, une cour d'Appel qui constate l'existence de la simulation et condamne l'acheteur au paiement du prix stipulé dans la contre-lettre.

Texte :

La Cour suprême,

Après en avoir délibéré conformément à la loi ;

Sur le moyen unique pris en ses deux branches réunies, tiré de la violation de la loi :

Vu l'article 385 du code des obligations civiles et commerciales ;

Attendu, selon ce texte, que le prix de vente d'un immeuble doit être strictement indiqué dans le contrat et que tout accord, de quelque nature qu'il soit, tendant exiger un supplément au prix fixé dans le contrat, est nul ;

Attendu, selon l'arrêt attaqué (Aa, 16 février 2018, n° 88), que par acte notarié du 19 mai 2008, la SCI « Les Résidences de Ngor » a promis de vendre, à la SCI « Yamalé », un immeuble immatriculé, au prix de 400 000 000 FCFA ; que le 4 août 2008, les parties ont signé l'acte définitif de vente de l'immeuble, en ramenant le prix à 250 000 000 FCFA ; que la SCI « Les Résidences de Ngor » a assigné l'acquéreur en paiement des sommes de 25 000 000 FCFA, représentant le reliquat du prix de vente, et de 5 000 000 FCFA à titre de dommages intérêts pour résistance abusive ;

Attendu que pour fixer à 400 000 000 FCFA le prix réel de l'immeuble, et accueillir la demande, l'arrêt retient, par motifs propres et adoptés, qu'il résulte des déclarations concordantes des parties que l'acquéreur a versé au total la somme de 375 000 000 CFA, ce qui contredit la réalité du prix de 250 000 000 FCFA ;

Qu'en statuant ainsi, alors qu'il résultait de ses propres constatations que les parties avaient dissimulé une partie du prix, dans l'acte de vente, ce qui devait entraîner, en application des dispositions d'ordre public susvisées, la nullité de la promesse de vente et de tout accord tendant à exiger un supplément au prix fixé dans l'acte ostensible, la cour d'Appel a violé la loi ;

Par ces motifs :

Casse et annule l'arrêt n° 88 du 16 février 2018 rendu par la cour d'Appel de Aa.

Dit n'y avoir lieu à renvoi ;

Condamne la SCI Les Résidences de Ngor aux dépens ;

Dit que le présent arrêt sera imprimé, qu'il sera transcrit sur les registres de la cour d'Appel de Aa, en marge ou à la suite de la décision attaquée.

Observations :

1.- En matière de vente immobilière, il arrive souvent que le prix déclaré ne soit pas le prix réel entre les parties[331]. En d'autres termes, les parties s'accordent à prévoir dans le contrat un prix plus faible qu'elles savent ne pas correspondre à la réalité, à ce qui va les lier. On assiste à une véritable simulation, comme c'est le cas en l'espèce.

Le COCC et la simulation

Article 111 : Effets de la simulation entre les parties

Sauf dispositions contraires de la loi, la simulation n'est pas une cause de nullité, et les contractants doivent exécuter les obligations résultant de toute contre-lettre modifiant les stipulations de l'acte apparent.

Article 112 : Effets de la simulation à l'égard des créanciers

La contre-lettre n'est pas opposable aux créanciers des contractants. Elle ne leur nuit point.

Article 113 : Effets de la simulation à l'égard des créanciers à titre particulier

La contre-lettre ne peut créer d'obligation à la charge des ayants cause à titre particulier des contractants, mais ils peuvent en invoquer le bénéfice.

2.- Par acte notarié du 19 mai 2008, la SCI « Les Résidences de Ngor » a promis de vendre, à la SCI « Yamalé », un immeuble immatriculé, au prix de 400 000 000 FCFA. Le 4 août 2008, les parties ont signé l'acte définitif de vente de l'immeuble, en ramenant le prix à 250 000 000 FCFA.

La SCI « Les Résidences de Ngor » a, après, assigné l'acquéreur en paiement des sommes de 25 000 000 FCFA, représentant le reliquat du prix de vente, et de 5 000 000 FCFA à titre de dommages intérêts pour résistance abusive.

---

[331] Sur le prix dans les transactions immobilières, C. A. W. NDIAYE, Droit sénégalais des contrats immobiliers, précité, p. 82 et s.

Pour fixer à 400 000 000 FCFA le prix réel de l'immeuble, et accueillir la demande, la Cour d'appel retient, par motifs propres et adoptés, qu'il résulte des déclarations concordantes des parties que l'acquéreur a versé au total la somme de 375 000 000 CFA, ce qui contredit la réalité du prix de 250 000 000 FCFA. Elle semble ainsi appliquer aux parties le régime de la simulation organisé par les articles 111 à 113 COCC.

Cependant, « en statuant ainsi, alors qu'il résultait de ses propres constatations que les parties avaient dissimulé une partie du prix, dans l'acte de vente, ce qui devait entraîner, en application des dispositions d'ordre public susvisées, la nullité de la promesse de vente et de tout accord tendant à exiger un supplément au prix fixé dans l'acte ostensible, la cour d'Appel a violé la loi ».

3.- Pour les contrats relatifs aux droits réels portant sur des immeubles, il résulte, en effet, des dispositions pertinentes de l'article 385 COCC :

« Le prix doit être strictement indiqué dans le contrat.

Tout accord de quelque nature qu'il soit, tendant à exiger un supplément au prix fixé dans le contrat, est nul.

La dissimulation du prix réel se prouve par tous moyens ».

4.- Le régime de la détermination du prix traduit un ordre public de protection en droit sénégalais.

Dans un contexte de lutte contre les capitaux sauvages qui se sont investis dans le secteur immobilier occasionnant une hausse des prix et entrainant une expulsion des nationaux de leur habitation et de leur lieu de travail, le législateur avait instauré un régime d'autorisation préalable en matière de transaction immobilière[332].

Aujourd'hui, la déclaration préalable s'est substituée à l'autorisation préalable.

---

[332] Exposé des motifs Loi n° 2013-04 du 8 juillet 2013 abrogeant la Loi n° 77-85 du 10 aout 1977 soumettant à autorisation préalable certaines transactions immobilières et instituant un régime de déclaration préalable aux transactions portant sur un immeuble ou un droit réel immobilier. Les lourdeurs dans l'instruction des demandes d'autorisation préalable occasionnant le rallongement des délais de transfert de propriété auront cependant raison de la loi de 1977.

5.- Outre la lutte contre la spéculation foncière, la détermination du prix répond aux exigences de la fiscalité immobilière, plus particulièrement à la taxe de plus-value immobilière[333].

En cas d'insuffisance du prix, l'administration fiscale va effectuer un redressement contradictoire. Elle procède à la rectification dans le respect de la procédure contradictoire, par notification de redressement ou par procès-verbal. C'est à l'administration d'apporter les preuves de l'insuffisance des prix exprimés ou des évaluations fournies dans les actes ou déclarations.

Par ailleurs, l'administration fiscale peut exercer son droit de préemption. Le droit de préemption donne à une personne la faculté de se porter acquéreur d'un bien de préférence à toute autre.

6.- la dissimulation peut justifier que la responsabilité des parties soit engagée :

> *Article 683 Code général des impôts : Toute personne qui, pour ne pas déclarer ou pour ne pas payer l'intégralité ou une partie d'un impôt, droit, taxe, redevance ainsi que des intérêts, amendes et pénalités y afférents, formule faussement les prescriptions du présent Code ou de tout autre texte le rendant redevable, est punie d'une amende de cinq millions (5.000.000) à dix millions (10.000.000) de francs et d'un emprisonnement de deux (2) ans.*

La responsabilité du notaire pourra aussi être engagée pour complicité[334] surtout qu'il est tenu, lorsqu'il qui reçoit un acte de vente, d'échange ou de partage d'immeubles ou de fonds de commerce, de donner lecture aux parties des dispositions des articles 470 et 683 du CGI[335].

> *Article 470 Code général des impôts : Dans tout acte ou déclaration ayant pour objet, soit une vente d'immeubles, soit une cession de fonds de commerce, soit une cession de droit au bail ou de bénéfice d'une promesse de bail portant sur tout ou partie d'un immeuble, soit un échange ou un partage comprenant des immeubles ou un fonds de commerce, chacun des vendeurs, acquéreurs, échangistes, copartageants, leurs*

[333] Art. 556 CGI.
[334] Art. 687 CGI.
[335] Art. 500 CGI.

maris, tuteurs ou administrateurs légaux, sont tenus de terminer l'acte ou la déclaration par une mention ainsi conçue : « La partie soussignée affirme, sous les peines édictées par le III de l'article 671 du Code Général des Impôts, que le présent acte (ou la présente déclaration) exprime l'intégralité du prix (ou de la soulte) convenu ».

Le notaire qui reçoit un acte de vente, d'échange ou de partage, est tenu aussi de donner lecture aux parties des articles 623 et 667 du Code général des impôts, de mentionner cette lecture dans l'acte et d'y affirmer qu'à sa connaissance, cet acte n'est modifié ou contredit par aucune contre-lettre contenant une augmentation du prix ou de la soulte[336]. Cette disposition ne s'applique pas aux adjudications publiques.

Article 623 Code général des impôts : Sans préjudice des sanctions prévues au titre IV, est inopposable à l'administration des impôts, toute convention ayant pour but de dissimuler partie du prix d'une vente d'immeuble ou d'une cession de fonds de commerce ou de clientèle ou d'une cession du droit à un bail ou du bénéfice d'une promesse de bail sur tout ou partie d'un immeuble, et tout ou partie de la soulte d'un échange ou d'un partage comprenant des biens immeubles, un fonds de commerce ou une clientèle.

[336] Art. 502 CGI.

Arrêt n° 27
Cour suprême, arrêt n° 20 du 19 février 2020

Immeuble — Promesse De Vente — Diminution De La Superficie De L'immeuble Promis — Désaccord Des Parties Lors De La Conclusion Du Contrat Définitif — Résolution Judiciaire De La Promesse De Vente — Exclusion — Exercice Par L'acquéreur De Sa Faculté De Demander Le Maintien Du Contrat Avec Une Diminution Du Prix

La société MI-II c/ La SIM SA

Solution :

Aux termes de l'article 267 du COCC, si une partie importante de l'immeuble promis à la vente disparaît lors de la conclusion de celle-ci, l'acquéreur a le choix entre abandonner la vente ou obtenir la livraison de la partie de l'immeuble conservé, le prix déterminé par ventilation ; si la perte est minime, l'acquéreur ne peut demander qu'une diminution du prix.

Viole ce texte, une cour d'Appel qui, après avoir constaté le désaccord des parties lors de la conclusion du contrat définitif sur la superficie promise, prononce la résolution de la promesse de vente, alors que l'acquéreur avait exercé sa faculté de demander le maintien du contrat avec une diminution du prix.

Texte :

La Cour suprême,

Après en avoir délibéré conformément à la loi ;

Attendu, selon l'arrêt attaqué (Dakar, 7 septembre 2018, n° 376), que, suivant « compromis de vente » du 3 mars 2011, la société d'Investissement des Mutuelles (SIM SA) a promis de vendre à la société MI-II SARL deux immeubles en nature de terrains bâtis, l'un d'une superficie de 2 685 m2 et l'autre d'une superficie de 349 m2, au prix total de 562 500 000 FCFA, dont la moitié, soit la somme de 281 250 000 FCFA, a été versée et le paiement du reliquat prévu au moment de la conclusion du contrat de vente ; qu'il est stipulé que la promesse se réalisera sous la double condition suspensive de l'obtention, par le promettant, de la mainlevée de l'hypothèque forcée inscrite sur le TF n° 13.471/GRD et, par le bénéficiaire, d'une autorisation de transaction immobilière ; qu'il est également prévu une clause d'indemnité d'immobilisation, en vertu de laquelle, en cas de non-signature de l'acte de vente définitif par une des parties dans le délai convenu, celle-ci devra verser la somme de 28 125 000 FCFA, représentant 10 % de la somme déjà remise par le bénéficiaire ; que l'immeuble TF n° 13 471/GRD ayant une superficie de 1685 m2 au lieu de celle de 2 685 m2 promise à la vente, la société SIM SA a assigné la société MI-II SARL, en lui offrant la restitution de la somme de 281 250 000 FCFA et en sollicitant son expulsion des lieux occupés et sa condamnation à la somme de 28 125 0060 FCFA à titre de pénalité contractuelle outre celle de 3 500 000 FCFA à titre d'indemnité d'occupation ; que la société MI-II SARL a également saisi le tribunal pour obtenir la comparution, sous astreinte, de la société SIM SA devant le notaire désigné par les parties pour la signature du contrat de vente contre paiement de la somme de 95 601 566 FCFA représentant le reliquat du prix de vente et sa condamnation au paiement de la somme de 28 125 000 FCFA pour violation de la promesse de vente ;

Sur le premier moyen du pourvoi incident tiré de la violation des articles 382 alinéa 1 et 383 du code des obligations civiles et commerciales (COCC) :

Attendu que la société SIM SA fait grief à l'arrêt de la débouter de sa demande d'annulation du « compromis de vente », alors, selon le moyen, que la promesse de vente doit être passée dans la même forme que la vente ;

Mais attendu qu'ayant retenu que les articles 382 et 383 du COCC n'exigent aucune forme particulière pour la validité de la promesse synallagmatique de vente, la cour d'Appel en a exactement déduit que la demande d'annulation du « compromis de vente » n'était pas justifiée ;

D'où il suit que le moyen n'est pas fondé ;

Sur le second moyen du pourvoi incident tiré de la violation des articles 96 et 100 du COCC :

Attendu que la société SIM SA fait grief à l'arrêt de la débouter de sa demande de paiement de l'indemnité d'immobilisation, alors, selon le moyen, que la seule condition requise pour que l'indemnité d'immobilisation soit due est la non-signature de la vente du fait de la non-réalisation, par l'une des parties, des conditions suspensives mises à sa charge, tandis que l'autre partie a respecté l'intégralité de ses obligations ;

Mais attendu qu'ayant retenu que l'indemnité d'immobilisation était en réalité une clause pénale et que la non-signature du contrat était due à une différence entre la superficie promise et celle existante et non à une faute des parties, la cour d'Appel en a exactement déduit que la demande de paiement de l'indemnisation d'immobilisation n'était pas justifiée ;

D'où il suit que le moyen n'est pas fondé ;

Mais sur le premier moyen pris en ses deux branches et le deuxième moyen du pourvoi principal, réunis et tirés de la violation des articles 97, 105 et 103 du COCC :

Vu lesdits textes, ensemble l'article 267 du COCC ;

Attendu, selon le dernier de ces textes, que si une partie importante de l'immeuble promis à la vente disparaît lors de la conclusion de celle-ci, l'acquéreur a le choix entre abandonner la vente ou obtenir la livraison de la partie de l'immeuble conservé, le prix déterminé par ventilation ; que si la perte est minime, l'acquéreur ne peut demander qu'une diminution du prix ;

Attendu que, pour prononcer la résolution de la promesse de vente, l'arrêt relève que le seul obstacle à la signature de la vente définitive est la non-concordance entre la superficie déclarée dans la promesse de vente du TF n° 13 471/GRD (2 685 m2) et la contenance réelle dudit titre (1685 m2) et le refus par la société MI-II SARL de payer l'intégralité du reliquat de 281 250 000 FCFA et par la société SIM SA de réduire le prix initialement convenu entre les parties ; qu'il ajoute que si la prestation promise s'est révélée impossible, la renégociation du contrat et la résolution de ladite promesse s'imposent aux parties et au juge en cas d'échec de cette renégociation ; qu'il retient enfin que les parties n'ayant pu s'entendre sur un élément important de leur accord, le premier juge ne pouvait que constater l'absence d'accord des parties et prononcer la résolution de la promesse de la vente, mais ne pouvait modifier le prix convenu entre les parties et ordonner la perfection de la vente ;

Qu'en statuant ainsi, alors que l'acquéreur avait exercé sa faculté de demander le maintien du contrat de vente avec une diminution du prix, la cour d'Appel a violé les textes susvisés ;

Par ces motifs, et sans qu'il soit besoin de se prononcer sur les troisième, quatrième, cinquième et sixième moyen du pourvoi principal :

Rejette le pourvoi incident de la société SIM SA ;

Casse et annule l'arrêt n° 376 du 7 septembre 2018 rendu par la cour d'Appel de Dakar, mais seulement en ce qu'il a prononcé la résolution du « compromis de vente », ordonné la restitution de la somme de 281 250 000 FCFA et ordonné l'expulsion de la société MI-II SARL ;

Renvoie devant la cour d'Appel de Ziguinchor ;

Condamne la société SIM SA aux dépens ;

Dit que le présent arrêt sera imprimé, qu'il sera transcrit sur les registres de la cour d'Appel de Dakar, en marge ou à la suite de la décision attaquée.

Observations :

1.- Le COCC organise, dans la partie réservée au régime général de la vente, la perte totale ou partielle de la chose vendue.

Il résulte des dispositions de l'article 267 COCC que :

La vente est nulle faute d'objet si, au moment de sa conclusion, la chose a péri totalement.

Si une partie importante de la chose a péri, l'acquéreur peut opter pour l'abandon de la vente ou pour la livraison de la partie conservée, le prix déterminé par ventilation.

Si la perte est minime, il ne peut demander qu'une diminution du prix.

2.- Dans l'affaire de l'espèce, suivant « compromis de vente » du 3 mars 2011, la société d'Investissement des Mutuelles (SIM SA) a promis de vendre à la société MI-II SARL deux immeubles en nature de terrains bâtis, l'un d'une superficie de 2 685 m2 et l'autre d'une superficie de 349 m2, au prix total de 562 500 000 FCFA, dont la moitié, soit la somme de 281 250 000 FCFA, a été versée et le paiement du reliquat prévu au moment de la conclusion du contrat de vente. Il est stipulé que la promesse se réalisera sous la double condition suspensive de l'obtention, par le promettant, de la mainlevée de l'hypothèque forcée inscrite sur le TF n° 13.471/GRD et, par le bénéficiaire, d'une autorisation de transaction immobilière. Il est également prévu une clause d'indemnité d'immobilisation, en vertu de laquelle, en cas de non-signature de l'acte de vente définitif par une des parties dans le délai convenu, celle-ci devra verser la somme de 28 125 000 FCFA, représentant 10 % de la somme déjà remise par le bénéficiaire. Cependant, l'immeuble TF n° 13 471/GRD ayant une superficie de 1685 m2 au lieu de celle de 2 685 m2 promise à la vente, la société SIM SA a assigné la société MI-II SARL, en lui offrant la restitution de la somme de 281 250 000 FCFA et en sollicitant son expulsion des lieux occupés et sa condamnation à la somme de 28 125 0060 FCFA à titre de pénalité contractuelle outre celle de 3 500 000 FCFA à titre d'indemnité d'occupation. La société MI-II SARL a également saisi le tribunal pour obtenir la comparution, sous astreinte, de la société SIM SA devant le notaire désigné par les parties pour la signature du contrat de vente contre paiement de la somme de 95 601 566 FCFA représentant le reliquat du prix de vente et sa condamnation au paiement de la somme de 28 125 000 FCFA pour violation de la promesse de vente.

Pour la Cour d'appel, il y a lieu de prononcer la résolution de la promesse de vente car le seul obstacle à la signature de la vente définitive est la non-concordance entre la superficie déclarée dans la promesse de vente du TF n° 13 471/GRD (2 685 m2) et la contenance réelle dudit titre (1685 m2) et le refus par la société MI-II SARL de payer l'intégralité du reliquat de 281 250 000 FCFA et par la société SIM SA de réduire le prix initialement convenu entre les parties. Que si la prestation promise s'est révélée impossible, la renégociation du contrat et la résolution de ladite promesse s'imposent aux parties et au juge en cas d'échec de cette renégociation. Qu'ainsi, les parties n'ayant pu s'entendre sur un élément important de leur accord, le premier juge ne pouvait que constater l'absence d'accord des parties et prononcer la résolution de la promesse de la vente, mais ne pouvait modifier le prix convenu entre les parties et ordonner la perfection de la vente.

Fort heureusement, sa solution n'est pas partagée par la haute juridiction.

3.- Pour la Cour suprême, en statuant ainsi, alors que l'acquéreur avait exercé sa faculté de demander le maintien du contrat de vente avec une diminution du prix, la cour d'Appel a violé les textes.

4.- Importante ou minime, la perte de la chose relève, pour son appréciation, du pouvoir souverain des juges.

Alors qu'elle offre une option à l'acquéreur lorsqu'elle est importante, la force obligatoire du contrat survie lorsqu'elle est minime. L'acquéreur ne pouvant, dans ce cas, que demander une diminution du prix.

5.- La décision soulève, par ailleurs, un problème de qualification. Les parties ont considéré comme indemnité d'immobilisation un montant qui est du en cas de non-signature de l'acte de vente définitif par une des parties dans le délai convenu.

L'indemnité d'immobilisation peut être définie comme la somme d'argent que le bénéficiaire s'engage à payer au promettant s'il ne lève pas l'option qui lui est offerte au terme du délai convenu. Elle constitue la contrepartie de l'exclusivité que le promettant a accordée au bénéficiaire.

C'est alors en bon droit que le juge retient qu'en l'espèce l'indemnité d'immobilisation était en réalité une clause pénale.

En effet, les contractants peuvent, par une clause pénale écrite s'engager à payer une somme déterminée dans le cas d'inexécution totale, partielle, tardive ou défectueuse[337]. Le paiement de la clause pénale stipulée pour le retard dans l'exécution ou l'exécution défectueuse ne dispense pas d'exécuter l'obligation.

Le COCC et la clause pénale :

Article 154 : Force de la clause pénale

La clause pénale s'impose aux parties et au juge.

La victime ayant mis le débiteur en demeure n'a pas d'autre preuve à faire que celle de l'inexécution de l'obligation.

En cas d'exécution partielle, le juge fait application proportionnelle de la peine sauf stipulation contraire des parties.

Article 155 : Assimilation de la clause pénale à la clause limitative de responsabilité

Lorsque la clause pénale a pour résultat de limiter la responsabilité encourue, il n'en sera pas tenu compte si l'inexécution de l'obligation est due au dol ou à la faute lourde du débiteur, ou encore si le dommage a été causé à l'intégrité de la personne.

Article 156 : Indivisibilité et solidarité de la clause pénale

Lorsque l'obligation assortie d'une clause pénale est indivisible ou solidaire, la clause pénale est elle même indivisible ou solidaire.

Nb : Aux termes des dispositions de l'article 46 de la loi n° 2012-02 sur le crédit-bail, la somme peut être réduite par le juge à un montant raisonnable si elle est manifestement excessive par rapport au préjudice découlant de l'inexécution

6.- Confirmation : La Cour confirme sa jurisprudence selon laquelle les articles 382 et 383 du COCC n'exigent aucune forme particulière pour la validité de la promesse synallagmatique de vente.

Sur la question, arrêt n° 1.

---

[337] Art. 153 COCC.

Arrêt n° 28
Cour suprême, arrêt n° 31 du 10 septembre 2020

Prévenu – Fausse Qualité – Faux Documents – Administration – Immeuble – Mutation –Escroquerie
Délégation Judiciare – Empreintes Digitales – Authenticité – Vérification – Mission – Officier De Police Judiciaire – Pouvoir – Juge D'instruction

---

Aa ET Y AH (Z AI Ab, AG X, OUSSEYNOU GAYE ET OUSMANE YADE) c/ MINISTÈRE PUBLIC, B Aa, P. A. ET B. Y.

Solution :

A légalement justifie sa décision une cour d'Appel qui a retenu que dans l'exécution de sa mission, l'officier de police judiciaire exerce, dans les limites de la délégation judiciaire, les pouvoirs du juge d'instruction et qu'à ce titre, il accomplit des actes d'instruction comme les vérifications de l'authenticité des empreintes digitales attribuées à une personne et apposées sur divers documents versés au dossier.

A satisfait aux exigences de l'article 379 du code pénal, la cour d'Appel qui, pour déclarer un prévenu coupable d'escroquerie portant sur un immeuble, a relevé que c'est par des procédés fallacieux tirés de sa fausse qualité de propriétaire accréditée par les actes frauduleux destinés à tromper la vigilance de l'administration qu'il a obtenu la mutation dudit immeuble à son nom.

Texte :

La Cour suprême,

Vu la loi organique n° 2017-09 du 17 janvier 2017 sur la Cour suprême ;

Après en avoir délibéré conformément à la loi ;

Sur la recevabilité ;

Attendu que les défendeurs B Aa et autres soulèvent l'irrecevabilité du pourvoi au motif que la requête aux fins de cassation leur a été signifiée en l'étude de leur conseil, alors que l'article 38 de la loi organique sur la Cour suprême prescrit que celle-ci doit être signifiée au domicile réel du défendeur ;

Mais attendu que les défendeurs qui ont produit un mémoire en réponse dans le délai légal ne peuvent plus invoquer l'irrégularité alléguée ;

Qu'il s'ensuit que le pourvoi est recevable ;

Attendu qu'il résulte des énonciations de l'arrêt attaqué que par jugement n° 786 du 23 juin 2016, le tribunal de grande instance de Dakar a relaxé les prévenus C Aa, Y AH et Af Ad dit Abdoulaye des chefs de faux en écritures privées et de complicité de ce chef, retenu à leur encontre les délits d'usage de faux en écritures privées et escroquerie contre C Aa, complicité de ces délits contre Y AH et Af Ad et les a condamnés chacun à 2 ans d'emprisonnement avec sursis et à payer solidairement aux héritiers de Ae Ac la somme de 20 000 000 FCFA à titre de dommages et intérêts ; que, sur appel de C Aa et de Y AH, la cour d'Appel de Dakar, statuant par défaut à leur égard a, par arrêt n° 80 du 12 février 2018, confirmé le jugement entrepris en toutes ses dispositions ; qu'à la suite de l'opposition formée contre cet arrêt, par l'arrêt dont est pourvoi, la juridiction a confirmé le jugement rendu ;

Sur le premier moyen, pris en sa première branche, tiré de la violation des articles 132 et 135 du code pénal (CP) ;

Sur le second moyen tiré d'une insuffisance de motivation ;

Les moyens étant réunis ;

Mais attendu, ayant relevé que « la validité de l'ensemble de ces documents établis à la même date et censés être signés par feue Ae

Ac, a constamment été contestée par celle-ci de son vivant, puis par ses héritiers tout au long de la procédure (…) ; qu'en lieu et place de la signature de feue Ae Ac, il est apposé sur chacun de ces documents une empreinte digitale à elle attribuée par les prévenus (…) que devant la persistance de cette controverse, le magistrat instructeur avait ordonné une délégation judiciaire du 8 juin 2012 à la Brigade des affaires générales, avec pour mission de faire vérifier par les services compétents l'authenticité des empreintes digitales apposées sur chacune des pièces incriminées ; que dans leur procès-verbal du 7 juillet 2013, la Division de la police scientifique et technique relevait que les empreintes digitales apposées sur la procuration, sur la demande de mutation et sur l'acte de vente ne sont pas les mêmes (..) », et constaté que « de ces conclusions non équivoques émises par des professionnels, de surcroît agents assermentés, laissant apparaître que les différentes empreintes digitales apposées sur les documents en cause n'émanent pas de la même personne, il s'en déduit que lesdits documents sont des faux » ; la cour d'Appel qui a, par décision motivée, retenu qu'« il échet de confirmer le jugement entrepris en ce qu'il l'a déclaré coupable d'usage de faux en écriture privée, l'auteur dudit faux n'ayant pas pu être identifié », n'a pas violé les textes sus invoqués ;

Sur le premier moyen, pris en sa deuxième branche, tiré de la violation des articles 142 et 149 de code de procédure pénale :

Mais attendu que dans l'exécution de sa mission, l'officier de police judiciaire exerce, dans les limites de la délégation judiciaire, les pouvoirs du juge d'instruction et qu'à ce titre, il accomplit des actes d'instruction, notamment comme en l'espèce, les vérifications de l'authenticité des empreintes digitales attribuées à Ae Ac et apposées sur la procuration, la demande de mutation et l'acte de vente de l'immeuble ;

Qu'il s'ensuit que le moyen, en cette branche, est mal fondé ;

Sur le premier moyen, pris en sa troisième branche, tiré de la violation de l'article 379 du code pénal :

Mais attendu que la loi n° 2016-29 du 8 novembre 2016 modifiant l'article 379 du code pénal vise actuellement les biens immeubles dans la commission du délit d'escroquerie ;

Et attendu que la cour d'Appel qui a relevé que « par des procédés fallacieux tirés de sa fausse qualité de propriétaire accréditée par les actes frauduleux destinés à tromper la vigilance de l'administration jusqu'à obtenir la mutation dudit immeuble à son nom, le prévenu C Aa s'est rendu coupable du délit d'escroquerie, au sens de l'article 379 du code pénal », portant sur la villa n° 1945, sise aux HLM 5, a satisfait aux exigences du texte susvisé ;

Par ces motifs :

Rejette le pourvoi formé par C Aa et Y AH contre l'arrêt n° 354 du 5 août 2019 de la cour d'Appel de Dakar ;

Les condamne aux dépens :

Dit que le présent arrêt sera imprimé, qu'il sera transcrit sur les registres de la cour d'Appel de Dakar en marge ou à la suite de la décision attaquée ;

Ordonne l'exécution du présent arrêt à la diligence du Procureur général près la Cour suprême.

<u>Observations :</u>

1.- Le Code pénal a été modifié avec la loi n° 2016-29 du 8 novembre 2016[338]. Cette dernière abroge et remplace l'article 379 alinéa 1 relatif à l'escroquerie. Alors que le périmètre de cette infraction concernait « des fonds, des meubles ou des obligations, dispositions, billets, promesses, quittances ou décharges », s'y trouve aujourd'hui ajouté « des biens quelconque ». Cette extension de l'étendue de l'infraction permet de prendre en compte tous les biens sans considération de leur nature mobilière ou immobilière. Véritable avancée. En effet, les biens immeubles étaient exclus du champ de l'escroquerie.

En droit français, la jurisprudence a pu, par le passé, clairement exclure les immeubles du champ pénal de l'escroquerie, considérant que « la remise d'immeubles construits [...] n'entrait pas dans les prévisions [du délit] »[339]. Seul était en effet admis par les juges le

---

[338] Loi n° 2016-29 du 8 novembre 2016 modifiant modifiant la loi n° 65-60 du 21 juillet 1965 portant Code pénal, JO n° 6975 du 25 novembre 2016.

[339] Crim. 15 juin 1992, n° 91-86.053, Bull. crim. n° 235 ; RDI 1993. 145, obs. G. Roujou de Boubée; RTD com. 1993. 587, obs. P. Bouzat.

moyen frauduleux ayant provoqué la victime à remettre un titre de propriété[340] ou l'acte de transfert de la propriété de l'immeuble[341].

L'Ordonnance n° 2000-916 du 19 septembre 2000[342] a cependant modifié l'article 313-1 du Code pénal français qui dispose aujourd'hui que « des fonds, des valeurs ou un bien quelconque » peuvent être l'objet d'une escroquerie.

Il semble que c'est cette nouvelle rédaction qui a favorisé le revirement de jurisprudence constaté à la Cour de cassation en 2016 pour considérer que « l'escroquerie peut porter sur un immeuble, lequel constitue un bien au sens de l'article 313-1 du code pénal ».

Cass. crim., 28 sept. 2016, FS-P+B, n°15-84.485 :

LA COUR DE CASSATION, CHAMBRE CRIMINELLE, a rendu l'arrêt suivant :

Statuant sur le pourvoi formé par :

- M. Alexis X..., contre l'arrêt de la cour d'appel de BASTIA, chambre correctionnelle, en date du 24 juin 2015, qui, pour abus de biens sociaux et recel, l'a condamné à deux ans d'emprisonnement dont un an avec sursis, 50 000 euros d'amende, cinq ans d'interdiction de gérer, et a prononcé sur les intérêts civils ;

La COUR, statuant après débats en l'audience publique du 29 juin 2016 où étaient présents : M. Guérin, président, Mme Planchon, conseiller rapporteur, MM. Soulard, Steinmann, Mmes de la Lance, Chaubon, MM. Germain, Sadot, Mme Zerbib, conseillers de la chambre, Mmes Chauchis, Pichon, conseillers référendaires ;

Avocat général : M. Wallon ;

Greffier de chambre : Mme Guichard ;

Sur le rapport de Mme le conseiller PLANCHON, les observations de la société civile professionnelle SPINOSI et SUREAU, avocat en la Cour, et les conclusions de M. l'avocat général WALLON ;

Vu le mémoire et les observations complémentaires produits ;

---

340 Crim. 12 nov. 1864, Bull. crim. n° 257 ; DP 1865. 5. 158.

341 Crim. 23 janv. 1997, n° 96-80.729, Bull. crim. n° 34.

342 JORF du 22 septembre 2000.

Sur le moyen unique de cassation, pris de la violation des articles 313-1 et 321-1 du code pénal, L. 241-3 du code de commerce, 1832 du code civil, 591 et 593 du code de procédure pénale ;

"en ce que la cour d'appel a déclaré M. X... coupable d'abus de bien social et de recel d'escroquerie ;

" aux motifs qu'à l'audience, M. X... conteste le montant de 138 000 euros, expliquant qu'il a fondé sa société en Corse avec son épouse après la liquidation de la précédente et que l'objet social était l'expertise en assurance et non l'activité immobilière, la confusion provenant d'une erreur de l'INSEE ; qu'il précise avoir agi dans l'attente de l'arrivée d'un autre associé, qui a finalement fait défaut ; qu'il dit avoir ensuite traversé une période difficile en raison de son divorce, admettant qu'il a imité la signature de son épouse ; qu'il admet avoir couvert ses frais, personnels et professionnels avec les fonds de la société, disant qu'il a gratifié si maîtresse avec ces mêmes fonds sans penser à fraude ; que s'agissant de la pension alimentaire payée directement à son ex-femme par la société, il affirme qu'il s'agissait en fait de ses honoraires et affirme que les services fiscaux ont bien retrouvé des déclarations de revenus personnels faites par lui au titre des années 2006 à 2009 ; qu'il ne conteste pas avoir établi un faux testament pour remplacer le vrai, qui avait disparu ; que par mémoire et à l'audience, l'avocat du prévenu soutient les arguments suivants :

- s'agissant de l'abus de biens sociaux, l'infraction n'est pas constituée faute d'élément matériel en raison de l'absence de preuve du montant retenu ; que faute d'élément légal, la société visée n'étant composée que d'un seul expert, et non deux, ce qui la rend fictive et nulle faute d'affectio societatis ; que faute d'arrêté de comptes, en raison de l'impossibilité de déterminer si les fonds appartenaient à l'intéressé ou à la société,

- s'agissant du recel d'escroquerie ; que faute d'élément matériel et légal car le délit d'escroquerie est prescrit (commis en 2001, début d'enquête en 2008) et il ne saurait porter sur un immeuble ; que faute d'élément intentionnel, Mme Huguette Z..., qui savait l'existence du vrai testament, n'ayant pas eu l'intention de commettre une infraction ; que les éléments ci-dessus exposés

montrent que pendant plusieurs années, M. X..., qui se savait interdit bancaire, a créé avec son épouse une société commerciale et non une société d'exercice libéral, enregistrée à l'INSEE, dotée d'un compte bancaire, d'une adresse réelle, pour le compte de laquelle le prévenu a travaillé tout au long de cette période ; que les clients auxquels M. X... a eu à faire ont été sollicités au titre de cette société et l'ensemble des paiements ont été effectués sur les comptes de la société ; que dans ces conditions, c'est en vain que le prévenu se prévaut de l'illicéité de cette société à raison de la présence d'un seul expert au rang des associés ou d'un manque " d'affectio societatis " ; qu'en ce qui concerne le montant des détournements, il apparaît, au rebours des explications du prévenu, que c'est par faveur que le magistrat instructeur a retenu la somme de 138 000 euros, qui constitue un minimum, les enquêteurs ayant déduit dans leur calcul un forfait au titre des frais et autres, alors qu'en l'absence de la moindre pièce comptable, l'ensemble des sommes mises en évidence pouvait être retenu ; que l'examen des réquisitions bancaires démontre que ces sommes ont toutes été détournées, aux fins ci-dessus exposées, ce que l'intéressé ne conteste pas ; que s'agissant de l'élément intentionnel, la cour retient que M. X..., conscient de l'interdiction bancaire dont il était frappé, a mis en œuvre un procédé de détournement permettant non seulement de contourner cette interdiction, mais aussi d'échapper à tout prélèvement fiscal, personnel ou au titre de son activité sociale, en veillant à ne laisser aucune trace comptable ; que l'élément intentionnel est ainsi caractérisé ; que, quant aux faits de recel, M. X... n'a pas contesté avoir commis un faux testament en parfaite connaissance de cause ; que s'il a produit ultérieurement un testament argué de vrai, rien n'a permis d'en établir l'authenticité ; que le recel, délit continu, ne saurait se prescrire que pour autant qu'il cesse ; que si les faits dont d'escroquerie dont provient le recel poursuivi ont été commis plus de trois années avant le déclenchement de l'enquête, tel n'est pas le cas de la possession par M. X..., de manière directe ou indirecte dans des conditions qu'il maîtrise, ou de l'utilisation du bien recelé ; que c'est en parfaite adéquation avec la loi pénale, qui prévoit que le recel peut porter sur toute chose, que le magistrat instructeur a retenu un bien immeuble dans son ordonnance de renvoi ;

" 1°) alors que la remise d'immeubles construits n'entre pas dans les prévisions de l'article 313-1 du code pénal ; qu'en déclarant M.X... coupable d'avoir recelé une maison d'habitation provenant d'une escroquerie, lorsque le recel ne peut pas porter sur un immeuble, dès lors que celui-ci ne peut pas être l'objet de l'infraction originaire, la cour d'appel a méconnu les articles 313-1 et 321-1 du code pénal ;

" 2°) alors que l'abus de bien social suppose qu'une société commerciale ait été valablement constituée ; que le contrat de société exige, comme conditions essentielles de sa formation, l'intention des parties de s'associer, des apports réciproques faits en vue de la constitution d'un fonds social et la participation de chacun des associés aux bénéfices et aux pertes de l'entreprise ; que la société consultants expertises est une société d'experts ne pouvant, dès lors, valablement exister qu'en présence de deux associés experts, seuls ces derniers pouvant être animés par l'affectio societatis ; qu'en jugeant, pour déclarer le prévenu coupable d'abus de biens sociaux, qu'il est vain de soutenir l'inexistence de cette condition, aux motifs inopérants que la société était dotée d'un compte bancaire, d'une adresse réelle, que les clients auxquels le prévenu a eu à faire ont été sollicités au titre de cette société et que l'ensemble des paiements ont été effectués sur les comptes de la société, sans interpréter, ainsi qu'elle y était invitée, la volonté des parties pour apprécier l'existence de l'affectio societatis, la cour d'appel a privé sa décision de base légale ;

" 3°) alors qu'en jugeant que c'est en vain que le prévenu se prévaut de l'illicéité de la société à raison de la présence d'un seul expert au rang des associés ou d'un manque d'affectio societatis, tout en relevant que Mme Luigina A...a effectivement servi de prête-nom en acceptant de figurer dans les statuts d'une société dont elle ne s'est jamais préoccupée par la suite mais au fonctionnement de laquelle elle n'a pas eu accès, circonstance excluant tout affectio societatis, la cour d'appel n'a pas tiré les conséquences légales de ses propres constatations " ;

Attendu qu'il résulte de l'arrêt attaqué et du jugement qu'il confirme, que M. X... a créé, en 2004, avec son épouse, qui n'était qu'un prête-nom, la société commerciale AD consultants qui a exercé son activité d'expertise immobilière et en assurance sous l'enseigne DEA expertises ; qu'il ne conteste pas avoir, entre 2006 et 2008, utilisé les fonds de cette société, pour un montant total de 138 000 euros, pour ses besoins personnels ; que, par ailleurs, il a reconnu avoir, en 2001, établi un faux testament présentant sa mère comme l'unique ayant droit de son oncle défunt, permettant ainsi à celle-ci d'hériter de ce dernier, outre des sommes versées sur une assurance-vie, d'une villa localisée à Porticcio dont elle a fait donation de la nue-propriété au demandeur ;

Attendu que le tribunal correctionnel devant lequel le prévenu a été renvoyé des chefs d'abus de biens sociaux et de recel d'escroquerie, l'a déclaré coupable et l'a condamné à deux ans d'emprisonnement dont un an avec sursis, 50 000 euros d'amende et cinq ans d'interdiction de gérer ; que le prévenu, ainsi que le procureur de la République, ont interjeté appel de cette décision ;

Sur le moyen, pris en sa première branche :

Attendu que, pour déclarer M. X... coupable de l'infraction de recel de l'escroquerie commise par sa mère, l'arrêt prononce par les motifs repris au moyen ;

Attendu qu'en l'état de ces énonciations, la cour d'appel a justifié sa décision ;

Qu'en effet, l'escroquerie peut porter sur un immeuble, lequel constitue un bien au sens de l'article 313-1 du code pénal ;

Que, dès lors, le grief allégué n'est pas fondé ;

Sur le moyen, pris en ses autres branches :

Attendu que, pour déclarer le prévenu coupable du délit d'abus de biens sociaux, l'arrêt relève que la société AD consultants était de forme commerciale, régulièrement enregistrée à l'INSEE et exerçait une activité réelle ;

Attendu qu'en l'état de ces énonciations, et dès lors qu'aucune action en nullité n'a été engagée du fait d'un fonctionnement étranger aux règles légales à l'égard de la société

AD consultants, la cour d'appel a justifié sa décision ;

D'où il suit que le moyen ne saurait être admis ;

Et attendu que l'arrêt est régulier en la forme ;

REJETTE le pourvoi ;

Ainsi fait et jugé par la Cour de cassation, chambre criminelle, et prononcé par le président le vingt-huit septembre deux mille seize ;

En foi de quoi le présent arrêt a été signé par le président, le rapporteur et le greffier de chambre.

2.- La décision n'aborde pas la responsabilité du notaire. Or, pour les transactions portant sur des immeubles immatriculés, la procuration et l'acte de vente doivent, à peine de nullité absolue, être passé par devant un notaire territorialement compétent qui, du reste, est le garant de la validité de l'acte.

Supra, arrêt n° 23.

<u>Complément :</u>

Viole les dispositions de l'article 379 du code pénal, la cour d'Appel qui pour relaxer un prévenu du chef d'escroquerie, retient qu'une caution hypothécaire n'est pas destinataire des fonds versés dans le compte de la société dont il est le gérant, aucune remise ne pouvant être effectuée entre ses mains en qualité de caution, alors que le délit d'escroquerie est constitué lorsque la remise des fonds a été opérée entre les mains d'un tiers dès lors que ladite remise de fonds est la conséquence directe des manœuvres frauduleuses auxquelles s'est livré le prévenu, directeur général de la société qui a reçu ces fonds[343].

---

343 CS., arrêt n° 02 du 02 janvier 2020, La Banque régionale des marchés SA c/ C Y.

Arrêt n° 29
Cour suprême, arrêt n° 28 du 23 juillet 2020

Police Administrative — Bâtiment Menaçant Ruine — Évacuation — Nécessité Commission Technique — Constat — Absence — Cause — Décision Du Maire — Annulation

H. S. et FATAH A. J. c/ Mairie de la commune de Dakar-plateau

Solution :

Selon les articles L 139 et L 140 du code de la construction, lorsqu'un bâtiment ou édifice quelconque menace ruine ou n'offre plus les garanties de solidité nécessaires au maintien de la sécurité publique, le maire peut prescrire des mesures de réparation ou de démolition assorties, le cas échéant, d'une interdiction d''habiter ou d'utiliser les lieux si l'état du bâtiment ne permet pas de garantir la sécurité des occupants.

Ne justifie pas légalement sa décision, le maire d'une commune qui, sans se fonder sur un constat dûment établi par la commission technique compétente, a déclaré qu'un bâtiment menace ruine et prescrit son évacuation.

Texte :

La Cour suprême,

Après en avoir délibéré conformément à la loi ;

Considérant que par arrêté n° 000450/MCDP//SM/AV du 29 novembre 2019, le maire de la commune de Dakar-Plateau a déclaré menaçant ruine l'immeuble RDC + 3 sis à Aa B au 56, rue Vincens et prescrit l'évacuation de ses occupants ;

Que Ab C et Ad Ac A, locataires occupant ledit immeuble, sollicitent l'annulation de ladite décision en soulevant deux moyens ;

Sur le premier moyen pris d'un défaut de base légale en ce que l'arrêté municipal déclare menaçant ruine l'immeuble RDC+3 sis à Aa B et prescrit son évacuation alors qu'en vertu l'ordonnance définitive n° 1921 du 15 mai 2017 du juge des référés du tribunal de grande instance hors classe de Dakar, seuls des travaux de réfection peuvent être entrepris sur le site et selon les rapports d'expertise établis le 18 juillet 2017, l'immeuble ne menace pas ruine ;

Sur le second moyen pris d'une insuffisance de motifs constitutive d'un défaut de motifs en ce que l'arrêté municipal déclare menaçant ruine l'immeuble RDC+3 sis à Aa B en se bornant à relever, de manière laconique, en son article 1° que « l'immeuble doit être démoli pour menace de ruine », sans viser un rapport allant dans ce sens et sans respecter le principe du contradictoire, l'arrêté municipal n'est pas suffisamment motivé ;

Considérant que selon l'article L 139 du code de la construction, lorsqu'un bâtiment ou édifice quelconque menace ruine ou n'offre plus les garanties de solidité nécessaire au maintien de la sécurité publique, le maire peut prescrire, par arrêté, des mesures de réparation ou de démolition destinés à mettre fin durablement au péril ;

Qu'en vertu de l'article L 140 du même code, il peut, le cas échéant, assortir sa décision d'une interdiction d'habiter ou d'utiliser les lieux, si l'état du bâtiment ou d'une de ses parties ne permet pas de garantir la sécurité des occupants ;

Considérant qu'en l'espèce, pour déclarer que le bâtiment en cause menace ruine et prescrire l'évacuation de ses occupants, le maire de la commune de Dakar-Plateau s'est borné à viser une lettre de visite de prévention du 13 novembre 2019 ainsi qu'un procès-verbal n° 5131/P/D/DK du 5 décembre 2019 du préfet du département de Dakar et à énumérer des anomalies qui auraient été constatées sur l'édifice ;

Qu'en se fondant sur ces seuls motifs, sans établir, à partir d'un constat dûment effectué par la commission technique compétente, que l'immeuble en cause menace ruine et que son état ne permet pas de garantir la sécurité de ses occupants, l'autorité administrative n'a pas légalement justifié sa décision ;

Par ces motifs :

Annule l'arrêté n° 000450/MCDP/SM/AV du 29 novembre 2019 du maire de la commune de Dakar-Plateau déclarant l'immeuble sis au 56, rue Vincens à Dakar en péril et prescrivant l'évacuation des occupants.

Complément :

Cour suprême

Arrêt n° 31 du 27 août 2020

Docteur Aa c - SOCIÉTÉ SMARTH HOTEL SÉNÉGAL SAU c/ Mairie de la commune de Dakar plateau - ÉTAT DU SÉNÉGAL

Solution :

Ne justifie pas l'existence d'une situation d'urgence caractérisée par un risque de péril grave et imminent, le maire d'une commune qui a déclaré un immeuble en péril et prescrit son évacuation sur la base d'un procès-verbal de visite de prévention établi dix mois plus tôt par la commission auxiliaire de protection civile.

La Cour suprême,

Après en avoir délibéré conformément à la loi ;

Considérant que par arrêté du 13 septembre 2019, le maire de la commune de Dakar-Plateau a déclaré en péril l'immeuble « SMART HOTEL Sénégal SA » sis au 22, boulevard de la République à Dakar, et prescrit son évacuation ;

Qu'en vertu de cette décision, le préfet du département de Dakar a fait notifier le 1°" octobre 2019 à Aa C, locataire d'un appartement à usage professionnel, une sommation d'évacuer sans délai ledit immeuble ; que s'estimant lésé par ces décisions, ce dernier sollicite leur annulation en articulant trois moyens ;

Sur le premier moyen pris d'une inexactitude des motifs en ce que l'arrêté attaqué, bien qu'indiquant dans ses visas le procès-verbal de visite de la commission auxiliaire de protection civile, a déclaré l'immeuble menaçant ruine et prescrit l'évacuation des occupants alors que ladite commission s'est limitée à émettre un avis de réhabilitation de l'ensemble du bâtiment ;

Sur le troisième moyen tiré de la violation des articles L139 du code la construction et R 205 du décret n° 2010-99 du 27 janvier 2010 portant partie règlementaire dudit code en ce que, d'une part, l'arrêté de déclaration de péril n'a pas été publié au livre foncier conformément aux prescriptions de l'article L 139 du code de la construction et, d'autre part, aucune mise en demeure n'a été adressée au propriétaire et aux occupants de l'immeuble en les invitant à présenter leurs observations dans le délai d'un mois en application des dispositions de l'article R 205 du décret susvisé ;

Les moyens étant réunis ;

Et sans qu'il soit besoin de statuer sur le deuxième moyen ;

Considérant que, selon l'article L141 du code de la construction, en cas d'urgence caractérisée par l'existence d'un péril grave et imminent, le maire de la commune ordonne les mesures provisoires nécessaires pour garantir la sécurité, notamment, l'évacuation de l'immeuble ;

Qu'il doit, notamment, à cet égard, adresser un avertissement au propriétaire, dresser un constat de l'état des bâtiments mitoyens et proposer des mesures de nature à mettre fin à l'imminence du péril, s'il l'a constaté ;

Considérant qu'il résulte du procès-verbal n° 4846/P/D//DK du 13 novembre 2018 que la Commission auxiliaire de Protection civile a effectué, le 6 novembre 2018, une visite de sécurité à l'immeuble « Smart Hôtel SA » ; qu'à l'issue des contrôles, elle a, contrairement aux affirmations du moyen, constaté des anomalies sur le bâtiment et, édicté une liste de six prescriptions de sécurité à appliquer « dans l'immédiat » dont, notamment, l'évacuation du bâtiment et sa réhabilitation complète ;

Considérant que, pour déclarer l'immeuble en péril et prescrire l'évacuation des occupants, le maire de la commune de Dakar-Plateau a fondé son arrêté sur un procès- verbal de visite de prévention, établi le 13 novembre 2018 et non le 13 novembre 2019, comme indiqué sur l'acte attaqué ;

Qu'ainsi, en ordonnant l'évacuation de l'immeuble sur la seule base d'un constat établi dix mois plus tôt par la commission auxiliaire de protection civile, sans adresser un avertissement au propriétaire, l'autorité municipale n'a pas justifié l'existence d'une situation d'urgence caractérisée par un risque de péril grave et imminent ;

Qu'il s'ensuit que l'annulation est encourue ;

Par ces motifs,

Annule l'arrêté n° 000442/MCDP/SM/AV du 13 septembre 2019 du maire de la commune de Dakar-Plateau déclarant l'immeuble « SMART HÔTEL Sénégal » en péril et prescrivant son évacuation ainsi que la sommation d'évacuation d'un immeuble menaçant ruine du préfet du département de Dakar, notifiée par procès-verbal de remise d'acte du 1°" octobre 2019 du commissariat de police du Plateau.

Arrêt n° 30
Cour suprême, arrêt n° 17 du 23 mai 2019

Urbanisme Et Aménagement Du Territoire – Constructions Irrégulières – Démolitions – Conditions

Y B c/ ÉTAT DU SÉNÉGAL - DIRECTEUR GÉNÉRAL DES IMPOTS ET DOMAINES

Solution :

En application des articles 85 et 86 du code de l'urbanisme, la démolition de constructions irrégulièrement édifiées sur un terrain, ne peut se faire qu'en vertu d'une décision de justice ou après sommation de l'autorité administrative et description des biens à démolir, lorsque la construction est édifiée sur un terrain occupé sans droit ni titre.

Texte :

La Cour suprême,

Vu la loi organique n° 2017- 09 du 17 janvier 2017 sur la Cour suprême ;

Après en avoir délibéré conformément à la loi ;

Considérant qu'il résulte des énonciations de l'arrêt confirmatif attaqué que par jugement du 2 septembre 2014, Y B a été débouté de son action contre l'État en responsabilité et en paiement de la somme de deux cent cinquante millions de francs CFA (250 000 000 FCFA) en réparation du préjudice qu'il a subi à la suite de la démolition par l'autorité administrative du bâtiment abritant une imprimerie qu'il avait édifiée sur un terrain non immatriculé, situé sur la VDN ;

Considérant que l'agent judiciaire conclut à sa mise hors de cause au motif qu'il n'est pas habilité à défendre les intérêts de l'État sur les questions relatives aux impôts et aux domaines ;

Mais considérant qu'en l'espèce, l'objet du recours ne porte pas sur un litige domanial et fiscal, mais plutôt sur une action en responsabilité engagée contre l'État sur le fondement de l'article 145 du code des obligations de l'administration ;

Qu'il n'y a lieu de faire droit à la demande ;

Sur le premier moyen tiré de la violation de l'article 6 de la loi n° 84-19 du 2 février 1984 fixant l'organisation judiciaire, modifiée en ce que l'arrêt attaqué n'a pas répondu à la question juridique soulevée de savoir si, en l'absence de titre de propriété, l'État pouvait procéder aux destructions et démolitions sans recourir à la justice et sans sommation aucune ;

Sur le second moyen tiré de la violation de l'article 85 du code de l'urbanisme en ce que l'administration ne peut procéder à la démolition des édifices, sans en référer au préalable au tribunal ;

Les moyens étant réunis ;

Vu l'article 145 du code des obligations de l'administration ; ensemble avec les articles 85 et 86 du code de l'urbanisme ;

Considérant que selon ces textes, d'une part, lorsqu'une action est intentée en cas de faute commise par un agent public dans l'exercice de ses fonctions, l'administration doit être mise en cause, sauf à exercer contre celui-ci une action récursoire et d'autre part, la démolition des constructions édifiées sur un terrain en contravention aux dispositions du code de l'urbanisme ne peut se faire que sur décision du tribunal ou, après sommation, par l'autorité chargée du contrôle de l'occupation du sol qui doit, lorsque la construction est édifiée sur un terrain occupé sans droit ni titre, établir la description des biens à détruire ;

Considérant que pour confirmer le jugement entrepris, l'arrêt attaqué relève que « le sieur Cissé n'a pas rapporté la preuve d'un quelconque titre lui permettant d'édifier sur le site des constructions » et en déduit que « le fait pour les autorités étatiques de n'avoir pas saisi les tribunaux préalablement à la décision de démolir les constructions, n'est pas constitutif d'une atteinte à un quelconque droit pouvant donner lieu à réparation » ;

Qu'en statuant ainsi, sans rechercher si l'autorité administrative a satisfait aux obligations prescrites par l'article 86 du code de l'urbanisme de servir au préalable une sommation à l'intéressé et d'établir la description contradictoire des biens à détruire lorsque la construction est édifiée sur un terrain occupé sans droit ni titre, la cour d'Appel a méconnu le sens et la portée des textes susvisés ;

Par ces motifs :

Dit n'y avoir lieu à mettre hors de cause l'État représenté par l'organe de l'agent judiciaire ;

Casse et annule l'arrêt n° 387 du 14 décembre 2015 de la cour d'Appel de Dakar ;

Renvoie la cause et les parties devant la cour d'Appel de Thiès.

Complément :

Code de l'urbanisme

Sanction relative à l'autorisation de construire.

Art. 85. - Toute personne qui réalise ou entreprend, fait réaliser ou fait entreprendre, modifie ou fait modifier des constructions ou installations sans autorisation administrative ou en violation des dispositions législatives ou réglementaires en vigueur, est punie d'une amende de 100.000 à 10.000.000 francs.

Les maîtres d'œuvre, entrepreneurs ou toute autre personne ayant concouru à l'exécution desdites constructions ou installations sont punies des mêmes peines.

Lorsque les constructions ou installations ont été entreprises ou réalisées dans une zone non lotie, les peines sont une amende de 100.000 à 2.000.000 de francs et un emprisonnement de dix mois à deux ans ou de l'une de ces deux peines seulement.

Le tribunal peut, sur la requête de l'administration ou d'office, ordonner la démolition des constructions édifiées en contravention aux dispositions applicables et la remise en état des lieux, aux frais du condamné.

Le service chargé de la surveillance et du contrôle de l'occupation du sol peut procéder, après les formalités d'usage, à la démolition des constructions édifiées en contravention des dispositions applicables au présent Code.

Tout propriétaire ou exploitant d'établissement recevant du public, qui exerce en contravention aux dispositions de sécurité prévues par le présent code et des décrets d'application, ou qui ouvre ou maintient ouvert l'établissement sans autorisation administrative ou qui accepte le public en dépassement de l'effectif fixé pour la catégorie à laquelle appartient, l'établissement est puni d'une amende de 100.000 à 2.000.000 de francs et d'un emprisonnement de six mois à deux ans ou de l'une de ces deux peines seulement.

En outre, en cas de récidive, l'établissement est fermé soit définitivement soit pour une durée déterminée. Les membres de la commission régionale de la protection civile, habilités à cet effet, peuvent constater les infractions aux mesures de sécurité.

Art. 86. - L'autorité chargée du contrôle peut procéder d'office, après sommation, à la démolition et à la remise en état des lieux aux frais de l'intéressé, après avoir fait établir la description contradictoire des biens à détruire lorsque la construction est édifiée sur un terrain occupé sans droit ni titre.

L'autorité administrative compétente peut retirer ou suspendre l'autorisation d'ouverture d'un établissement recevant du public et faire procéder d'office à la fermeture, soit si une mise en demeure n'a pas été suivie d'effet dans le délai de deux mois, soit sur le champ, lorsqu'à l'issue d'une visite de sécurité des établissements recevant du public ne sont pas observées, et que l'infraction est de nature à compromettre la sécurité publique.

Complément de jurisprudence :

✓ Les lettres accordant la prorogation des délais de mise en demeure ont seulement pour effet de différer l'exécution des mesures envisagées et constituent, au même titre que les sommations de démolition, des actes décisoires faisant grief, susceptibles de recours pour excès de pouvoir.

Selon l'article 86 du même code, lorsqu'une construction est édifiée sur un terrain occupé sans droit ni titre, l'autorité chargée du contrôle de l'occupation du sol peut procéder d'office, après sommation, à sa démolition et à la remise en état des lieux aux frais de l'intéressé, après avoir fait établir la description contradictoire des biens à détruire.

Ne viole pas la loi, le gouverneur qui a sommé les requérants de quitter les lieux dans un délai déterminé en vue de la démolition des constructions que ceux-ci ont érigées sur la servitude aéroportuaire sans droit ni titre344.

✓ Selon les dispositions des articles 85 et 86 du code de l'urbanisme, la démolition des constructions édifiées sur un terrain en contravention des dispositions dudit code ne peut se faire que sur décision du tribunal ou, après sommation, par l'autorité chargée du contrôle de l'occupation du sol qui doit, lorsque la construction est édifiée sur un terrain occupé sans droit ni titre, établir la description des biens à détruire.

Ne justifie pas légalement sa décision, une cour d'Appel qui, pour rejeter la demande en réparation des requérants, a retenu que l'État peut procéder à la démolition des constructions réalisées sans droit ni titre sur son domaine public ou privé sans rechercher si les formalités prévues par les articles 85 et 86 ont été accomplies, à savoir la sommation et l'établissement de la description des biens à détruire par l'autorité chargée du contrôle de l'occupation du sol[345].

[344] C. S., arrêt n° 14 du 23 février 2017, B A C & 4 AUTRES c/ ÉTAT DU SÉNÉGAL.
[345] C. S., arrêt n° 2 du 12 janvier 2017, X A AG & C B c/ ETAT DU SÉNÉGAL.

Arrêt n° 31
Cour suprême, arrêt n° 87 du 20 novembre 2020

Conflits De Lois – Conflits De Lois Dans L'espace – Public En Cause – Substitution De La Loi Sénégalaise A La Loi Etrangère Désignée Comme Compétente

A. L. M. B c/ GUY Ab Aa X

Solution :

Selon l'article 851 alinéas 1 et 2 du code de la famille, la loi sénégalaise se substitue à la loi étrangère désignée comme compétente lorsque l'ordre public sénégalais est en jeu ; un droit acquis à l'étranger peut avoir effet au Sénégal, s'il ne s'oppose pas à l'ordre public.

Viole ce texte le tribunal qui rejette la demande en liquidation d'un immeuble situé au Sénégal et acquis par deux personnes unies par un pacte civil de solidarité, aux motifs que ce pacte est contraire à l'ordre public, alors que la demande ne tendait pas à la reconnaissance de cette union au Sénégal, mais au partage du bien immobilier indivis.

Texte :

La Cour suprême,

Après en avoir délibéré conformément à la loi ;

Sur le moyen unique tiré de la violation de la loi :

Vu l'article 851 alinéa 1er du code de la famille ;

Attendu, selon ce texte, que la loi sénégalaise se substitue à la loi étrangère désignée comme compétente lorsque l'ordre public sénégalais est en jeu ; qu'un droit acquis à l'étranger ne peut avoir effet au Sénégal que s'il ne s'oppose pas à l'ordre public ;

Attendu, selon le jugement attaqué (Thiès, 22 janvier 2018, n° 34), rendu en dernier ressort, que M. X et Mme B, liés par un pacte civil de solidarité conclu en 2009, puis dissout comme en atteste le récépissé délivré le 3 août 2010 par le greffe du tribunal de grande instance de Saint-Nazaire (France), avaient acquis au cours de cette union, la parcelle n° 205 du plan de lotissement de 2005 sise à Warang (Sénégal) ; que Mme B a, par requête du 24 novembre 2015, saisi le tribunal d'instance de Mbour, aux fins de liquidation partage de cet l'immeuble, en application de l'article 517-7 du code civil français ;

Attendu que pour rejeter la demande, le tribunal retient qu'en vertu des articles 100 et 368 du code de la famille, le régime matrimonial ne peut se concevoir que dans l'institution du mariage, à l'exclusion de tout autre lien, quelle que soit sa nature, et qu'accueillir la demande reviendrait à placer le pacte civil de solidarité à côté du mariage, en rompant les principes relatifs à la conception du lien matrimonial dans notre société ; qu'il retient encore, en se fondant sur l'article visé au moyen, qu'un droit acquis à l'étranger ne peut avoir effet au Sénégal que s'il ne s'oppose pas à l'ordre public ;

Qu'en statuant ainsi, alors que la demande ne tendait pas à la reconnaissance au Sénégal d'un pacte civil de solidarité, mais au partage d'un bien immobilier situé au Sénégal à la suite de la dissolution dudit pacte en France, le jugement a violé le texte susvisé ;

Par ces motifs :

Casse et annule le jugement n° 34 du 25 janvier 2018 rendu par le tribunal de grande instance de Thiès ;

Renvoie devant le tribunal de grande instance de Dakar ;

Condamne Guy Ab Aa X aux dépens.

Dit que le présent arrêt sera imprimé, qu'il sera transcrit sur les registres du tribunal de grande instance de Thiès, en marge ou à la suite de la décision attaquée.

Observations :

1.- Cet arrêt est la première décision rendue par la Cour suprême statuant sur les effets au Sénégal d'un Pacte civil de solidarité (PACS) enregistré et dissout en France.

La Cour était invitée à répondre à la question juridique suivante : un immeuble situé au Sénégal pouvait-il faire l'objet d'une liquidation-partage entre ex-partenaires français consécutivement à la dissolution à l'étranger d'un PACS qui les liait ?

A cette question, elle répond par l'affirmative, prenant ainsi position en faveur de la reconnaissance au Sénégal des effets d'un PACS enregistré et dissout à l'étranger malgré l'absence d'une communauté juridique entre le droit français et le droit sénégalais sur les partenariats enregistrés. En effet, en droit sénégalais, le lien matrimonial crée la famille par l'union solennelle de l'homme et de la femme dans le mariage[346].

2.- L'arrêt introduit ainsi en droit international privé sénégalais la méthode de reconnaissance unilatérale[347].

Cependant « l'arrêt de la Cour suprême constitue un rendez-vous manqué avec une institution juridique française très chargée idéologiquement. Le désengagement de la Haute cour sénégalaise à statuer, non sur la validité du PACS, mais expressément sur sa relation avec la question de la liquidation-partage du bien immobilier, constitue une opportunité ratée pour le droit international privé sénégalais d'informer sur les contours de sa

346 Art. 100 CF.

347 A. A. DIOUF, EL. S. NDIAYE, « Le juge sénégalais et les effets de la dissolution d'un PACS intervenue en France », Rev. crit. DIP, DALLOZ, janvier-mars 2021, p. 226.

coordination avec les nouvelles figures « controversées » du statut personnel en Occident »[348].

Complément :

A. A. DIOUF, EL. S. NDIAYE, « Le juge sénégalais et les effets de la dissolution d'un PACS intervenue en France », Rev. crit. DIP, DALLOZ, janvier-mars 2021, pp. 223 à 235.

[348] A. A. DIOUF, EL. S. NDIAYE, « Le juge sénégalais et les effets de la dissolution d'un PACS intervenue en France », précité, p. 229.

Arrêt n° 32
Cour suprême, arrêt n° 42 du 02 mai 2019

Régimes Matrimoniaux – Régime De La Communauté De Biens – Immeuble Acquis Pendant Le Mariage Et Avant Le Décès De L'époux – Propriété Exclusive De L'épouse – Défaut

Aa C c/ P A. O. D. et Ac A Z

<u>**Solution :**</u>

Selon l'article 393 du code de la famille, à la dissolution du régime résultant du décès, seuls les immeubles advenus pendant le mariage par succession ou libéralités sont exclus de la communauté.

A fait une exacte application de la loi le tribunal qui, ayant relevé que l'immeuble fait partie de la communauté ayant existé entre les époux et constaté qu'il a été acquis après le mariage, mais antérieurement au décès de l'époux, puis retenu qu'à défaut de prouver avoir acquis l'immeuble par libéralité ou succession, l'épouse est mal fondée à invoquer sa propriété exclusive sur ledit immeuble.

Texte :

La Cour suprême,

Après en avoir délibéré conformément à la loi ;

Sur la déchéance :

Attendu que les défendeurs soulèvent « l'irrecevabilité » du pourvoi au motif que la signification de la requête n'est pas accompagnée d'une expédition de la décision attaquée, en violation des articles 33 et 37 de la loi organique susvisée ;

Mais attendu que la signification d'une copie de la décision dont la sincérité et la conformité à l'original ne sont pas contestées, satisfait aux exigences de l'article 37 de la loi organique susvisée, surtout que les défendeurs ont produit un mémoire dans les délais légaux ;

Qu'il s'ensuit que la déchéance n'est pas encourue ;

Sur le moyen unique tiré de la violation de la loi :

Attendu, selon le jugement attaqué (Dakar, 6 novembre 2017, n° 1409), rendu en dernier ressort, qu'Ad Ae Z et Mme C ont contracté mariage sous le régime de la communauté des biens le 21 février 1974 ; que par acte de vente établi devant notaire, Mme C a acquis pendant le mariage, un immeuble objet du titre foncier n° 22328/DG, reporté au livre foncier de Grand Ab, le 11 janvier 2001, sous le n° 5962/GR ; qu'après le décès d'Ad Ae Z intervenu le 30 août 2011, Papa Ali et Ac A Z, ses enfants, ont saisi le tribunal d'une action aux fins de liquidation de la communauté ;

Attendu que Mme C fait grief au jugement d'inclure l'immeuble dans la communauté des biens ayant existé entre les époux alors, selon le moyen, qu'il résulte des articles 392 et 390 du code de la famille, que « chaque époux peut acquérir seul et sans le consentement du conjoint toute espèce de biens et que chacun d'eux gère seul ses biens, sans distinction, selon leur nature, leur origine ou leurs conditions d'acquisition », ce qui confère à chaque époux qui acquiert seul un bien, sa totale administration, même après la dissolution du régime par décès ;

Mais attendu que, selon l'article 393 du code de la famille, à la dissolution du régime résultant du décès, seuls les immeubles advenus pendant le mariage par succession ou libéralités sont exclus de la communauté ;

Et attendu qu'ayant relevé que l'immeuble objet du TF n° 5962/GR a été acquis après le mariage, mais antérieurement au décès de l'époux, puis retenu qu'il n'est pas prouvé que l'immeuble ait été acquis par libéralité ou succession, conformément aux dispositions de l'article 393 du code de la famille, le tribunal en a justement déduit que l'immeuble faisait partie de la communauté et que Mme C était mal fondée à invoquer sa propriété exclusive sur ledit immeuble ;

D'où il suit que le moyen est mal fondé ;

Par ces motifs :

Rejette le pourvoi formé par Aa C contre le jugement n° 1409 du 6 novembre 2017 rendu en dernier ressort par le tribunal de grande instance de Dakar ;

Dit que le présent arrêt sera imprimé, qu'il sera transcrit sur les registres du tribunal de grande instance de Dakar, en marge ou à la suite de la décision attaquée.

Observations :

1.- Le Code de la famille organise trois régimes différents :

- la séparation des biens ;
- le régime dotal ;
- le régime communautaire de participation aux meubles et acquêts.

La séparation des biens constitue le régime de droit commun ; mais les époux peuvent choisir l'un des deux autres régimes organisés par la loi.

2.- Quand les époux ont déclaré se marier sous le régime communautaire, leurs biens sont gérés, pendant le mariage, comme sous le régime de la séparation de biens, et liquidés, à la dissolution du régime, comme si les époux étaient communs en biens.

Par l'adoption du régime communautaire, les époux se donnent le pouvoir réciproque et irrévocable d'accomplir sur leurs biens tous actes d'administration. Chacun des époux gère seul ses biens, sans distinction selon leur nature, leur origine ou leurs conditions d'acquisition.

Les actes que l'un des époux fait seul sont opposables à l'autre et emportent de plein droit solidarité des deux époux. Les dettes antérieures au mariage s'exécutent dans les mêmes conditions et avec la même solidarité.

Les actes de disposition ne peuvent être effectués que d'un commun accord. S'il est permis à chaque époux de pouvoir acquérir seul et sans le consentement du conjoint toute espèce de biens, leur commune volonté est exigée pour toute vente. Le consentement des deux époux est impératif pour tous les actes de disposition emportant aliénation totale ou partielle, à titre onéreux ou gratuit, d'immeubles[349].

Cette règle demeure jusqu'à la fin du régime. En effet, à la dissolution du régime résultant du décès, du divorce ou de la séparation de corps, il est procédé à la liquidation des droits des époux ou de leurs ayants cause. Et, tant que cette liquidation n'est pas effectuée, un conjoint seul ne pourra passer des actes de dispositions sur lesdits immeubles.

3.- Sont exclus de la liquidation les immeubles immatriculés dont chacun des époux était propriétaire avant le mariage, ceux qui leur sont advenus personnellement pendant le mariage, par succession ou libéralités, les biens qui par leur nature ou leur destination ont un caractère personnel, les droits exclusivement attachés à la personne.

Si le bien ne porte pas en lui-même la marque de son origine, pour en effectuer la reprise les époux doivent produire un écrit. La preuve peut se faire par témoignage ou présomptions s'il est établi que l'époux a été dans l'impossibilité matérielle ou morale de se procurer un écrit.

Les biens retrouvés en nature sont repris tels quels, s'il y a lieu avec leurs fruits perçus et non consommés. Les autres biens sont repris en valeur pour le prix qui aurait pu être tiré de leur aliénation au jour de la dissolution du régime.

---

[349] Une dérogation est cependant apportée concernant l'exigence d'un consentement des conjoints. La femme mariée a une libre disposition de ses biens réservés organisés par l'article 371 CF. sur la question, C. A. W. NDIAYE, Droit sénégalais des contrats immobiliers, précité, p. 59.

4.- Les biens des époux non exclus de la liquidation répondent des dettes régulièrement nées pendant le mariage.

Après le règlement du passif, le surplus est partagé par moitié entre les époux ou leurs ayants cause.

Si le passif est supérieur à l'actif les époux répondent des dettes sur leurs biens.

Complément de jurisprudence :

« Aux termes des dispositions de l'article 393 du code de la famille, à la dissolution du régime communautaire, les immeubles immatriculés dont chacun des époux était propriétaire avant le mariage, sont exclus de la liquidation.

Viole ce texte, une cour d'Appel qui attribue à l'épouse la moitié de la valeur des constructions édifiées sur une parcelle acquise par le mari avant le mariage, aux motifs que la preuve n'est pas rapportée que les impenses édifiées l'ont été par le concours exclusif du mari, alors que le propriétaire du sol est présumé, sauf preuve contraire, être propriétaire des impenses »[350].

[350] C. S., arrêt n° 66 du 07 juin 2017, AX B C c/ Aa C.

Arrêt n° 33
Cour suprême, arrêt n° 04 du 14 février 2019

Domaine – Domaine Prive De L'état – Acte De Cession – Délégation De Signature – Modalités – Détermination

MOR C c/ ÉTAT DU SÉNÉGAL - DIRECTEUR GENERAL DES IMPOTS ET DES DOMAINES

Solution :

Au sens de l'article 24 du décret portant application du code du domaine de l'État, l'approbation d'un acte de cession d'un terrain du domaine privé de l'État relève des compétences du ministre de l'économie et des Finances.

Le ministre du budget délégataire de pouvoirs en cette matière, en vertu du décret n° 2014-897 du 22 juillet 2014, peut régulièrement subdéléguer la signature des actes de cession au directeur général des impôts et domaines.

Texte :

La Cour suprême,

Après en avoir délibéré conformément à la loi ;

Considérant que par acte du 8 novembre 2016, approuvé le 21 décembre 2016 par le directeur général des impôts et des domaines, l'État du Sénégal représenté par le directeur régional des domaines de Dakar a cédé à Ab Ad le terrain formant le lot n° 326 du plan de lotissement de Ac Ae, objet du titre foncier n° 15225/NGA ;

Que Mor C, qui prétend être bénéficiaire d'un bail sur le même terrain, sollicite l'annulation de la décision d'approbation de cette vente en soutenant un moyen unique tiré de la violation de la loi, en deux branches ;

Sur la première branche tirée de la violation des dispositions de l'article 24 du décret n° 81-557 du 21 mai 1981 portant application du code du domaine de l'État, en ce que la décision portant approbation de l'acte de vente du terrain litigieux a été signée par le directeur général des impôts et des domaines sur délégation du ministre délégué chargé du Budget, alors que la loi donne compétence au ministre des Finances et du Plan pour l'approbation des actes relatifs aux terrains du domaine privé de l'État ;

Considérant qu'il résulte de l'article 24 visé au moyen que pour être définitifs, les actes de cession des terrains du domaine privé de l'État doivent être approuvés par le ministre chargés des Domaines ;

Considérant que, selon le décret n° 2014-897 du 22 juillet 2014 relatif aux attributions du ministre délégué chargé du Budget, ce dernier peut recevoir délégation de signature du ministre chargé des Finances en toutes matières et qu'il dispose à cet effet des services du ministère des Finances, dont la direction générale des impôts et des domaines ;

Considérant qu'en l'espèce, l'acte de cession a été approuvé par le directeur général des impôts et des domaines sur délégation du ministre chargé du Budget, délégataire du ministre chargé des Finances, en toutes matières ;

Qu'il s'ensuit que le grief n'est pas fondé ;

Sur la deuxième branche du moyen tirée de la violation des dispositions de l'article 39 de la loi n° 76-66 du 2 juillet 1976 portant code du domaine de l'État en ce que l'autorité administrative ne lui a pas adressé une mise en demeure, alors que la faculté de résilier le bail emphytéotique est donnée à l'État, pour inexécution par le preneur de ses obligations, par arrêté pris trois mois après une mise en demeure par lettre recommandée avec accusé de réception ;

Considérant que le requérant revendique des droits sur le terrain litigieux sans justifier d'un titre ;

Qu'il s'ensuit que le moyen est mal fondé ;

Par ces motifs :

Rejette le recours en annulation contre la décision du directeur général des impôts et des domaines portant approbation de la vente du terrain formant le lot n° 326 du plan de lotissement de Ouakam faite par l'État du Sénégal au profit de Ab Ad.

Observations :

1.- La vente des immeubles du domaine privé non affecté de l'Etat a lieu de gré à gré ou par voie d'adjudication, celle-ci étant réalisée aux enchères publiques ou par le procédé combiné des enchères verbales et des soumissions cachetées avec obligation de mise en valeur et aux conditions fixées. Dans tous les cas, la vente doit être autorisée par une loi[351].

Cependant, la vente aux établissements publics et aux sociétés d'économie mixte spécialement créés en vue du développement de l'habitat, des terrains nécessaires à la réalisation de leurs programmes de construction approuvés est autorisée par décret.

En outre, une vente peut être consentie sans obligation de mise en valeur dans les cas suivants :

1°) cession, à titre d'échange, d'un terrain non grevé d'une obligation de mise en valeur, à la condition que ce dernier ait une valeur au moins égale aux trois quarts de celle du terrain cédé par l'Etat ;

---

351 Art. 41 du Code du domaine de l'Etat.

2°) cession en vue de la résiliation d'une opération de remembrement ou de fusion.

Les immeubles non affectés consistant en terrains portant des constructions, installations ou aménagements, peuvent faire l'objet d'autorisations d'occuper à titre précaire et révocable, de baux ordinaires, de baux emphytéotiques, de concessions de droit de superficie, celles-ci pouvant comporter la vente des constructions installations ou aménagements existants, dans des conditions qui seront déterminées par décret. La propriété ne peut en être transférée qu'en vertu d'une loi.

Sur la vente par l'Etat : C. A. W. NDIAYE, Droit sénégalais des contrats immobiliers, L'harmattan, 2ème édition, 2020, p. 37 et s.

2.- L'arrêt interroge sur le sort des baux déjà consentis. Le requérant « prétend être bénéficiaire d'un bail sur le même terrain », « sans justifier d'un titre ». Il serait, cependant, intéressant de connaître l'attitude du juge si la preuve du bail était établie. Le contrat serait-il résilié du fait de la cession de la terre par l'Etat ?

L'article 39 du Code du domaine de l'Etat dispose que le bail « peut être résilié par l'Etat sans indemnité pour inexécution par le preneur de ses obligations ». Il est alors permis de penser qu'une résiliation du fait de la cession de la terre oblige l'Etat à indemniser l'emphytéote. En d'autres termes, la cession du terrain ne doit avoir aucun n'impacte sur le bail en cours sauf disposition contractuelle contraire.

Une solution similaire se retrouve déjà dans le COCC par rapport au bail à usage d'habitation :

Article 565 COCC : Si le bailleur vend la chose louée, l'acquéreur doit respecter le bail s'il est authentique ou s'il a date certaine.

Pour le bail à usage professionnel, l'article 110 AUDCG dispose : *« Le bail ne prend pas fin par la cessation des droits du bailleur sur les locaux donnés à bail.*

Dans ce cas, le nouveau bailleur est substitué de plein droit dans les obligations de l'ancien bailleur et doit poursuivre l'exécution du bail ».

Aux termes des dispositions de l'article 137 du Code des obligations de l'administration, « l'Administration peut, nonobstant dans les clauses conventionnelles, résilier les contrats devenus inutiles ou inadaptés compte tenu des nécessités du service public, sous réserve d'indemnisation du co-contractant ». Il peut alors être pensé que, devant le silence du Code du domaine de l'Etat, il pourra être fait application de cette disposition dans le cas des résiliations sans faute.

Relativement à l'indemnisation, l'article 138 du même Code précise que « la réparation est intégrale. Elle couvre la perte subie, le gain manqué, et, éventuellement, le préjudice moral causé au co-contractant par la résiliation de la convention ».

Arrêt n° 34
Cour suprême, arrêt n° 91 du 05 décembre 2018

Vente – vente à tempérament d'un immeuble immatriculé – inscription du droit de l'acquéreur – action en résolution du vendeur pour non-paiement d'arriérés – possibilité – condition – absence de préjudice aux droits des tiers.

B A c/ IBK INTERNATIONAL SARL

Solution :

Selon les articles 356 du COCC et 71 de la loi n° 2011-07 du 30 mars 2011 portant régime de la propriété foncière, si l'acheteur ne s'acquitte pas d'une échéance, le vendeur peut à son choix poursuivre le recouvrement de l'arriéré ou demander la résolution ; les personnes dont les droits auraient été lésés par une inscription, peuvent demander la modification ou l'annulation à condition que cela ne préjudicie pas aux droits des tiers ;

Viole ces textes, une cour d'Appel qui retient qu'avec la mention au titre foncier du nom de l'acheteur, le vendeur ne pouvait désormais prétendre qu'au paiement du reliquat du prix et éventuellement qu'à des dommages et intérêts, alors que l'acquéreur n'a pas respecté les échéances de paiement du prix de l'immeuble vendu à tempérament et qu'une résolution de la vente ne préjudicie pas aux droits des tiers.

Texte :

La Cour suprême,

Ouï M. Amadou Lamine Bathily, conseiller, en son rapport ;

Vu les conclusions écrites de M. Oumar dièye, avocat général, tendant au rejet.

Vu la loi organique n° 2017-09 du 17 janvier 2017 sur la Cour suprême ;

Après en avoir délibéré conformément à la loi ;

Attendu, selon l'arrêt attaqué, que suivant acte de vente notarié du 8 mars 2012, B A, agissant en qualité de liquidateur de la société CAFAL, a vendu à la société IBKBK & D International l'immeuble objet du titre foncier n° 201/DP au prix d'un milliard sept cent millions (1 700 000 000) FCFA ;qu'un acompte de cinq cent millions (500 000 000) a été versée et le reliquat devait être payé en quatre-vingt (80) traites mensuelles de quinze millions (15 000 000) FCFA à compter de fin mars 2012 ;

Que suivant lettre du 18 avril 2012, la société IBK & D International a sollicité et obtenu du syndic un « réaménagement du planning » de règlement des traites mensuelles qui sont ainsi passées de 15 000 000 à 5 000 000 de FCFA ;

Que, par une autre lettre du 21 février 2013, le syndic a notifié à la société sa volonté de revenir sur ce « réaménagement » et du respect des échéances mensuelles de 15 000 000 de FCFA convenues dans le contrat de vente ;

Que le 28 mars 2014, M. A qui a constaté que la société n'a pas respecté les échéances de paiement, l'a assignée en résolution de la vente ;

Sur les quatre premiers moyens réunis, tirés de la violation des articles 1-4 du code de procédure civile, 356 et 381 du code des obligations civiles et commerciales (COCC), et de la « dénaturation de la demande du requérant » :

Vu l'article 356 du COCC, ensemble l'article 71 de la loi n° 2011-07 du 30 mars 2011 portant régime de la propriété foncière ;

Attendu, selon le premier de ces textes, que si l'acheteur ne s'acquitte pas d'une échéance, le vendeur peut, à son choix, poursuivre le recouvrement de l'arriéré ou demander la résolution ; que selon le second de ces textes, les personnes dont les droits auraient été lésés par une inscription, peuvent demander la modification ou l'annulation à condition que cela ne préjudicie pas aux droits des tiers ;

Attendu que pour débouter M. A de sa demande de résolution, l'arrêt relève qu'il résulte de l'état des droits réels que la propriété de la société IBK & D International sur le titre foncier est inscrite depuis 13 avril 2015 et retient qu'avec cette mention au titre foncier du nom de la société, celle-ci acquiert en vertu de l'article 381 du COCC un droit définitif et inattaquable sur l'immeuble, le vendeur ne pouvant désormais prétendre qu'au paiement du reliquat du prix, et éventuellement qu'à des dommages et intérêts ;

Qu'en statuant ainsi, alors que l'acquéreur n'a pas respecté les échéances de paiement du prix de l'immeuble, vendu à tempérament, et qu'une résolution de la vente ne préjudicie pas aux droits des tiers, la cour d'Appel a violé les textes susvisés ;

Par ces motifs, et sans qu'il soit besoin de statuer sur le cinquième moyen :

Casse et annule l'arrêt n° 75 du 13 mars 2017, rendu par la cour d'Appel de Dakar ;

Renvoie à la cour d'Appel de Ziguinchor ;

Condamne la société IBK & D International aux dépens ;

Dit que le présent arrêt sera imprimé, qu'il sera transcrit sur les registres de la cour d'Appel de Dakar, en marge ou à la suite de la décision attaquée.

Observations :

1.- Sur la vente à tempérament : Cheikh Abdou wakhab NDIAYE, Droit sénégalais des contrats immobiliers, L'harmattan, 2ème édition, 2020, p. 129 et s.

Sur la confusion installée par l'article 381 COOC et la possibilité de revenir sur une inscription, voir arrêt numéro 1.

> Cheikh Abdou Wakhab NDIAYE, « Retour sur quelques incongruités du droit sénégalais à propos du système du livre foncier », Revue Droit et ville (Toulouse), 2022/1 (n°93), p. 381 et s.

Arrêt N° 35
Sénégal, Cour suprême, arrêt n° 11 du 21 février 2018

DOMMAGES – INTERETS – Manque À Gagner Relatifs Aux Revenus Locatifs – Évaluation Non Fondées Sur Les Déclarations Fiscales – Possibilité – Responsabilité

LA SDE c/ B A Ab ET AUTRES

Solution :

C'est à bon droit qu'une cour d'Appel, en l'absence de déclarations fiscales prévues à l'article 134 du COCC s'est fondée sur un rapport d'expertise et des contrats de bail pour évaluer le montant des dommages résultant du manque à gagner relatif aux revenus locatifs.

Texte :

La Cour suprême,

Ouï monsieur El Hadji Malick Sow, président, en son rapport ;

Ouï monsieur Oumar Dièye, avocat général, en ses conclusions tendant au rejet du pourvoi ;

Vu la loi organique n° 2017-09 du 17 janvier 2017 sur la Cour suprême ;

Après en avoir délibéré conformément à la loi ;

Attendu qu'il résulte des énonciations de l'arrêt attaqué que les tuyaux d'adduction d'eau potable qui traversaient le bâtiment de B A Ab et qui étaient reliés au réseau principal de la Sénégalaise des Eaux (SDE) et de la Société nationale des Eaux (SONES) ont été à l'origine d'une fuite, et l'écoulement des eaux sous la fondation de l'immeuble a entrainé un tassement différentiel du bâtiment ; que Aba procédé à la démolition du bâtiment et assigné la SDE et la SONES en réparation de son préjudice ;

Sur le premier moyen tiré de la violation de la loi :

Attendu que la SDE fait grief à l'arrêt après substitution de motifs, de l'avoir condamnée à payer à B A Ab la somme de 227 520 000 F à titre de remboursement de la valeur vénale de l'immeuble R+3 outre celle de 49 974 138 F à titre du manque à gagner de 18 mois de revenus locatif sur le fondement des articles 137 et 138 du code des obligations civiles et commerciales, alors selon le moyen, que le régime de responsabilité applicable est celui prévu par les articles 141 et suivants du code des obligations de l'administration ;

Mais attendu que ce moyen nouveau, mélangé de fait et de droit est irrecevable ;

Sur le deuxième moyen tiré de l'insuffisance de motifs constitutive de défaut de base légale :

Attendu que la SDE fait également grief à l'arrêt attaqué après substitution de motifs, de l'avoir condamné(e) à payer à B A Ab la somme de 227 520 000 F à titre de remboursement de la valeur vénale de l'immeuble R+3 outre celle de 49 974 138 F à titre du manque à gagner de 18 mois de revenus locatif(s) ;

Mais attendu que la cour d'Appel qui a retenu d'une part, « qu'il n'est nullement contesté que les tuyaux précités servaient à la conduite de l'eau potable dans la zone de survenance du sinistre ; qu'aucune autre société que la SDE ne pourvoit à la distribution d'eau potable à Dakar ; qu'il ressort en outre de la mention non contestée du rapport d'expertise (page 3/10), que la SDE est parvenue à arrêter la fuite en fermant la conduite principale, ce qui prouve que les tuyaux à l'origine de cette fuite faisaient bien partie de son réseau, comme l'ont d'ailleurs relevé les experts ; qu'il échet de dire que cette société est dès lors mal fondée à soutenir le contraire, étant entendu que les plans qu'elle a fourni et sur lesquels n'apparaissent pas lesdits tuyaux, sont des documents unilatéralement confectionnés par elle, donc inopposables à la partie adverse », et d'autre part « qu'il est constant que ce dernier (Guéye) a, suivant arrêté n° 06427 du 30/11/2004 du maire de Dakar, été autorisé à construire sur les lieux, ce qui fait présumer qu'aucune objection tirée de l'existence d'un réseau de conduite sous le site n'avait été opposée à l'autorité administrative ; qu'il ne résulte pas du rapport d'expertise que la déconnection des tuyaux à l'origine du sinistre a un quelconque rapport avec la construction de l'immeuble R+1 sur les lieux », a suffisamment motivé sa décision ;

D'où il suit que le moyen n'est pas fondé ;

Sur le troisième moyen tiré de la dénaturation :

Attendu que la SDE fait aussi grief à l'arrêt attaqué après substitution de motifs, de l'avoir condamné(e) à payer à B A Ab la somme de 227 520 000 F à titre de remboursement de la valeur vénale de l'immeuble R+3 outre celle de 49 974 138 F à titre du manque à gagner de 18 mois de revenus locatif(s) en dénaturant d'une part, l'arrêté n° 06427 du 30/11/2004 qui a autorisé Guéye à édifié un immeuble R+1 et d'autre part, la correspondance du préfet du 23/08/2012 qui visait l'immeuble voisin et qui avait pour objet son évacuation de l'immeuble ;

Mais attendu que la cour d'Appel qui a relevé« qu'il est constant que ce dernier (Ab) a, suivant arrêté n° 06427 du 30/11/2004 du maire de Dakar, été autorisé à construire sur les lieux, ce qui fait présumer qu'aucune objection tirée de l'existence d'un réseau de conduite sous le site n'avait été opposée à l'autorité administrative » et soutenu « que les experts ont bien confirmé l'existence d'un risque d'effondrement de l'immeuble suite à l'écoulement des eaux, ce qui rendait ainsi nécessaire sa démolition ; que la correspondance du préfet de Dakar du 18/10/2012, bien qu'adressée à Madame Af Ad, propriétaire d'un immeuble voisin de l'immeuble en cause, a eu pour objet une mise en demeure de respecter des prescriptions de la commission auxiliaire de protection civile, suite à l'opération de démolition de l'immeuble Ae Ac Aa sis à Sacré Cœur 2-Lot 8782 appartenant à B A Ab ; qu'il en résulte que la démolition dudit immeuble résultait bien d'une décision administrative d'autant plus que son évacuation avait déjà été ordonnée par arrêté municipal n° 04432 du 23/08/2012 », n'a pu dénaturer les documents susvisés qu'il n'a pas interprétés ;

D'où il suit que moyen est mal fondé ;

Sur le quatrième moyen tiré de la violation de l'article 134 alinéa 2 du code des obligations civiles et commerciales :

Attendu que la SDE fait encore grief à l'arrêt attaqué après substitution de motifs, de l'avoir condamné à payer à B A Ab la somme de 227 520 000 F à titre de remboursement de la valeur vénale de l'immeuble R+3 outre celle de 49 974 138 F à titre du manque à gagner de 18 mois de revenus locatif, alors selon le moyen, que l'article 134 alinéa 2 du COCC dispose que « Lorsque le montant des dommages et intérêts dépend directement ou indirectement du montant des revenus de la victime, la réparation allouée est appréciée en tenant compte de ses déclarations fiscales relatives aux trois années qui ont précédées celle du dommage » ;

Mais attendu que d'une part, la cour d'Appel pour évaluer le préjudice s'est fondé sur les rapports d'expertise et sur les contrats de bail versés au dossier ; que d'autre part, les déclarations fiscales auxquelles fait référence le texte visé au moyen ne sont pas les seuls éléments d'appréciation d'un préjudice, surtout qu'elles concernent les trois dernières années qui ont précédées le dommage ;

Qu'il s'ensuit que le moyen est mal fondé ;

Sur le cinquième est tiré du défaut de réponse à conclusions :

Attendu que la SDE fait enfin grief à l'arrêt attaqué après substitution de motifs, de l'avoir condamné à payer à B A Ab la somme de 227 520 000 F à titre de remboursement de la valeur vénale de l'immeuble R+3 outre celle de 49 974 138 F à titre du manque à gagner de 18 mois de revenus locatif, alors selon le moyen, qu'elle a contesté toute indemnisation relativement aux loyers.

Mais attendu que le moyen qui ne précise ni la date ni le contenu des conclusions auxquelles il n'a pas été répondues est irrecevable ;

Par ces motifs :

Rejette le pourvoi formé par la Sénégalaise des Eaux dite SDE contre l'arrêt n° 29 du 20 janvier 2017 rendu par la cour d'Appel de Dakar ;

La condamne aux dépens ;

Dit que le présent arrêt sera imprimé, qu'il sera transcrit sur les registres de la cour d'Appel de Dakar, en marge ou à la suite de la décision attaquée.

Observations :

L'un des intérêts majeurs de cette décision réside dans la lecture extensive de l'article 134 al. 2 du COCC.

Sur la réparation intégrale :

A. A. DIOUF, La peine privée en droit sénégalais de la responsabilité civile extracontractuelle, Code des Obligations civiles et commerciales : cinquante ans après, L'harmattan, 2018, vol. 1, p. 267.

J. J.-L. CORREA, La réparation intégrale dans le code des obligations civiles et commerciales, Code des Obligations civiles et commerciales : cinquante ans après, L'harmattan, 2018, vol. 1, p. 137.

Arrêt n° 36
Cour suprême, arrêt n° 53 du 03 mai 2017

Mariage – effets – devoirs des époux – contribution aux charges du ménage – exclusion – travaux d'embellissement réalisés sur la propriété de l'ex-conjoint.

BX c/ A Y C

Solution :

N'a pas tiré les conséquences légales de ses propres constatations au regard de l'article 375 du code de la famille, la cour d'Appel qui a débouté l'ex-époux de sa demande en remboursement du coût des travaux de modification réalisés sur la villa appartenant à son ex-épouse, alors qu'elle a retenu qu'en décidant d'embellir la demeure du couple, il contribuait seulement aux charges du ménage, ce dont il résulte qu'ils ont été effectués, en dehors de l'obligation légale des conjoints de pourvoir à l'entretien du ménage et à l'éducation des enfants communs.

Texte :

La Cour suprême,

Ouï Monsieur Seydina Issa Sow, conseiller en son rapport ;

Ouï Monsieur Oumar Dièye, avocat général, en ses conclusions tendant au rejet du pourvoi ;

Vu les lois organiques n° 2008-35 du 8 août 2008 n° 2017-10 du 17 janvier 2017 sur la Cour suprême ;

Après en avoir délibéré conformément à la loi ;

Attendu, selon l'arrêt attaqué et le jugement qu'il confirme partiellement, que M. X a effectué des travaux de modification du domicile conjugal appartenant à son épouse, Mme C, évalués à dire d'expert à 41 067 240 francs ; qu'après leur divorce, M. X a fait assigner Mme C pour obtenir le remboursement de cette somme ;

Sur le premier moyen, pris en sa première branche tirée de la violation de la loi :

Vu l'article 375 du code de la famille ;

Attendu qu'il résulte de ce texte que, sous tous les régimes, les époux s'engagent, entre eux et à l'égard des tiers, à pourvoir à l'entretien du ménage et à l'éducation des enfants communs, ces charges pesant à titre principal sur le mari ;

Que les époux sont réputés avoir fourni leur part contributoire, jour par jour, sans être tenus à aucun compte entre eux, ni à retirer aucune quittance, l'un de l'autre ;

Que faute par l'un des époux de remplir son obligation, de contribuer aux charges du ménage, il est fait application des dispositions de l'article 593 du code de procédure civile ;

Attendu que pour rejeter la demande, l'arrêt retient qu'en décidant d'embellir la demeure du couple, par une modification des constructions qui y étaient déjà édifiées, M. X contribuait seulement aux charges du ménage ;

Qu'en statuant ainsi, après avoir relevé que ces travaux étaient destinés à « embellir » la demeure du couple, ce dont il résulte qu'ils ont été effectués, en dehors de l'obligation légale des conjoints, de pourvoir à l'entretien du ménage et à l'éducation des enfants communs, la cour d'Appel n'a pas tiré les conséquences légales de ses propres constatations ;

Par ces motifs, et sans qu'il soit besoin de statuer sur la seconde branche du premier moyen et les deuxième et troisième moyens :

Casse et annule en toutes ses dispositions l'arrêt n° 32 rendu le 18 janvier 2016 par la cour d'Appel de Dakar ;

Remet en conséquence la cause et les parties dans l'état où elles se trouvaient avant ledit arrêt et pour être fait droit, les renvoie devant la cour d'Appel de Thiès ;

Dit que le présent arrêt sera imprimé, qu'il sera transcrit sur les registres de la cour d'Appel de Dakar, en marge ou à la suite de la décision attaquée.

Observations :

Article 375 du Code de la famille : Charges du ménage

Sous tous les régimes, les époux s'engagent entre eux et à l'égard des tiers à pourvoir à l'entretien du ménage et à l'éducation des enfants communs.

Ces charges pèsent à titre principal sur le mari.

Les époux sont réputés avoir fourni leur part contributoire, jour par jour, sans être tenus à aucun compte entre eux, ni à retirer aucune quittance l'un de l'autre. Faute par l'un des époux de remplir son obligation de contribuer aux charges du ménage il est fait application des dispositions de l'article 593 du Code de Procédure civile.

Chacun des époux à pouvoir pour passer seul les contrats relatifs aux charges du ménage. L'autre époux répond solidairement des dettes ainsi contractées. Cette solidarité, cependant, n'a pas lieu pour des dépenses dont l'exagération est manifeste par rapport au train de vie du ménage ou qui seraient contractées avec un tiers de mauvaise foi.

Arrêt n° 37
Cour suprême, arrêt n° 96 du 20 octobre 2021

Donations entre époux – article 823 du code de la famille

L. S

c/

ND. F. ND

Solution :

Justifie légalement sa décision de rejeter la demande d'un mari d'obtenir du conservateur de la propriété foncière l'inscription de son droit de propriété sur un terrain qu'il avait légué à son épouse, une cour d'appel qui relève qu'à partir de l'acquisition du terrain auprès de l'Etat par l'épouse, le droit au bail préalablement consenti au mari a disparu pour laisser place à une pleine propriété de l'épouse régulièrement inscrite au livre foncier.

Texte :

La cour suprême ;

Vu la loi organique n° 2017-09 du 17 janvier 2017 sur la Cour suprême ;

Après en avoir délibéré conformément à la loi ;

Sur les premier, deuxième, troisième et quatrième moyens réunis, tirés de la violation des articles 42 et 6 de la loi de 2011-07 du 30 mars 2011 portant régime de la propriété foncière et 823 du code de la famille et de l'insuffisance de motifs ;

Attendu qu M. S. fait grief à l'arrêt de rejeter ses demandes, aux motifs qu'il n'est plus possible de remettre en cause le droit de propriété de la défenderesse, alors, selon le moyen ;

1/ que l'article 42 invoqué ne confère le caractère définitif et inattaquable qu'à l'immatriculation et non aux inscriptions ultérieures ;

2/ que la cour d'Appel ne donne pas de base légale à sa décision pour avoir faussement appliqué les dispositions des articles 6 et 42 de la loi précitée à une situation qu'elles ne régissent pas ;

3/ qu'elle ne donne pas à la Cour suprême tous les éléments pouvant lui permettre d'exercer son contrôle sur les faits, notamment la construction par ses soins, d'un immeuble dans le délai de deux ans qui a rendu possible la cession définitive ;

4/ que le droit de révocation prévu par l'article 823 du code de la famille a un caractère absolu d'ordre public ;

Mais attendu qu'ayant relevé qu'à partir de l'acquisition des terrains auprès de l'Etat du Sénégal par Mme ND., le droit au bail préalablement consenti à M. S. a disparu pour laisser place à une pleine propriété de Mme ND. régulièrement inscrite au livre foncier, la cour d'Appel a, par ces seuls motifs, légalement justifié sa décision ;

Par ces motifs :

Rejette le pourvoi formé par L. S contre l'arrêt n° 57 du 11 mars 2020 rendu par la cour d'Appel de Dakar.

Observations :

1. On peut disposer de ses biens à titre gratuit, par donation entre vifs ou par testament. La donation entre vifs est un contrat par lequel le donateur transfère à titre gratuit, au donataire qui l'accepte, la propriété ou l'usufruit d'un bien[352].

La donation est, en principe, un contrat irrévocable[353]. Ainsi :

- ✓ toute donation faite sous des conditions dont l'exécution dépend de la seule volonté du donateur est nulle[354] ;
- ✓ toute donation par laquelle le donateur se réserve la faculté de disposer de la chose donnée est nulle[355].

La donation est pareillement nulle si elle a été faite sous la condition d'acquitter les dettes futures du donateur[356].

Dans ces différentes hypothèses qui résultent des articles 698 à 700 du Code de la famille, la nullité sanctionne le contrat de donation et pas seulement la clause. La clause contraire à l'irrévocabilité n'est donc pas à confondre avec la donation avec charges organisée par l'article 657 du Code de la famille. Il résulte de cette disposition que « dans tout acte de disposition entre vifs ou testamentaire, les conditions et charges illicites, impossibles ou immorales sont nulles, mais n'entraînent la nullité de l'acte que si elles en ont été la cause déterminante. La charge impose au gratifié l'exécution d'une obligation déterminée ou l'affectation des biens donnés ou légués à un usage déterminé ».

2. L'irrévocabilité présente cependant certaines dérogations. C'est le cas de la donation avec réserve d'usufruit[357] et celui du droit de retour conventionnel[358].

Il est permis au donateur de faire la réserve à son profit, ou de disposer au profit d'un autre, de la jouissance de l'usufruit des biens donnés. Pareillement, le donateur peut stipuler à son profit ou au

---

[352] Art. 655 Code de la famille.
[353] Art. 697 Code de la famille.
[354] Art. 698 Code de la famille.
[355] Art. 699 Code de la famille.
[356] Art. 700 Code de la famille.
[357] Art. 701 Code de la famille.
[358] Art. 702 Code de la famille.

profit d'un tiers la réserve du droit d'usage et d'habitation sur l'immeuble donné.

Par ailleurs, le donateur peut stipuler à son profit le droit de retour des objets donnés, soit pour le cas du prédécès du donataire seul, soit pour le cas de prédécès du donataire et de ses descendants. L'effet du droit de retour emporte résolution de toutes les aliénations des biens donnés et il fait revenir ces biens au donateur, francs et quittes de toutes charges et hypothèques, sauf ce qui est réglé au titre «Des libéralités à caractère familial».

Il est cependant à noter que sur la base d'un fait juridique ou d'une attitude du donataire, la donation pourra être révoquée. En effet, sur le fondement de l'article 704 du Code de la famille, « la donation peut être révoquée : Pour cause d'inexécution des charges ou conditions sous lesquelles elle a été faite ; Pour cause d'ingratitude du donataire ; Pour cause de survenance d'enfant ; Toutefois, les donations en vue du mariage ne sont pas révocables pour cause d'ingratitude ».

Par rapport à la révocation provoquée par un fait juridique, s'y ajoute celle qui résulte d'un divorce ou d'une séparation de corps et qui produit un effet de plein droit :

> *Article 177 du Code de la famille : « Le divorce prononcé aux torts exclusifs de l'un des époux entraîne pour lui la perte de tous les avantages que l'autre époux lui avait fait obtenir soit à l'occasion du mariage, soit depuis sa célébration.*

A l'inverse, l'époux qui a obtenu le divorce conserve tous les avantages qui lui avaient été consentis par son conjoint ».

3. La révocation des donations entre époux. Il ne faut naturellement pas confondre la donation entre époux et la donation entre futurs époux. En effet, les futurs époux peuvent, en vue du mariage, se faire réciproquement, ou l'un des deux à l'autre, telle donation qu'ils jugent à propos[359]. La distinction est aussi à faire avec la donation aux futurs époux[360].

Quel que soit l'auteur de la libéralité, la donation faite en vue du mariage est caduque si le mariage ne s'ensuit pas[361]. En outre, aux

---

[359] Art. 819 et s. Code de la famille.
[360] Art. 811 et s. Code de la famille.
[361] Art. 818 Code de la famille.

termes des dispositions de l'article 816 du Code de la famille, les donations faites à l'un des époux deviennent caduques, si le donateur survit à l'époux donataire et à sa postérité, lorsqu'il s'agit d'une donation de biens à venir[362] ou d'une donation affectée d'une condition potestative[363].

Outre les causes classiques de révocation des donations, toutes donations faites entre époux pendant le mariage, quoique qualifiées entre vifs, sont toujours révocables[364].

> *Selon l'article 823 du code de la famille, toutes donations faites entre époux, pendant le mariage, quoique qualifiées entre vifs, sont toujours révocables.*
>
> *Justifie sa décision, une cour d'appel qui retient que la révocation d'une donation est valable, nonobstant une clause d'irrévocabilité.*
>
> *Cour suprême, arrêt n° 25 du 3 mars 2021, A. S. B. c/ J. C. A. B., Bulletin des arrêts de la Cour suprême n° 23-24, 2021, p. 42 et s.*

Avec la décision du 20 octobre 2021, le juge suprême précise cependant que le bien devrait se trouver encore dans le patrimoine. Mais, la cours ne devait-elle pas nuancer les effets dans sa décision ? En d'autres termes, si le bien n'est plus dans le patrimoine du bénéficiaire, ne doit-il pas rembourser la valeur pour au moins 2 raisons :

- éviter une fraude à la loi;
- respecter l'esprit de l'article 823.

---

[362] Art. 811 Code de la famille.
[363] Art. 814 Code de la famille.
[364] Art. 823 Code de la famille.

Table des matières

PREFACE **11**

Arrêt n° 1 .... **13**

Sénégal, Cour suprême, Chambre civile et commerciale, 07 juillet 2016, 50 .... **13**

Immeuble – Vente d'immeuble immatricule en violation d'une promesse de vente – Mutation au nom de l'acquéreur – Annulation – Conditions – Fraude du vendeur et mauvaise foi de l'acheteur 13

Arrêt n°2 .... **37**

Sénégal, Cour suprême, Chambre civile et commerciale, 15 juillet 2015, 87 .... **37**

Forme de la procuration dans les transactions immobilières 37

Arrêt n° 3 .... **47**

Sénégal, Cour suprême, chambre civile et commerciale, 21 août 2013, 69 .... **47**

Domaine national – affectation d'un terrain – décès du titulaire – effet – extinction de l'affectation – réaffectation aux héritiers – conditions – détermination. 47

Arrêt N°4 .... **73**

Sénégal, Cour suprême, chambre administrative, 10 février 2011, 06 .. **73**

Domaine - Domaine public - Autorisation d'occuper - Arrêté de résiliation - Validité - Motif légitime - Non-paiement de redevance 73

Arrêt n° 5 .... **81**

Sénégal, Cour suprême, chambre civile et commerciale, 05 juin 2013, 48 .... **81**

Vente – Immeuble immatriculé – Intervention notaire 81

Arrêt n°6 .... **89**

Sénégal, Cour suprême, 05 décembre 2007, 116 .... **89**

Immeuble – Droit réel immobilier – Inscription au livre foncier –Absence de fraude – Action en annulation – Rejet. 89

Responsabilité civile – Faute d'imprudence – Cas – Exécution d'une décision susceptible de voie de recours. 89

Arrêt n° 7 .... **97**
Sénégal, Cour suprême, 16 mai 2007, 50 .... **97**
Contrat – Bail emphytéotique – Cession – Autorisation Administrative préalable – Défaut – Action en nullité – Régime 97

Arrêt n° 8 .... **111**
Sénégal, Cour suprême, Chambre civile et commerciale, 02 mars 2016, 15 .... **111**
Immeuble – Droit du constructeur au remboursement de la valeur des constructions – Condition – Bonne foi du possesseur – Cas – Possession en vertu d'un titre translatif affecté de vices ignorés 111

Immeuble – Droit du constructeur au remboursement de la valeur des constructions – Indifférence de la bonne foi du possesseur en cas de construction avec l'accord du propriétaire 111

Arrêt n° 9 .... **123**
Sénégal, Cour suprême, Chambre civile et commerciale, 06 avril 2016, 20 .... **123**
Bail à construction – Champ d'application – Détermination – Terrain du domaine national 123

Arrêt n° 10 .... **131**
Sénégal, Cour suprême, 23 mars 2012, 16 .... **131**
Droit de propriété - Expropriation pour cause d'utilité publique – Action de rétrocession – Délai pour agir – Détermination 131

Arrêt n° 11 .... **143**
Sénégal, Cour suprême, Chambre civile et commerciale, 06 mai 2015, 45 .... **143**
Démolition impense – Application Code civil au Sénégal – Attestation coutumière 143

Arrêt n° 12 .... **159**
Sénégal, Cour suprême, Chambre civile et commerciale, 21 décembre 2016, 104 .... **159**
Action en justice – demande de destruction de constructions entravant l'accès à sa propriété – qualité à agir du demandeur – personne se plaignant d'un trouble de voisinage 159

Trouble de voisinage – cas – constructions sur un passage non aedificandi constitutives d'obstacles à l'ensoleillement et à l'aération du lot du voisin 159

Arrêt n° 13 .... **167**
Sénégal, Cour de cassation, 19 juillet 2006, 71 .... **167**
Insuffisance de motifs constitutive d'une violation de l'article 381 du Code des obligations civiles et commerciales ;.. 167

Violation de l'article 250 alinéa 1 du code de procédure civile. Insuffisance de motifs constitutive d'une violation de l'article 555 du Code civil français 167

Arrêt n° 14 .... **171**
Sénégal, Cour suprême, Chambre civile et commerciale, 06 mai 2015, 50 .... **171**
Action en justice – le criminel tient le civil en l'état – action en expulsion de l'occupant condamné au pénal pour occupation illégale de terrain d'autrui – condition – caractère définitif du jugement pénal 171

Arrêt n° 15 .... **177**
Sénégal, Cour suprême, Chambre civile et commerciale, 18 novembre 2015, 124 .... **177**
Marché à forfait – Augmentation du prix – Exécution par entrepreneur 177

Arrêt n° 16 .... **181**
Sénégal, Cour suprême, Chambre civile et commerciale, 05 août 2015, 100 .... **181**
Marché à forfait – Augmentation du prix 181

Arrêt n° 17 .... **189**
Sénégal, Cour suprême, Chambre civile et commerciale, 02 septembre 2015, 114 .... **189**
Bail à usage d'habitation – Fin - Préavis 189

Arrêt n° 18 .... **197**
Sénégal, Cour suprême, Chambre civile et commerciale, 15 juillet 2015, 88 .... **197**
Bail à usage d'habitation – Paiement loyer - Application de la loi n° 2014-03 du 22 janvier 2014 portant baisse des loyers des baux à usage d'habitation... 197

Arrêt n° 19 .... **205**
Sénégal, Cour suprême, 19 décembre 2007, 136 .... **205**
Bail - bail à usage d'habitation – rupture – congé donne par le bailleur– nullité – 205

Arrêt n° 20 .... **211**
Sénégal, Cour suprême, 18 juillet 2007, 17 .... **211**
Pourvoi – Moyen – Irrecevabilité – Cas – Moyen incompréhensible – Applications diverses 211
Immeuble – Vente d'immeuble – Effets - Transfert de propriété – Obligations du nouvel acquéreur – Respect des baux antérieurs 211
Arrêt n° 21 .... **219**
Sénégal, Cour suprême, 06 mars 2013, 21 .... **219**
Prescription acquisitive en matière immobilière 219
Arrêt n° 22 .... **223**
Sénégal, Cour suprême, 15 novembre 2012, 98 .... **223**
Occupation illégale de terrain appartenant à autrui – Fait justificatif – Détention d'un certificat administratif 223
Arrêt n° : 23 .... **225**
Sénégal, Cour suprême, Chambre civile et commerciale, 18 novembre 2015, 127 .... **225**
Obligation de conseil – Responsabilité du notaire – Relation entre professionnels 225
Arrêt n° 24 .... **235**
Sénégal, Cour suprême, 06 mai 2009, 21 .... **235**
Cassation – moyen – irrecevabilité – cas – défaut de caractérisation de la violation de la loi invoquée 235
Violation des articles 454 et 455 du code la famille et 381 du COCC. 235
Annulation procès-verbal de partage – annulation inscription 235
Arrêt n° 25 .... **245**
Cour suprême, arrêt n° 76 du 1er juillet 2015 .... **245**
Partage – attribution préférentielle – jugement attribuant l'immeuble à une partie des héritiers – méconnaissance de la nature commodément partageable de l'immeuble partage – attribution préférentielle – pluralité d'héritiers demandeurs – office du juge – nécessité de prise en compte de la nature commodément partageable de l'immeuble 245
Arrêt n° 26 .... **255**
Cour suprême, arrêt n° 15 du 05 février 2020 .... **255**
Immeuble — Immeuble Immatriculé — Nullité De Tout Accord Sur Le Paiement D'un Supplément Au Prix Fixé Dans Le Contrat — Cas De Simulation 255

Arrêt n° 27 .... **261**
Cour suprême, arrêt n° 20 du 19 février 2020 .... **261**
Immeuble — Promesse De Vente — Diminution De La Superficie De L'immeuble Promis — Désaccord Des Parties Lors De La Conclusion Du Contrat Définitif — Résolution Judiciaire De La Promesse De Vente — Exclusion — Exercice Par L'acquéreur De Sa Faculté De Demander Le Maintien Du Contrat Avec Une Diminution Du Prix 261

Arrêt n° 28 .... **269**
Cour suprême, arrêt n° 31 du 10 septembre 2020 .... **269**
Prévenu – Fausse Qualité – Faux Documents – Administration – Immeuble – Mutation –Escroquerie 269

Délégation Judiciare – Empreintes Digitales – Authenticité – Vérification – Mission – Officier De Police Judiciaire – Pouvoir – Juge D'instruction ... 269

Arrêt n° 29 .... **279**
Cour suprême, arrêt n° 28 du 23 juillet 2020 .... **279**
Police Administrative — Bâtiment Menaçant Ruine — Évacuation — Nécessité Commission Technique — Constat — Absence — Cause — Décision Du Maire — Annulation 279

Arrêt n° 30 .... **285**
Cour suprême, arrêt n° 17 du 23 mai 2019 .... **285**
Urbanisme Et Aménagement Du Territoire – Constructions Irrégulières – Démolitions – Conditions 285

Arrêt n° 31 .... **291**
Cour suprême, arrêt n° 87 du 20 novembre 2020 .... **291**
Conflits De Lois – Conflits De Lois Dans L'espace – Public En Cause – Substitution De La Loi Sénégalaise A La Loi Etrangère Désignée Comme Compétente 291

Arrêt n° 32 .... **295**
Cour suprême, arrêt n° 42 du 02 mai 2019 .... **295**
Régimes Matrimoniaux – Régime De La Communauté De Biens – Immeuble Acquis Pendant Le Mariage Et Avant Le Décès De L'époux – Propriété Exclusive De L'épouse – Défaut 295

Arrêt n° 33 .... **301**
Cour suprême, arrêt n° 04 du 14 février 2019 .... **301**
Domaine – Domaine Prive De L'état – Acte De Cession – Délégation De Signature – Modalités – Détermination 301

Arrêt n° 34 .... **307**
Cour suprême, arrêt n° 91 du 05 décembre 2018 .... **307**
Vente – vente à tempérament d'un immeuble immatriculé – inscription du droit de l'acquéreur – action en résolution du vendeur pour non-paiement d'arriérés – possibilité – condition – absence de préjudice aux droits des tiers. 307

Arrêt N° 35 .... **311**
Sénégal, Cour suprême, arrêt n° 11 du 21 février 2018 .... **311**
Arrêt n° 36 .... **317**
Cour suprême, arrêt n° 53 du 03 mai 2017 .... **317**
Mariage – effets – devoirs des époux – contribution aux charges du ménage – exclusion – travaux d'embellissement réalisés sur la propriété de l'ex-conjoint. 317

Arrêt n° 37 .... **321**
Cour suprême, arrêt n° 96 du 20 octobre 2021 .... **321**
Donations entre époux – article 823 du code de la famille 321

Table des matières **327**

Structures éditoriales du groupe L'Harmattan

L'Harmattan Italie
Via degli Artisti, 15
10124 Torino
harmattan.italia@gmail.com

L'Harmattan Hongrie
Kossuth l. u. 14-16.
1053 Budapest
harmattan@harmattan.hu

L'Harmattan Sénégal
10 VDN en face Mermoz
BP 45034 Dakar-Fann
senharmattan@gmail.com

L'Harmattan Cameroun
TSINGA/FECAFOOT
BP 11486 Yaoundé
inkoukam@gmail.com

L'Harmattan Burkina Faso
Achille Somé – tengnule@hotmail.fr

L'Harmattan Guinée
Almamya, rue KA 028 OKB Agency
BP 3470 Conakry
harmattanguinee@yahoo.fr

L'Harmattan RDC
185, avenue Nyangwe
Commune de Lingwala – Kinshasa
matangilamusadila@yahoo.fr

L'Harmattan Congo
219, avenue Nelson Mandela
BP 2874 Brazzaville
harmattan.congo@yahoo.fr

L'Harmattan Mali
ACI 2000 - Immeuble Mgr Jean Marie Cisse
Bureau 10
BP 145 Bamako-Mali
mali@harmattan.fr

L'Harmattan Togo
Djidjole – Lomé
Maison Amela
face EPP BATOME
ddamela@aol.com

L'Harmattan Côte d'Ivoire
Résidence Karl – Cité des Arts
Abidjan-Cocody
03 BP 1588 Abidjan
espace_harmattan.ci@hotmail.fr

Nos librairies en France

Librairie internationale
16, rue des Écoles
75005 Paris
librairie.internationale@harmattan.fr
01 40 46 79 11
www.librairieharmattan.com

Librairie des savoirs
21, rue des Écoles
75005 Paris
librairie.sh@harmattan.fr
01 46 34 13 71
www.librairieharmattansh.com

Librairie Le Lucernaire
53, rue Notre-Dame-des-Champs
75006 Paris
librairie@lucernaire.fr
01 42 22 67 13

www.ingramcontent.com/pod-product-compliance
Lightning Source LLC
LaVergne TN
LVHW011440061026
849535LV00004BA/896